KB220923

짜끄라 만뜨라

짜끄라 만뜨라

토마스 애슐리-페이랜드 지음 | 황정선 옮김

Chakra Mantras

 슈리 크리슈나다스 아쉬람

목 차

감사의 말

어떤 책도 한 사람의 노력만으로는 만들어질 수 없다. 이 책도 예외는 아니다. 나의 친구인 리즈 윌리엄스는 이 책 뒤에서 움직이는 힘이다. 리즈에게 감사를 표한다. 발행인인 잰 존슨 씨는 원고 마감일을 연기할 수 있도록 편의를 도모해 주었다. 감사의 말을 드린다. 공동 발행인인 브렌다 나이트 씨의 지원에도 깊이 감사를 드린다. 편집자인 캐롤라인 핀쿠스와 그녀의 동료들의 작업으로 원고가 매끄럽게 되었다. 감사를 드린다.

아내 마갈로 애슐리-페이랜드는 내가 글을 쓰는 과정에서 제안, 의견, 첨삭 등을 도와주었다. 몇 년 전 내가 글을 쓰지 못하고 있을 때도 그녀는 글을 계속 쓸 수 있도록 격려해 주었다. 글 쓰는 작업을 하는 내내 그녀가 끊임없이 나에게 보여 준 지지에 대하여 말로 표현할 수 없는 고마움을 느낀다.

마지막으로, 작고하신 삿구루 산뜨 께샤바다스Sadguru Sant Kesavadas와

6

미망인 마따Mata는 1973년 이래 나의 영적 작업에 축복을 주셨다. 그분들이 끊임없이 나에게 주신 것에 비한다면, 나의 감사의 표현은 아주 보잘것없다. 그분들이 없이는 나의 어떤 작품도 존재하지 않았을 것이라고 나는 정말로 생각한다.

짜끄라와 그 내용들

짜끄라	물라다라	스와디스따나	마니뿌라
원리	흙	물	불
데바따	인드라	바루나	아그니 데봐
로까	부	부바하	스와하
딴마뜨라	라사 (후각)	라사 (미각)	루빠 (형상)
신체 내	척추의 기반부	생식 센터	배꼽
꽃잎	4	6	10
비잠Bijam	람 Lam	뱜 Vam	람 Ram
동양 음보	사	리	가
서양 음보	도	레	미
의식 상태	자그라뜨 (깨어 있음)	스와쁘나 (혹은 꿈)	슈슙띠 (깊은 수면)
덮개 즉 꼬샤	음식 (안나마야)	쁘라나 (쁘라나마야)	마음 (마노마야)
쁘라나 즉 생명의 공기	비야나 (배설)	아빠나 (배출)	사마나 (분배)
샥띠	다끼니 Dakini (흙을 잡고 있는 힘)	라끼니 Rakini	라끼니 Lakini
사구나	현현 인드라	현현 쁘라자빠띠	현현 브람마

아나하따	비슛다	아갸	사하스라라
공기	에테르	지성	의식
바유	사라스와띠	구루 그리고 /혹은 다끼니 무르띠	빠람마쉬바
마하	자나하	따빠하	사띠야
스빠샤 (촉각)	샵다 (청각)	붓디 (우주적 마음)	쁘라끄리띠 (태고의 에너지)
심장센터	목 센타	이마 센터	뇌
12	16	2	1000
얌 Yam	훔 Hum	옴 Om	소훔 Sohum
마	파	다	니
파	솔	라	시
뚜리야 자그라뜨 (높은 의식에 깨어 있음)	뚜리야 스와쁘나 (신비적 비전)	뚜리야 슈슙띠 (직접적인 지각, 사비깔빠, 사마디)	뚜리야 뚜리야 (니르비깔빠 사마디)
지성 (비야나마야)	희열 (아난다마야)	영혼 (개인의)	신 (모든 영혼들과 그 이상)
쁘라나 (호흡의)	우다나 (변형의)	우주적 자아	우주적 마음
까끼니 Kakini	샤끼니 Shakini	하끼니 Hakini	샥띠 까띠야야니 Shakti Katyayani
현현 비슈누	현현 루드라	현현 닥쉬나무르띠	현현 쁘람마쉬바

서문

이 책은 우리의 영적 진화에 관한 내용이다. 영적인 발달의 과정과 역할, 그리고 자신 안에 놓여 있는 더욱 깊은 진리들에 대한 것이다. 또한 이 책은 한층 더 높은 발달을 위한 영적 지도들과 도구들의 역할을 하는 짜끄라와 만뜨라의 복잡한 체계를 상세히 안내해 주는 실용적인 책이기도 하다.

이 책에 제시되고 있는 내용은, 당신의 영적 이상이 무엇이든 또는 개인적인 '영적 모자이크'가 어떠하든 상관없이 당신에게 작용할 것이다. 여기서는 우리 모두가 지니고 있는 공통의 영적 해부학과, 우리의 영적 발전의 다양한 측면들에 도움이 되는 핵심적인 산스끄리뜨 만뜨라들을 배치할 것이다.

이제 이 여행을 시작하면서 내가 전달하고 싶은 가장 중요한 첫 메시지는 당신은 영원하다는 것이다. 당신이 존재하지 않았던 시간은 결코 없었다. 당신이 존재하지 않을 시간도 결코 없다. 당신의 불멸의 에센스는 영혼, 참나, 아뜨만Atman, 지바Jiva, 뿌루샤Purusha와 같은 아주 다양한 이름들로 언급되고 있다. 이것들은 당신의 내면에 불타고 있는 신성한 진리의 불꽃에 대한 많은 이름 중 단지 몇 개에 불과하다. 그것이 당신이다. 그것은 불멸이다. 그것은 당신의 일부이며, 당신의 세속적인 상황에 적극적으로 관여하지는 않지만, 지켜보면서, 설명하기 힘든 방식으로, 배운다.

그 불꽃이 당신의 진정한 자기이지만, 이 세상에 살고 있는 우리의 또 다른 부분, 내가 자아―마음―성격이라고 부르는 것이 있다. 이것은 영원하지 않다. 자아는 삶의 모든 고통과 기쁨을 경험한다. 죽을 때 그것의 형태와 모습은 분해된다. 우리의 하루하루는 삶에서 삶으로 오고 가는 것이다. 어느 한 생애에서 배웠던 내용이 다음 생애로 전달된다. 자아―마음―성격은 새롭고 더 높은 상태의 의식과 존재로의 발전을 선택할 수 있다. 만약 그것이 영원으로 나아가게 하는 체계적인 영적 훈련 프로그램을 선택한다면, 그것은 영원한 것이 될 수도 있다. 훈련을 통해서 그것은 발전하고 성장하여 결국엔 아뜨만과 융합하여 불멸의 존재가 될 수 있다.

인류 역사를 통틀어 다양한 종교에 대해 우리가 아는 것을 자세히 살펴보면, 우리 모두는 조만간 자아―마음―성격이 불멸이 되도록 결정하는 선택을 할 것으로 보인다. 그러나 그렇게 될 것이라는 분명한 증거는 아직까지는 없다. 왜냐하면 모든 인류가 그러한 지점에 아직 이르지 못하고 있기 때문이다. 하지만 우리에게 중요한 어떤 것을 전달하려고 애쓰는 주요한 종교들이 있다. 종교들과 영적 위인들은 우리의 신성한 운명에 대해서, 불멸에 대해서, 영적인 삶을 사는 것에 대해서, 영적인 보상에 대해서 한목소리를 내고 있다. 세부 사항들은 가지각색이지만, 기본 메시지는 하나다. 그것에 이르기 위한 여정을 해 나간다면, 우리는 우리가 알고 있는 것 이상의 존재라는 것을 깨닫게 될 것이다.

일반적인 여정을 기술하기 위해서, 힌두 경전 특히 뿌라나Purana에 있는 천상의 존재들의 힘, 능력과 잠재력에 대한 지도를 사용하는 것이 도움이 될 것이다. 이 이야기에 있는 인물—선한 인물과 악한 인물—들의 놀라운 능력은 우리가 앞으로 나아가면서 마주치게 될 신성한 능력들과 특성들에 비유될 수 있다. 이런 이야기들은 우리의 여행과, 여행하는 동안 발견하게 될 것들을 분명히 밝히는 데 도움이 될 수 있다.

나는 이 책의 여타 부분에 발견되는 일반적인 주제들과, 이어지는 장들의 토대가 되는 아이디어로 작용할 몇 가지 기본 개념들을 대략적으로 그려 보고자 한다.

베다Veda와 뿌라나 경전에 따르면, 초우주적 수준이 시작되는 지점에는 오직 초월의 단일성만이 있었다. 하나의 존재만이 있었으며, 우리는 그것의 일부였다. 그리고 우리가 알 수 없는 결정으로, 그 존재는 스스로 다양화하기로 결심하였다. 수많은 개별적인 부분들이 상상되었으며, 그래서 개별적인 영혼들이 초월적인 존재로부터 태어났다. 그 존재로부터 우리는 왔다. 결국 우리가 돌아가야 할 곳은 그 존재이다.

그 존재가 다양한 모습이 되겠다는 결심을 한 후 일어난 첫 번째 단계는 우리 각자가 개별적인 존재들로 자리 잡는 것이었다. 그때조차도 우리는 여전히 우주적 진리와 하나로 있었다. 우리에게는 그 존재로의 완전한 흡수로부터 우리를 분리시키는 아주 얇은 베일만이 있었다. 우리는 그 위대한 존재와 우리의 영혼에게만 알려져 있는 이유들로 여정을 시작했다. 아주 오래 전에 시작된 그 여정의 첫 번째 국면이 끝날 때, 우리는 이 책의 끝부분에서 논의하게 될 위대한 결정의 장소에 이르게 될 것이다. 우리는 그 지점에서 어떤 결정을 내리든 간에, 우리가 비롯된 존재의 상태와 다시 의식적으로 접촉하게 될 것이다. 지식과 경험을 더해 가면서, 우리는 짜끄라chakra들을 통하여 여행을 해 나갈 것이다.

동양의 영성을 알고 있는 대부분의 사람들은 짜끄라라는 단어를 들어 보았다. 미묘한 몸 내에서 에너지들을 처리하는 중심들이 척추를 따라 위치하고 있다. 그것들은 보통 여섯 개의 중심으로 알려져 있으며, 머리 위의 것을 포함하여 일곱 개로도 알려져 있다. 이 일곱 짜끄라에 추가하여 상급의 학생들에게만 가르치는, 잘 알려지지 않은 비전의 짜끄라들이 있다. 이 비전의 짜끄라들을 작동시키는 씨앗 소리들과 만뜨라들이 있다. 그것들 중 몇 가지는 우리의 영적 진화에 열쇠를 가지고 있다.

예를 들어 흐림Hrim이라는 씨앗 소리는 '신성한 가슴'이라는 뜻인 흐릿 빠드마Hrit Padma를 위한 씨앗 소리로, 힌두와 띠베뜨 불교 둘 다에서 가르치고 있다. 이것은 나라야나 숙땀Narayana Suktam에서는 아나하따(가슴) 짜끄라의 두 손가락 너비 아래에 여덟 개의 연꽃잎의 모습을 하고 있다고 묘사된다.

띠베뜨 불교에서, 상급의 영적인 수행으로 나아가는 만뜨라 입문에는 시간의 바퀴라는 의미인 깔라Kala 짜끄라가 있다. 힌두교에서 랄라니 Lalani 짜끄라라고 부르는 이 비전의 짜끄라는 비슛다Vishuddha 즉 목 짜끄라 바로 위에 있다. 그러나 또 다른 체계에서는 제3의 눈이라고 불리는 아갸Ajna 짜끄라의 위쪽, 머리의 어떤 곳에 있다. 실제로 우리의 영적인 몸의 여러 부분에 자리하고 있다는 다수의 짜끄라 시스템들이 있다.

내가 배워서 1973년까지 실험을 해 본 여러 시스템들의 내용을 포함하겠지만, 나는 가장 일반적인 짜끄라 시스템의 정의들과 위치들을 사용할 것이다.

나의 스승이신 삿구루 산뜨 께샤바다스는 모든 장기기관, 분비선, 샘들은 각각의 기능을 잘 수행하도록 에너지를 흘려 보내는 그 자체의 짜끄라를 가지고 있다고 가르쳐 주셨다. 어떤 요가 경전에서는 몸에 있는 144개의 짜끄라를 언급하고 있다고, 위대한 스와미 쉬바난다Swami Sivananda는 말하였다. 그리고 슈얌 순다르 고스와미Shyam Sundar Goswami가 지은 짜끄라 종합 설명서인 《라야 요가Raya Yoga》[1]에서는 중복되는 많은 짜끄라 시스템을 정확하게 기술하고 있으며, 어떤 비전의 경전은 몸 안에 200개가 넘는 다양한 짜끄라들이 위치하고 있는 장소들을 묘사하고 있다. 순다르는 받아들이는 것이 불가능할 정도의 방대한 정보를 최대한 자세히 설명하고 있는데, 평범한 요가 학생들뿐만 아니라 우수한 전문인들도 받아들이기 어려울 정도이다. 그것을 보면 이 영적 구조가 매우 복잡하다는 인상을 받게 될 것이다.

띠베뜨와 인도에는 서양 학생들에게 이보다도 덜 알려진 다른 짜끄라 체계들이 있다. 이마에 있는 소마Soma 짜끄라, 뒷머리에 있는 마나스Manas 짜끄라, 그리고 신체의 많은 곳에 흩어져 있는 여러 짜끄라들은 만뜨라에 의해 활성화되어 에너지를 처리할 수 있는 능력을 지니고 있다. 이 만뜨라들 대부분은 모든 사람들에게 주어지지만, 어떤 것들은 소수의 선택된 학생들에게만 주어진다. 그것 모두는 기꺼이 받으려는 구도자에게만 주어진다고 한다. 우리는 전통적인 것과 몇 개의 더욱 비밀스러운 짜끄라들 둘 다를 시험해 보아야 한다.

영적 여행을 하는 동안 우리는 우리에게 도전하는 조건들이나 방해물들을 직면하게 될 것이다. 우리는 '까르마를 태워 없앨' 것이며, 그 과정에서 모든 종류의 심리적, 신체적, 정신적 불편들을 경험할 수 있다. 이런 도전들을 도와주는 다양한 영적 수행들이 있다. 힌두에서는 이런 장애들을 없애는 데 도움이 되는 다양한 영적 에너지들을 작동시키도록 돕는 만뜨라 과학을 발견했다. 만뜨라는 또한 고통스러운 까르마를 태워 없애서 최소화시켜 주는 완충제 같은 역할을 한다. 이런 만뜨라들은 미묘한 몸의 척수를 따라 위치하고 있는 주요 에너지 처리 중심들인 짜끄라들 안에서 공명한다. 이 책에서는 만뜨라를 통해 영적 여행에 도움을 받는 방법들을 설명하고, 영적 길에 도움이 되는 산스끄리뜨 찬트와 권장 암송 횟수를 제공할 것이다.

이 책을 위한 나의 7가지 의도

1. 우리 모두에게 존재하고 있는 짜끄라들의 시스템을 간단히 설명할 것이다. 내가 제시하는 시스템은 인도의 고대 경전들에 있는 많은 시스템들에서 뽑아 낸 것이다. 모든 연구는 우수한 수행자들뿐만 아니라 위대한 영적 학자들에 의해 행해진 것이었다. 짜끄라들에 대한 논의 중에서 단 한 가지는 나에게서 기원된 것이다. 그것은 드라마틱하며 신비스러운 성격의 인물인 가네샤Ganesha와 그의 짜끄라에 대한 것이다. 위대한 마음들과 영적 수행자들이 그 나머지 모든 정보들을 제공해 주었다.

2. 한 번의 삶 이상의 노력을 요하는 영적 발달의 일반적 길을 서술하고자 한다. 이 영적 발달의 목적은 자신을 발견하기 시작하여 당신이 무엇이며, 또 항상 무엇이었는지를 더욱 의식하기 위함이다.

3. 만뜨라라 불리는 에너지를 불러일으키는 도구들을 제시하고자 한다. 만뜨라들을 사용하면 에너지를 더욱더 축적할 수 있으며, 이 에너지는 당신의 유기체, 즉 육체와 미묘한 몸 둘 다 안에서 다양한 '상태들의 변화'로 인도할 것이다.

4. '위대한 결정'의 자리와 그곳으로의 여행을 최대한 쉬운 언어로 설명하고자 한다. 그 자리에서 우리는 근본적인 진화를 선택하는 지점에

도달한다. 그 결정으로부터 두 가지 위대한 다른 길이 우리 모두에게 주어질 것이다.

5. 결국 우리 모두에게 주어지는 초인적인 능력들을 몇 가지 열거하고자 한다. 우리 주위에 있는 위대한 힐러들은 이 능력들 중 일부를 이용할 수 있게 되었으며, 그들 중 많은 사람들은 우리를 돕는 데 헌신하고 있다. 그 과정의 일부로서 나는 몇몇의 힐러들과 그들의 영적인 열림을 소개할 것이다.

6. 인도의 위대한 힐링 만뜨라들을 다수 제공하고자 한다.

7. 우리의 여정에 중요하면서도 유용한 것을 가르쳐 주는 인도의 설화와 서사시를 전달하고자 한다. 그것들은 정말 재미가 있다. 영성은 늘 엄숙하고 진지할 필요가 없다. 개인적으로 나는 위대한 존재들이 그들의 제자들에게 재미있는 이야기의 형식으로 가르침을 주었다고 생각한다.

신이 당신의 숭고한 여행에 필요한 모든 것을 보살펴 주시기를 기도한다.

토마스 애슐리−페이랜드 나마데바
2006년 3월

제1부

우주적 개념들

1

배 경

우리가 어느 정도 공통적으로 이해하기 위해서는 몇 가지 기본 개념들과 용어들을 제공하고 설명할 필요가 있을 것이다. 이 개념들을 잘 알고 있다면 다음 장으로 바로 넘어가도 된다.

진동

해가 비칠 때, 우리는 햇살의 따뜻함을 느낀다. 피부에 닿는 열의 진동을 느낀다. 태양의 에너지를 입자로 여기든 파동으로 여기든, 우리는 누구나 진동하는 효과를 느낄 수 있다. 그것은 물체들에서 반사되는 빛의 진동이며, 이 때문에 우리는 눈으로 볼 수가 있다. 음악을 들을 때도 같은 현상이 나타난다. 우리가 소리를 들을 수 있는 이유는 귓속의 아주 작은 달팽이관에 포착되는 진동들 때문이다. 그것은 작은 털들로 이루어져 있으며, 그 털들은 소리들이 닿을 때 진동한다. 우리 몸의 모든 시각과 청각은 진동과 직접적으로 연결되어 있다.

동양의 경전들은 우리의 육체를 관통하는 미묘한 몸에 대해 말하고 있다. 서로 다른 학파들과 영적인 학문의 길들은 이 미묘한 몸을 각각 다른 이름으로 부르고 있다. 그러나 이 학파들의 신비가들은 이 몸에 관해 토론하는 데 같은 언어를 사용한다. 그들 모두는 미묘한 몸의 중앙에 있는 슈슘나shushumna, 즉 '척추'를 따라 흐르는 에너지를 설명하기 위해서 '짜끄라chakra'라는 용어를 사용한다.

슈슘나는 척추의 가장 밑에서부터, 척추와 머리가 만나는 목의 꼭대기 부분까지 이어진다. 이 길 위에 주요 짜끄라들이 있다. 이 짜끄라들의 중심부에서 에너지는 미묘한 몸과 물질적인 몸의 모든 부위로 확산되어 퍼져 나간다. 그런데 우리가 말하는 에너지는 어떤 종류의 것인가?

우리가 고안한 측정 도구들로 밝혀진, 잘 알려진 에너지 종류들이 있다. 그것들은 적외선, 전파, 극초단파, 엑스레이, 그리고 다른 많은 복사 에너지들이다. 그것들은 감각들로는 지각될 수는 없지만, 그럼에도 불구하고 존재한다. 100년도 훨씬 더 전부터 우리는 이러한 에너지 흐름들을 보고, 측정하고, 나아가 우리의 필요에 따라 이용하는 데 점점 숙달되게 되었다.

고대인들은 지각하거나 측정하는 수단을 만들지는 못했지만, 존재하고 있는 에너지들에 관해 오랫동안 토론해 왔다. 이 숨겨져 있는 다양한 에너지의 교육과 논의를 매도하는 회의론자들도 있다. 회의론자들은 우리가 만약 그것들을 측정할 수 없다면 그것들은 존재하지 않는 것이 분명하다고 주장한다. 그러나 이렇게 주장하는 사람들도 강한 태양 광선에 타는 피부를 보호하기 위해 햇볕 차단 로션을 바르는 것을 당연하게 여긴다. 그런데 태양 광선은 한때 우리가 측정할 수 없었지만 지금은 쉽게 측정하는 것이며, 우리는 그 영향을 감소시키는 수단들을 사용한다. 우리가 지금 사용하는 방대한 종류의 에너지들을 최근에야 겨우 '발견'했다는 점을 고려해 보면, 우리가 아직 측정하는 법을 찾아내지 못한 방대한 에너지 종류와 유형들이 있을 수 있다고 추론하는 것이 그렇게 어려운 일일까?

짜끄라

우리 대부분은 신체의 척추를 따라 위치하고 있는 중요한 신경절에 대하여 친숙하다. 예를 들면 우리는 배 아래의 복부에 위치하고 있는 명치를 알고 있다. 사람들에게 이곳은 배가 성장하는 곳이다. 미묘한 몸에서는 마니뿌라Manipura라고 하는 강력한 에너지 처리 짜끄라가 여기에 위치하고 있다. 각 짜끄라들에 대한 내용은 나중에 자세히 설명될 것이다. 우선은 신체의 생식선과 항문, 흉선, 심장, 목, 그리고 제3의 눈이라고 하는 눈썹 사이의 영역에는, 미묘한 몸 안에 유사한 에너지 처리 중심들이 있다는 것만을 기억하기 바란다. 미묘한 몸 안에는 슈슘나를 따라 총 여섯 개의 주요 짜끄라, 즉 에너지 처리 중심들이 있으며, 머리 꼭대기에는 일곱째의 것이 있는데, 신체 내의 뇌와 상응한다.

　각 짜끄라는 꽃잎이 있는 꽃이나 바퀴처럼 생겼다. 사실 '짜끄라'는 산스끄리뜨로 '바퀴'라는 의미이다. 짜끄라마다 지니고 있는 바퀴나 꽃잎의 개수가 각각 다르다. 짜끄라에 대해서 지금 알아야 하는 것은 에너지가 꽃잎이나 바퀴들을 통해 처리된다는 것이다. 짜끄라들은 에너지를 처리하여 우리가 이용할 수 있게 한다. 그것은 단순히 건강을 향상시키기 위해 이용될 수도 있고, 시간이 흐르면서 나타나는 특별한 능력들을 강화하기 위해 이용될 수도 있다.

소리

요한복음에는 이런 말이 있다. "태초에 말씀이 있었다. 그 말씀은 신과 함께 있었고, 그 말씀은 신이었다." 소리의 힘을 요약하는 강력한 진술이다.

창세기에는 이런 구절이 있다. "신이 말씀하셨다, 빛이 있으라." 이 말은 "신은 빛이 빛나도록 만드셨다."라는 말이 아니라는 점을 주목해야 한다. 그렇다. 신은 어떤 것을 말함으로써 빛을 만들었다. 즉 오직 신만이 명령할 수 있는 소리의 힘을 사용하여 그렇게 했다는 것이다. 분명한 결론을 말하자면, 빛은 근원이나 가장 높은 것이 아니다. 그것은 소리였다. 창세기에 의하면 소리로부터 빛이 왔다. 빛이 소리에서 왔기 때문에, 소리가 실제로 영성의 단계로는 빛보다 더 높다. 이것이 동양의 경전들에서 몇 가지 소리의 분류가 있는 이유이다. 각각은 다른 능력을 가지고 있다.

만뜨라 찬팅은 산스끄리뜨로 자빠Japa라고 한다. 《가야뜨리, 최고의 명상Gayatri, The Highest Meditation》에서, 산뜨 께샤바다스는 아그니 뿌라나Agni Purana에서 자빠라는 단어를 다음과 같이 정의하고 있음을 언급한다. "'자ja' 음절은 탄생과 죽음의 순환을 파괴하고, '빠pa' 음절은 모든 죄악을 파괴한다. 그러므로 모든 죄를 파괴하고, 탄생과 죽음의 순환을 끝내고, 구속에서 해방시키는 것이 바로 자빠이다." 자빠 수행에는 다음 몇 가지 분류가 있다.

바찌까Vachika 자빠 큰 소리로 만뜨라를 반복하는 것이다. 이런 종류의 찬팅 혹은 자빠의 진동은 신체에 매우 이롭다. 힐링에 초점을 둔 수련은 이 접근법이 대단한 영향력이 있다는 것을 발견하게 될 것이다.

우빰슈Upamshu 자빠 속삭이거나 중얼거리는 소리다. 헌신적인 만뜨라 수행자들은 종종 겉으로 보기에 혼잣말을 하고 있는 것처럼 보일 수 있다. 그들은 사실 우빰슈 자빠를 수행하고 있다. 이 수행은 만뜨라가 더욱 깊이 안으로 들어갈 수 있도록 도와준다. 그 사람의 수행이 더욱 깊이 침잠할수록, 결과는 더욱 심오해진다.

마나시까Manisika 자빠 이것은 완전히 침묵하는 방식의 만뜨라 반복이다. 만약 당신이 슈퍼마켓에서 쇼핑을 하고 있는 중에도 여전히 만뜨라를 하고 있기를 원한다면, 이것은 매우 추천할 만한 방법이다.

이러한 만뜨라 수행을 설명하는 데 사용되는 언어는 산스끄리뜨이다. 어떤 경전들에서는 산스끄리뜨를 데바Deva의 언어, 즉 신들의 언어라 하고 있다. 다른 사람들은 산스끄리뜨를 '모어母語'라고 부른다. 라틴과 그리스, 그리고 모든 유럽 언어들은 산스끄리뜨로부터 차용한 것이 많다. 예를 들면 마떼르Mater는 마더(어머니)이고, 삐뜨라Pitra는 파더(아버지)이다.

만뜨라

위에서 본 모든 자빠의 분류는 만뜨라에 대한 연구와 수행에도 적용될 수 있다. 만뜨라는 일상적인 대화에 사용되는 어휘에 뿌리를 두고 있는 단어이다. 일상적인 대화에서 여러 번 반복해서 말해지는 구절이 '만뜨라'가 된다. 우리 모두는 이것의 예를 저녁 뉴스에 본다. 하지만 나는 그 단어의 고전적인 정확한 정의를 적용할 것이다.

만뜨라는 영적인 문구를 기술하는 산스끄리뜨 단어이다. 이 문구는 정확하며, 고대 인도의 현자들에 의해 시험되었다. 만뜨라 문구는 특정한 방식으로 작용하며, 척추 즉 슈슘나 안으로 에너지와 의식을 가져와서, 특정한 목적을 위해 척추를 따라 자리한 짜끄라들에 전달하여 특정한 효과를 일으킨다. 신체적인 몸이든 미묘한 몸이든 인간의 생리는 모든 사람에게 똑같기 때문에, 특정한 만뜨라들의 효과들은 만뜨라를 이용해 본, 경우에 따라서는 발견하기까지 한, 숙련자들에게는 잘 알려져 있다. 의사들이 우리의 문제들을 진단하고 치료할 수 있는 까닭은 우리의 신체가 거의 똑같기 때문이다. 몸은 같은 방법으로 작용하는 똑같은 장기들과 유동체들을 가지고 있다. 이와 마찬가지로 우리의 영적 생리도 똑같다. 이 때문에 고대인들은 만뜨라 문구들이 어떤 효과를 낳는지를 미리 알 수 있었다.

만뜨라의 과학이 의도적으로 몇 천 년 동안이나 숨겨져 있었던 것은 만뜨라 효과가 매우 강력했기 때문이다. 이 때문에 단지 150년 전에야 만뜨라 문구가 세상에 알려지기 시작했다. 왜 지금인가?

왜냐하면 지혜로운 옛 마스터들의 뛰어난 제자들이 50여 년 전부터 더욱더 많이 여기 이 서구에 태어나고 있으며, 오늘날 더 많은 사람들이 여기로 오고 있으며 태어나고 있기 때문이다. 이것이 대답이다. 나는 이것이 우리가 향해 나아가고 있는 세계적인 외침들 때문이라고 추정할 수 있을 뿐이다. 인류의 미래는 안전하다. 그러나 그것이 우리가 항해하는 데 따르는 문제들이 없다는 것을 의미하는 것은 아니다. 하지만 그것은 다른 시대의 주제라고 한다.

나는 내면의 지식에 접근하는 다양한 방법들이 있다는 것을 믿는다. 나는 산스끄리뜨나 만뜨라가 숭고한 인간의 운명에 도달하는 유일한 방법이라고는 주장하지 않는다. 내가 아주 좋아하는 단어들이 있다. 그것들은 '가장 높은', '가장 빠른', '가장 좋은'이라는 단어들이다. 궁극적으로, 당신에게 가장 높고 가장 빠르거나 가장 좋은 것이 있다. 하지만 그것은 당신의 이웃에게는 가장 높고 가장 빠르고 가장 좋은 것이 아닐 수도 있다. 어떤 단체와 스승들이 영적인 깨달음에 이르는 가장 높고 가장 빠르고 가장 좋은 방법을 가지고 있다고 주장할 때, 나는 곧이곧대로 믿지 않는다. 진정한 메시아들은 많은 조직이 당신으로 하여금 믿기를 바라는 것보다 아주 단순하게 진리를 제시한다. 진실한 영적 스승들 사이에는 경쟁이 존재하지 않는다. 삿구루 산뜨 께샤바다스는 다음과 같이 말하곤 했다. "모세, 예수, 크리슈나, 그리고 붓다가 함께 모인다면, 그들은 다정하게 차를 마시며 대화를 나눌 것이다. 그 사이에 바깥에 있는 그들의 헌신자들은 누가 가장 최고인지에 대하여 논쟁을 하면서 상대방의 눈알을 후벼 팔 것이다. 이것은 우리가 따르고 있는 위대한 분들의 메시지는 결코 아니다."

산스끄리뜨 만뜨라는 나를 가르친 길이다. 1973년 이래로 나는 그것을 열심히 수행해 오고 있다. 나는 제자들에게 만뜨라를 추천하고 또 가르쳤다. 그것들은 매우 성공적이었다. 나는 또 다른 우주적인 가르침을 만들지 않는다.

산스끄리뜨

만뜨라는 짜끄라 안에서 직접적으로 작용을 한다. 왜냐하면 신성한 언어인 산스끄리뜨와 짜끄라, 만뜨라는 밀접한 관련이 있기 때문이다. 산스끄리뜨 알파벳에는 50가지 글자가 있다. 비록 몇몇 학자들은 알파벳에 이중모음들을 포함하여, 50개나 54개가 된다고도 하지만, 대부분의 고대 경전들은 50개의 글자를 사용한다.

각 글자 고유의 진동은 짜끄라들 중 하나에 있는 꽃잎으로 음이 나오거나, 어튠된다고 한다. 척추 즉 슈슘나를 따라 자리 잡고 있는 6개의 주요한 짜끄라들 위에 모든 꽃잎을 덧붙이면 총 50개가 된다. 즉 산스끄리뜨 알파벳의 글자 개수와 같아진다. 이것은 우연의 일치가 아니다. 각 꽃잎은 어느 하나의 짜끄라에 있는 꽃잎들 중 하나와 공명하여 진동한다.

만약 당신이 쉬바 수뜨라Siva Sutra나 락슈미 딴뜨라Lakshmi Tantra를 연구한다면, '위대한 마뜨리까Matrika'(어머니)를 상세하게 설명하는 장을 접하게 될 것이다. 마뜨리까는 '구속하는 그녀와 자유를 주는 그녀'로 두 경전에서 설명되고 있다. 마뜨리까는 두 경전에서 산스끄리뜨 알파벳, 즉 우주의 모든 창조를 만드는 벽돌들로 설명하고 있다. 마뜨리까는 물질적이거나 미묘한 것으로 된 우주의 모든 파동을 포함한다(24장에서는 더 자세한 내용이 있다). 그녀는 말 그대로 창조의 어머니다. 그리고 그녀의 모든 힘과 진동은 짜끄라들의 꽃잎으로서 우리 각자의 안에 존재하고 있다.

고대의 신비로운 경전들에 있는 말들이 갑자기 더욱 선명해진다. "인간은 대우주의 축소판이다", "천국은 내면에 있다", "위에서처럼, 아래에도"를 비롯한 다른 말들이…. 우리 안에 모든 것이 요약되어 있다. 이것은 암호화되어 있으며, 많은 노력을 해야 이 암호를 읽어 낼 수 있다. 운 좋게도 우리 중 몇몇은 깨달음을 주는 가르침을 받았다. 그래서 깨달은 이들은 구전의 전통이나, 우리가 이용할 수 있도록 번역된 신성한 경전들로 표현하였다. 이제 우리는 그것들에 접근하는 것이 가능해졌다.

환생

과거와 미래의 삶에 관한 개념은 이 책에 포함된 논의와 방법들의 기본적인 가정이다. 이 개념은 논란을 불러일으키는 주제이기도 한데, 심지어 이상한 생각으로 치부하는 사람들도 있다. 그러나 나에게는 1975년에 이론에서 실제로 넘어가는 사건이 있었다.

워싱턴 시에 있는 사원의 사제였던 내가 맡은 임무 중 하나는 일반인을 위해 명상을 가르치는 것이었다. 명상은 수요일과 토요일 저녁에 하기로 되어 있었다. 토요일 저녁에는 참석하는 사람이 거의 없었는데, 그것이 나에게는 좋은 일이었다. 대부분의 거주자들이 외출을 하고 아무도 대중을 위한 명상에 참여하러 오지 않을 때, 나는 나만의 가장 깊은 개인 명상을 하곤 했기 때문이다.

어느 토요일에 나는 30분 정도 명상을 하면서 앉아 있었다. 나는 아주 멀리 '밖으로' 나가거나, '안으로' 침잠했다. 이 상태에서 어디선가 울리는 초인종 소리를 들었다. 그것은 한 번 울렸고…… 두 번째 울렸다. 그 뒤 내면의 어디에선가 모든 사람들이 나갔고 나 혼자만 이 사원에 있다는 사실이 기억되었다.

그 당시 나는 도띠dhoti와 셔츠를 입고 있었다. 도띠는 사롱sarong처럼 몸을 둘러싸는 천이다. 나는 흰 천을 허리에 두르고 있었으며, 상체에는 꾸르따kurta라고 하는 인도의 긴 셔츠를 두르고 있었다. 시원하고 편안한 옷차림이었다.

초인종 소리를 듣고 집이 비어 있다는 것을 알아차렸을 때, 나는 그 소리에 답하기 위해 일어서야 한다고 결론지었다. 그래서 일어나면서 안전을 위하여 나의 검에 손을 뻗었다. 그 순간 내 검이 없어졌다는 것을 발견했고, 나는 순간적으로 공황 상태에 빠져 버렸다.

사무라이는 늘 검을 지니고 있어야 한다. 사무라이는 잘 때도 검을 지니고 잔다. 사무라이는 검을 지니고 식사를 한다. 사무라이는 명상을 하거나 다른 모든 시간에도 그의 검을 옆에 지니고 있다. 그의 일부는 늘 준비하고 있다. 또 사무라이는 절대로 검이 없어서는 안 된다. 나는 내 검을 어디에도 내려놓지 않았다는 것을 알았지만, 내 손이 왼쪽 아래로 내려갔을 대, 항상 있었던 손잡이는 없고 공기만이 있었다.

검과 더불어 일어나는 동작들은 너무 자동적이어서 검에 대해 생각하지도 않는다. 그것은 자동차를 운전하는 것과 같다. 그냥 한다. 검을 들고 일어날 때는 물 흐르는 것처럼 동작이 이어지며, 일어나는 순간 한 손으로 손잡이를 잡는다. 서 있을 때는 손이 떨어지면서 몸을 움직이게 된다. 나는 똑같은 방식을 100,000번이나 정확하게 반복해 왔다. 나의 검은 항상 있었던 왼쪽 허리춤에 있지 않았다.

차에 올라타서 고속도로로 진입하여 시속 65마일을 달려가다가, 갑자기 멈출 상황이 생겼다고 상상해 보라. 하지만 발로 브레이크 페달을 찾는데, 페달이 거기에 없다. 당신은 공황상태에 빠진다. 브레이크 페달이 거기에 없을 리는 없다. 브레이크 페달은 항상 거기에 있다. 그러나 분명히 그것은 거기에 없다. 어떻게 그럴 수 있는가? 이것이 내가 느꼈던 것이다.

나는 이미 절반쯤 몸을 일으켰고, 나의 눈은 검이 떨어졌는지를 보려고 바닥을 흘낏 내려다보았다. 내가 완전히 일어섰을 때, 나는 일본에 있지도 않으며 사무라이도 아니라는 것을 알아차렸다. 팔의 털들과 뒷목이 곤두섰다. 나는 깊이 명상하던 중에 다른 생애와 접촉하고 있었다는 것을 깨달았다. 그 뒤 빠져나오면서 그 생애와 이 생애를 잠시 동안 혼동했던 것이다.

이 느낌이 얼마나 강렬했는지를 적절하게 설명하는 것은 너무 어려운 일이다. 그러나 이 경험의 최종적인 결과는 환생에 대한 생각이 이론에서 엄연한 사실로 눈 깜짝할 사이에 이동하였다는 것이다. 그 짧은 순간 동안 나는 다른 생애에 있었다. 그것은 꿈이 아니었다. 그것은 비전이 아니었다. 나는 그 경험을 '겹쳐진' 전생이라고 불렀다. 나는 사무라이였다. 나는 사무라이로서 어떻게 명상하는지를 알았다. 나는 나의 검이 어떻게 생겼는지를 알게 되었다. 길고 약간 굽었으며 하얀 손잡이가 있는 검. (이 경험은 영화 하이랜드Highlander가 나오기 전인 1978년에 있었다. 그러나 나의 검은 숀 코너리Sean Connery가 가지고 있다가 나중에 맥클라우드McCloud에게 준 것과 같았다.) 나는 그것을 사롱 같이 생긴 나의 옷의 왼쪽에 차고 있었다. 나는 모든 것을 볼 수 있었다.

그 생애에 관한 많은 것들은 내가 지금 이 생애에서 현재 하고 있는 것과 매우 유사했다. 내가 그 생애에 있지 않고, 이 생애에 있다는 것만 제외하고는.

나는 문으로 갔다. 어떤 사람이 집을 잘못 찾아온 것이었다.

하지만 나는 이 '우연한 사건'을 통해 하나의 선물을 받았다. 그 경험은 나에게 전환점이 되었다. 나는 환생이 사실이라는 것을 분명히 알게 되었다.

그 이해를 경험한 뒤 다음 단계는 과거의 생애들에서 축적된 까르마의 힘에 대한 깨달음이었다.

까르마

우리 모두는 이런저런 종류의 문제들을 가지고 있다. 그리고 만뜨라 수행은 어떤 문제들을 부드럽게 하거나 없애는 데 큰 도움이 될 수 있다. 가장 공통적인 문제들 중의 하나는 충만함에 이르는 데는 장애물이 있다는 것이다. 그리고 신기한 점은 그 문제를 없애는 데 필요한 노력의 양은 사람마다 크게 다를 수 있다는 것이다. 어떤 사람들은 40일 동안 노력하고 큰 결과를 볼 수 있다. 다른 사람들은 몇 달 동안 노력해도 조금만 발전을 한다. 결과를 얻는 데 필요한 시간의 길이가 다른 이유는 까르마 때문이다.

삶에 있는 모든 것은 까르마이다. 당신의 배우자, 다른 중요한 사람, 당신의 건강 문제, 직업과 직위, 내적 행복이나 불만 등 모든 것이 다 까르마이다. 인도의 고전 경전들에서는 까르마를 네 가지 유형으로 나눈다.

산찌따Sanchita 까르마 이것은 당신의 모든 까르마의 총합이다. 마음의 모든 의식적인 활동, 잠재의식의 경향성, 정서적 성향과 마음의 명민함, 전생들로부터 축적된 모든 것이 이 포괄적인 산스끄리뜨 용어에 포함된다. 그것은 또한 당신의 좋거나 나쁜 과거의 모든 행위를 포함하며, 그 결과들은 한 생애나 다른 생애에서 해결될 것이다.

쁘라랍다Prarabdha 까르마 이번 생애 동안 없애기 위하여 당신이 선택한 까르마를 쁘라랍다 까르마라 한다. 이것은 당신이 태어날 때의 행성의 위치를 포함한다. 그러나 우리가 알듯이, 동시에 같은 장소와 같은 시간에 태어난 두 사람도 다른 삶을 살아갈 것이다. 행성들이 우리 까르마의 상태에 강력한 영향을 미친다는 것이 사실이지만, 우리 까르마의 다른 국면들도 항상 작용한다.

아감미Agami 까르마 이 용어는 현재의 행위에 따른 즉각적인 결과들을 말한다. 당신이 자동차 안에서 큰 소리를 내어 누군가를 부르면, 서로 말할 수 있는 기회가 생길 것이다. 이것은 아감미 까르마가 작동하고 있는 것이다.

끄리야마나Kriyamana 까르마 이 까르마는 미래의 까르마적 결과에 영향을 주는 현재의 의지적인 행위들이다. 종교적으로 금지하는 행동들은 끄리야마나 까르마와 관련된다. 십계명, 황금률, 힌두교의 야마와 니야마, 불교의 팔정도 등 이 모든 것은 이전의 행동들과 생각들에서 올 미래의 까르마적인 결과를 향상시키려는 노력이다. 이 수행과 금지는 미래의 까르마를 개선하려는 도구이다.

샤띠

동양에서는 샤띠의 개념을 자연의 여성적인 힘이라고 가르쳤다. 이것은 생각, 몸의 움직임, 행성의 움직임 등 어떤 힘에도 적용될 수 있다. 온 우주가 내면에서 발견된다면, 모든 힘의 근원도 내면에서 발견되어야 한다. 그것은 척추의 기저에 위치하고 있는 꾼달리니 샤띠의 형태 안에 있다.

우리는 지금 힘을 저장하고 처리할 수 있는 무한한 능력을 가지고 있지 않다. 그래서 의식을 지니고 있는 꾼달리니는 우리가 안전하게 다룰 수 있는 양만큼의 힘을 방출하고 있다. "만뜨라는 꾼달리니 샤띠의 한 형태이다. 그리고 그것은 소리의 형태 안에 있다. 그러므로 만뜨라는 실제로는 만뜨라의 모습으로 있는 꾼달리니다."[2]

영적인 도구들

만뜨라는 우리 주위의 모든 곳에 항상 있는 영적 에너지를 다루는 하나의 수단이 되었다. 만뜨라 수행인 자빠를 통해 그 에너지를 활용하면, 우리는 욕망을 충족시키고 좋은 까르마를 만들며 나쁜 까르마를 중화시켜 나갈 수 있다. 우리는 여러 생애들을 통해 축적된 수많은 좋지 않은 까르마를 해결할 수 있는 깊은 힐링 과정을 시작할 수 있다.

이 모든 영적인 수행들을 이용하여 우리는 영적 진화의 다음 단계로 꾸준히 나아간다.

2

의식의 진화

힌두교와 불교는 공통의 뿌리를 가지고 있다. 비록 그들이 다른 방법과 이미지, 지적인 개념들을 사용하더라도, 존재와 의식이 우주의 물질적인 형태로 진화한다는 관점은 아주 비슷하다. 힌두교와 불교의 믿음에 따르면, 우리는 비물질적인 영역에서 처음 창조되었다. 우리의 집인 물질적인 우주가 나타나기 훨씬 전, 우리의 의식은 순수한 영적 공간에서 마음의 영역으로 내려왔고, 거기에서 마음이 존재할 수 있게 되었다. 강력한 영적 아이디어들이 창조의 세계가 어떠할 것이라는 개념들과 합쳐졌으며, 그것이 결국 물질화되어 물질적인 우주가 만들어졌다.

우리는 물질적인 몸을 가진 존재로서 배우고, 자라고, 진화하기 위하여, 그리고 마침내 우리가 처음 나타난 근원인 비물질적 존재로 돌아가기 위해 물질적인 수준으로 내려왔다. 우리가 돌아갈 때쯤이면, 우리는 물질적 창조, 물질적인 몸 안에서 살아갈 때의 기쁨과 근심, 선택과 결과, 마음과 정서뿐만 아니라 신체적 질병의 회복에 대한 많은 지식을 축적했을 것이다. 비록 우리가 나온 근원인 고귀한 상태로 승리자로서 돌아갈지라도, 우리는 그동안의 경험을 통해 변화했을 것이며, 더 나은 존재가 되었을 것이다.

서양에서는 개인의 에센스를 영혼이라고 한다. 동양에서는 이 같은 에센스를 가장 흔하게는 아뜨만Atman이라 한다. 불교도들은 우리의 진정한 본성을 종종 우주적 마음과 같은 말로 언급한다. 그러나 영혼의 기원이나 우주적 마음 혹은 아뜨만의 기원을 밝혀내기는 어렵다. 우리는 인도의 신화들과 이야기들을 신뢰해야 하는데, 거기에는 우주의 시작과 모든 거주자들에 관해 이해하기 쉬운 이야기들과 우화들로 표현되어 있다.

현대 물리학과 창조

우주 창조의 모노블록(단일체) 이론이 현대 물리학에서 널리 받아들여지고 있다. 이 이론은 알려진 우주 안의 모든 물질이 원래는 하나의 덩어리로 압축되어 한곳에 있었다고 주장한다. 이 거대한 덩어리가 한곳에 집중함으로 생긴 힘이 '빅뱅'이라는 거대한 규모의 폭발을 일으켰다.

그것은 빛의 속도로 물질을 사방으로 흩어지게 했으며, 이로써 우리가 아는 우주가 생겨났다. 물질이 식고 응고하면서 태양, 행성, 은하가 만들어졌고, 우리가 아는 우주가 존재하게 되었다. 물리학의 법칙들에 대한 현재의 이해에 따르면, 먼 미래에는 모노블록의 폭발에 의해 발생된 원래의 운동력이 느려지고 마침내 끝날 것이다. 물질은 흩어지는 속도가 느려지다가 마침내 멈출 것이다. 우주의 모든 물질과 에너지의 멈춤과 해산을 과학계에서는 '엔트로피'라 한다. 그때는 태양들이 크기가 증가하여 행성들을 삼킬 것이다. 블랙홀도 크기가 증가하여 별들과 모든 은하들을 삼킬 것이다. 결과적으로 우주는 태엽이 다 풀린 시계처럼 끝이 날 것이다.

당신은 이 이론에서 어떤 것이 빠졌다는 점을 알아차렸을지 모른다. 과학은 무無에서는 아무것도 생겨날 수 없다고 하는데, 그렇다면 모노블록은 어디에서 왔다는 말인가? 과학자들과 화학자들의 공통적인 대답은 "우리는 모른다."이다. 몇몇 과학자들은 다양한 우주의 존재를 가정하면서 잘 알려져 있는 '끈 이론'을 이용하여 설명하려 시도한다. 그러나 거기에도 여전히 모노블록이 어디에서 생겨났는지에 대한 결정적인 설명은 없다.

베다 전통의 유서 깊은 경전들과 가르침들은 우리 각자가 지니고 있는 영혼 즉 아뜨만의 기원을 설명하는 이야기들과 일화들로 설명을 하고 있는데, 그 내용은 동일하다. 나라야나Narayana 전설은 인도의 무수한 세대를 거치면서 경전과 일화로 우주와 인류의 탄생을 설명하고 있다. 영혼 즉 아뜨만의 여행이 모든 성취들과 더불어 종착점에 이를 때, 그것은 틀림없이 가장 가치 있는 것이 될 것이다. 그때 우리 각자는 본래의 힘으로부터 성장한 신성과 불멸이라는 새로운 단계에 도달했을 것이다.

영혼은 의식과 힘이 하나로 있는, 창조된 우주의 가장 높은 단계에서 내려와 계속해서 더욱더 조밀한 존재의 상태로 들어갔으며, 나라야나라 불리는 존재의 원래의 운동력을 따랐다. 나라야나 이야기는 6장에 더 자세하게 나온다. 영혼은 그 후 물질성을 배우기 위해 복잡한 여정을 거치면서 탐구하기 시작했다. 이 여정의 첫 부분은 마침내 우리 척추의 기반부에서 끝난다. 여기에서 우리 각자는 개인의 모든 경험과 선택, 결과들, 혼란들과 함께 오래 전에 우리가 떠나 온 상태를 향해 진화를 시작한다.

우리의 경이로운 영혼은 연민이라는 에센스도 가지고 있다. 진화하는 의식은 육체적 형태를 취하고 있는 동안 기쁨과 고통을 둘 다 경험할 것이다. 그러므로 영혼-아뜨만은 그 의식에 두 가지 선물을 준다. 첫째 선물은 자유 의지 혹은 선택이다. 이 선물을 사용하면서 개별적인 의식은 마주치는 구체적인 경험들과 배워야 할 교훈들을 받아들일 수도 있고, 다른 어떤 때까지 회피하거나 연기할 수도 있다. 이 의식은 또한 나라야나와의 합일로 돌아가기 위한 많은 길들 중에서 특정한 길을 선택할 것이다. 둘째 선물은 개별적인 의식이 물질성의 상대적인 세계에서 기능할 수 있도록 허용하는 '장치'이다. 산스끄리뜨로 아함까라Ahamkara라 불리는 그것은 물질적 우주에 있는 동안 성장하고 진화하는 방법과 그 여부를 선택할 수 있는 자아이다. 겸손한 자아가 의식적으로 진화하기를 선택한다면 신성해질 수 있는 귀중한 선물까지 받을 수 있다.

영적인 성장을 통하여, 인간의 자아는 아뜨만과 결합하여 불멸성을 얻을 수 있으며, 그리하여 전혀 기대할 수 없었던 새로운 어떤 것이 될 수 있다. 자아가 이 여정을 완성하도록 해 주는 고대 인도의 메커니즘은 가네샤Ganesha 혹은 가나빠띠Ganapati라 불린다. 가네샤-가나빠띠 짜끄라(팬텀phantom 짜끄라로 작용)는 여섯 짜끄라 중 첫 번째 안에 자리하고 있으며, 척추의 아래에 위치한다. 이 중심들은 우리가 나온 근원인 신성으로 돌아가도록 척추를 따라 올라가는 보편적인 여정을 위한 숨겨진 지도를 나타낸다.

그러나 어떻게 우리가 그러한 기회를 갖게 되었는가? 어떻게 짜끄라 시스템이 생겨나게 되었는가? 그 대답은 당신을 깜짝 놀라게 하고 당신의 믿음에 도전할 것이다.

3

지구의 불평

H.P. 블라바츠키Blavatsky가 저술한 두 권으로 된 형이상학 분야의 걸작인 《비밀의 교리The Secret Doctrine》[3]는 디잔dyzan의 시구(詩句)들이 토대를 이루고 있다. 그러나 그 시구들이 전하는 내용은 영적 성장을 위해 기법들을 배우는 수행자들과 학생들에게는 거의 알려지지 않고 있다. 그 시구들은 지구와 태양 사이의 놀라운 문답으로 시작한다. 거기에서 지구는 발전을 위해 필요한 충분한 영적 에너지를 얻을 수 없다고 불평한다. 물론 현대 과학자들은 지구가 나선팔에 위치해 있다고 가르치며, 그래서 우리의 집인 지구가 많은 빛과 별들의 융합으로 빛나는 은하의 중심으로부터 멀리 떨어져 있다는 것을 우리는 안다. 그러나 디잔의 시구들이 수천 년 전에 씌어졌을 때는 지구의 위치나 지구가 받는 빛의 양을 설명하는 아무런 과학적 기록이 없었다. 따라서 이 맥락에서 보면 지구의 불평에 대한 고대의 기록은 주목할 만하다.

빛의 물질성은 단지 빛의 성질 중 하나일 뿐이다. 그림에 있는 성자들의 원광, 예수와 붓다의 후광, 법궤를 나르는 사람들을 둘러싼 빛, 그리고 다른 영적인 근원들을 볼 때, 그 빛이 물질성뿐만 아니라 영적 속성을 가지고 있다는 것을 알 수 있다. 사실, 영적인 빛의 축적과 영적인 진화는 함께 하는 것처럼 보인다. 따라서 《비밀의 교리》가 영적인 차원에 맞추어진 지구의 불평에 초점을 두고 있는 것은 놀랍지 않다.

지구의 고민을 듣고서 태양(위대한 빛나는 존재)은 지구의 불평들을 더욱 높은 영역들로 전달하는 데 동의한다. 수천 년 전에 일어난 이 대화의 중간에는, 지구가 대화를 계속하기 전에 몸을 옆으로 돌렸다는 내용이 나온다. 나는 이것을 읽고서 "흠, 분명히 극 변화를 가리키고 있군!"이라고 생각했다.

지구는 참을성이 없었다. 그녀는 자신의 책임 하에 자신의 힘으로 존재들을 창조하기 시작했다. 공룡은 그 결과였다. 육체적, 영적 영역 둘 다에 있는 강한 존재들은 이 시도를 좋은 것이라고 보지 않았다. 쾅! 소행성 혹은 혜성이 지구와 충돌하였다. 그래서 이 거대한 창조물들은 우주의 번쩍임 속에 사라졌다.

한편 더 높은 영역에 있는 영적 위원회는 지구가 진화 과정을 위해 도움을 받아야 한다고 결정하였다. 그래서 고도로 진화한 영적 존재들의 어느 종족에게 도움을 요청하였다. 그러나 그들은 비록 목적은 고귀하지만 이 같은 도움을 주는 것은 자신들의 본분이 아니라고 하면서 거절했다. 이들은 우리가 오늘날 신을 거부한 천사들이라고 아는 존재들이라고 블라바츠키는 단언한다.

영적으로 진화한 존재들의 다른 종족이 돕겠다고 자원했는데, 그들은 지구의 진화를 도울 존재들의 종족을 창조하는 데 그들의 빛을 빌려 주기로 결정했다. 그들의 계획은 이 종족, 즉 인간들을 단계적으로 감소되는 변압기처럼 만드는 것이었다. 인간은 그들 몸의 정수리에 있는, 숭고한 의식을 간직할 수 있는 저장소에서 가장 높고 가장 좋은 에너지를 받게 될 것이다. 그 후 유기체의 기저에 도달할 때까지 이어지는 중심들에서는 에너지들이 단계적으로 감소될 것이다. 이 에너지는 지구가 진화에 사용할 수 있도록 형상 안에 있을 것이다.

인간의 미묘한 몸 안에 있는 주요 짜끄라들은 물질적이면서도 비물질적인 기본 원소들에 의해 다스려진다. 이마 중앙의 여섯째 짜끄라에서 시작하여 아래 짜끄라들로 내려가는 순서의 다음 목록은 짜끄라들의 에센스인 원소들을 나타낸다.

여섯째 ··················	마음
다섯째 ··················	에테르
넷째 ················	공기
셋째 ················	불
둘째 ················	물
첫째 ················	흙

디잔의 시구들에 의하면, 가장 섬세한 영적 에너지가 왕관 짜끄라 안으로 들어온다. 그러고 나서 이 에너지는 기저 짜끄라에 도달할 때까지 짜끄라에서 짜끄라로 내려간다. 그것은 마침내 땅의 원리에 지배를 받는 기저 짜끄라에 이른다. 왕관 짜끄라에서 시작한 그 에너지는 이제 지구가 자신의 진화 과정을 위해 사용할 수 있는 모습으로 있다. 창조의 초

기 단계에 인간이 자신들에게 느끼고 있었던 타고난 고귀함은 그 어디에도 없다. 우리의 중요성은 우리가 디자인된 기능에 의해서만 강조되었을 뿐이다. 그러나 흥미롭게도, 매우 오래된 몇몇 영적 개념들은 우리가 생각하던 것과는 전혀 다른 방식으로 표현한다. "인간은 신의 형상으로 창조되었다." 그렇다. 그것은 확실히 우주적인 의미로 적용될 수 있다. "위에서와 같이, 아래에도." 그렇다. 이것 또한 사실일 수 있다. 하지만 이 구절에 대한 우리의 일반적인 생각과는 아주 다른 방식으로.

하지만 이 시구들의 앞부분을 보면, 인류에게는 자체의 진정한 중요성이 있지 않았다. 인간은 본질적으로 지구를 위한 도구로 설계되었다. 전압을 내려 주는 변압기는 도구 이상의 것이 아니며, 필요할 때는 사용하고 필요하지 않을 때는 버리거나 사용하지 않는 것에 불과하다.

다행히도 인간이라는 종에 대한 고려는 거기서 끝나지 않았다. 디잔의 시구들은 1,500쪽에 달하는 2권에서 길게 설명하기를, 원래의 위원회는 인간이 선천적으로 지각력이 있고 스스로 자각하도록 하는 결정을 내렸다. 지각력은 지성과는 다르다. 식물은 자연적으로 태양을 향해 자라는 지성의 어떤 모습을 보여 주고 있다. 그것을 본능이라 부를 수도 있지만, 더 넓은 맥락에서 보면, 본능은 단지 지성의 한 측면일 뿐이다. 동물들도 지성이 있음을 보여 준다. 던져진 막대기를 뒤쫓는 개, 사람의 다리를 문지르는 고양이, 마침내 주어질 먹이를 기다리며 코를 수족관의 꼭대기로 향하는 물고기들이 그런 예들이다. 이 모든 움직임에는 지성이 관여하지만, 지각력은 다른 것이다.

지각력은 자기 자각을 의미한다. 지각력은 우주의 한 존재로서 자기 자신에 대한 이해를 의미한다. 지각력은 사고와 성찰을 의미한다.

시구들에 의하면, 먼 옛날 멀리 떨어진 곳에 있던 그 위원회는 자신들이 특정한 목적을 위해 지각력 있는 존재들의 종족을 창조한 뒤 본질적으로는 버린 것이나 다름없음을 깨달았다. 이것은 옳지 않았다. 어떤 도덕이나 윤리 규범도 지각력이 있는 종족을 버리는 것을 정당화할 수 없다. 그래서 위원회는 이 존재들의 종족에게, 만약 그들이 그러겠다고 선택한다면, 존재의 목적이 될 기회를 주기로 결정했다.

이제 우리가 창조된 보잘것없는 목적은 뒤바뀌었다. 만약 우리가 우주의 물리적 수준뿐 아니라 영적인 수준에서도 가장 높은 곳으로부터 가장 좋은 에너지를 받음으로 시작되었다면, 우리는 또한 그것일 수 있고, 그것이 될 수 있으며, 그것으로 진화할 수 있었다. 완전히 다른 상황이다. 만약 우리가 그렇게 하기로 결정했다면, 하찮은 존재에서 숭고한 존재를 향한 여행은 이제 우리의 타고난 권리의 일부였다.

당연히 지구는 보다 높은 빛의 영역들에 있는 다른 진화된 존재들로부터 주목을 받기 시작하였다.

4

인간 탄생이라는 귀중한 기회

초자연적인 영역에서 오는 영적인 기쁨은 인간이 매일 마음으로 경험하는 그 어떤 기쁨도 능가한다. 우리는 다양한 종교의 영적 경전들을 통해 전해지는 이 영역들과 그 영적 보물들을 거의 알아차리지 못한다. 디잔의 구절들, 베다들, 뿌라나Purana들, 그리고 다른 영적 문헌들이 드러내듯이 그와 같은 영역들이 많이 있다. 그러나 그것들이 아무리 영광스러운 것이라 할지라도, 이 경전들을 연구하면 할수록 두 가지가 명백해진다. 첫째, 한두 영역만이 가장 높은 영역들에 가까이 접근한다. 나머지 영역들은 가장 높은 영역의 아래 어딘가에 있다. 둘째, 비록 그 영역들에 있는 존재들의 수명이 상당히 길다 할지라도 대부분은 불멸이 아니다. 극소수의 예외를 제외하고는 그들의 삶을 영위하게 하는 고귀한 자아들은 영원히 존재하지는 않는다.

이제 남은 것은 지구 위의 이 새로운 종들이다. 이들은 창조된 목적 때문에 의식의 최고 수준에 도달할 수 있는 기회뿐 아니라, 또한 지각의 메커니즘 즉 자아를 통해 불멸의 존재가 될 수 있는 기회도 가지고 있다. 이런 이유로 천상의 존재들 중 일부는, 만약 영적인 몫을 증가시키고 싶거나 불멸의 존재가 될 능력을 갖고 싶다면, 지구에 환생해야 할 것이라고 결론짓는 것이 당연할 것이다.

진보된 존재가 지구에 오고자 한다면, 비행접시 같은 기계 장치를 이용하여 올 것이라는 믿음이 널리 퍼져 있다. 그러나 진정으로 진화된 존재들은 낙후된 장치들을 사용하지 않을 것이다. 그들은 그냥 여기에 태어날 수 있을 것이다. 이것이 이해하기 힘들다고 느껴진다면, 이것이 진실이라는 충분한 증거가 있다. 우리는 '영적인 것'보다 '기계적인 것'을 훨씬 잘 이해한다.

예수는 처녀의 몸에 잉태되어 지구에 왔다고 한다. 라마야나Ramayana 에는 라마Rama와 형제들이 불의 의식을 통해 이곳에 왔다는 기록이 있는데, 이 의식이 신성한 물질로 이루어진 공을 만들었고, 이 공은 라마 Rama, 바라따Bharata, 락슈마나Lakshmana와 샤뜨루그나Shatrugna가 되었으며, 이들은 세 여성의 자궁에서 성장했고 그 여성 중 한 명은 쌍둥이를 임신했다고 한다. 그리고 베다와 뿌라나에서는 여러 존재들이 보통의 방법과는 다른 방식으로 이곳에 왔다고 한다. 마르깐데야Markandeya, 닷따뜨레야Dattareya 등의 존재들은 영적인 수단을 통해 이곳에 태어났는데, 비전의 지식과 수행으로 태어났다고 한다.

만약 여러 경전들을 읽어 보고서 기계 장치들이라는 테두리를 벗어나 기꺼이 생각해 본다면, 오래 전에 다른 영역의 존재들이 여기에 왔었다는 것을 알게 될 것이다. 그리고 인간의 몸으로 태어날 때, 그들은 그들의 잠재력이 무엇인지를 안다. 실제로 힌두교와 불교 경전들을 보면, 심지어 신들gods조차도 인간으로 태어나기를 바란다는 말이 계속해서 나온다.

그들이 왜 여기에 오는가?

그들이 지구에 오기를 바라는 데는 두 가지 이유가 있다. 첫째, 그들의 영적인 노력을 통해 우주에서 그들의 위치를 향상시킬 수 있다. 인도와 띠베뜨의 경전은 12년 이상이나 동굴에서 여러 명상을 하던 중 순식간에 진화한 라마Lama와 요기들에 관한 이야기들로 가득하다. 천상의 존재들은 인간에 내재하는 잠재력을 알고 있지만, 우리 대부분은 그것을 알지 못하고 있다. 그들이 성취할 수 있는 것이 무엇인지를 안다면, 그들은 빨리 발전할 것이다.

제1대 쌍까라짜리야Shankaracharya의 기록을 보면, 그는 비범한 사람이었다는 것을 알 수 있다. 그는 12살의 나이에 스와미 즉 수도승이 되었다. 또 다른 비범한 사람인 마드바짜리야Madvacharya는 겨우 걸을 수 있는 나이에 여러 사원에 갔으며, 모든 신상 안에는 하나의 위대한 진리가 담겨 있다고 선언하였다. 그의 아버지가 매일 아침 그에게 영적 가르침을 주었을 때, 마드바는 전날 배운 수업의 복습을 중단시키고 아버지에게 다음과 같이 말했다. "아버지께서는 어제 그것을 가르쳐 주셨습니다. 새로운 것을 가르쳐 주세요." 마찬가지로, 라마누자짜리야Ramanujacharya는 젊은 나이에 힘이 여성적 본질이라는 것을 이해했다. 매우 어렸을 때 그는 선생님의 경전에 대한 해석을 정정할 정도로 앞서 나갔다. 그 선생님은 매우 화가 나서 그 젊은 학생을 죽이려는 음모를 세웠지만, 나중에는 그에게 배우는 학생이 되었다.

　이들은 평범한 사람들이 아니다. 그리고 앞에서 본 것처럼, 평범하지 않은 인간으로 태어난 존재들이 있다. 예를 들면, 인도에는 자가드Jagad 구루로 불리는 사람들이 있다. 다음 장에서 구루에 대해 더 자세히 얘기 하겠지만, 지금 간단히 자가드 구루에 대해 얘기해 보자.

　자가드는 '세상'을 의미하고, 구루는 '어둠을 없애는 것'을 의미한다. 그래서 자가드 구루는 대략 '온 세상을 깨닫게 하는 사람'으로 번역된다. 그것은 놀라운 개념이다. 신의 은총으로 나는 세 분의 자가드 구루를 만 났다. 샹까라짜리야 전통의 두 명과 마드바짜리야 전통의 한 분이었다. 27장에서 나는 그 중 한 분에 관해 이야기할 것이다. 지금 나는 자가드 구루를 만나는 것은 삶을 바꾸는 경험이라고 말한다. 그와 같은 사람을 실제로 만나는 경험은 별도로 하고, 서양에 있는 우리는 진정으로 발전 된 영적 존재들에 대해 아는 것이 너무나 적다. 이 위대한 존재들은 아마 지구의 영역에서 오지 않았을 것이다. 그들은 비록 사람의 몸으로 이곳 을 걷고 있지만, 지구에서 오지 않았다.

　그들은 영적 수준에서 빠르게 진보하기 위하여 인간 탄생이 주는 이 점을 얻기 위해 여기에 왔다. 다른 이유도 있다. 인간의 몸을 입어 보면 그들은 이 종들의 잠재력을 전체적으로 알게 된다. 그들은 궁극적으로 우리가 무엇이 될 것인지 어렴풋이 알게 되며, 우리를 돕기로 결심한다. 그들은 자신의 현존의 힘을 통해 도움을 준다. 영적인 작업을 통해 만나 는 이들에게는 개별적으로 도움을 준다. 그들은 서로를 알아볼 수 있다. 그래서 자가드 구루들은 비교적 젊을 때 자신의 후계자를 지명한다. 그 들은 세상을 돕거나 축복할 때에도 그들이 영적으로 이룰 수 있는 것을 대부분 숨긴다. 그들이 자신의 성취를 숨기는 까닭은 겸손하기 때문이다. 그리고 개인적 영적 진화를 위하여 노력하고 있는 수행자들이 자가드 구루가 성취한 수준을 너무 많이 이해하게 되면 낙담할 수도 있기 때문이다. 그들의 지혜와 신성한 능력은 집단적인 방식으로만 드러날 것이다.

인간은 독특하다

지구에 온 위대한 이들은 인류의 진화에 온 힘을 다 쏟는다. 물론 그들 또한 진화한다. 그들은 보고, 이해하고, 돕는다. 우리 형상의 본질 자체가 가장 높은 진동들(우주에서 생명을 가진 존재들이 가질 수 있는 가장 높은 의식과 존재의 상태들)을 보유하고, 접근하고, 지구에 전달하도록 이루어져 있기 때문에, 우리는 독특하다.

　우리는 대부분의 인간이 어렴풋한 자각을 통해 이해하는 방식들로 진화하고 성장할 수 있으며, 그 기회들은 늘 열려 있다.

5

신과 여신

우주의 의식과 결합한 개인 존재들로부터 물질적 존재의 미로를 거치고, 그 다음에 모든 곳에 널리 퍼져 있는 의식과 결합하는 여정이 대부분의 우리에게는 순전히 지적인 수행인 것처럼 보인다. 그러나 선과 악의 투쟁을 다룬 인도 신들과 여신들의 일화는 이 여정을 보다 쉽게 이해할 수 있도록 해 준다. 그들은 인간이 이 신성한 존재들과 공통적으로 가지고 있는 의식의 긍정적이고 부정적인 국면을 풍부하게 예시하고 있다.

우리가 자신의 개인적인 의식의 진화를 따르는 동안, 뿌라나Purana들에 있는 신화들과 이야기들을 배우고 바꿔 얘기하는 것은 유익할 수 있다. 인도의 영적인 스승들은 다양한(때로는 혼란스러운) 생각들, 존재들, 개념들을 대표하는 성격을 지닌 인물들이 나오는 옛날이야기를 들려준다. 영적 법칙들과 형이상학적 구조들의 설명 속에 담긴 건조한 원리들 대신, 우리에게는 우주의 창조와 인간 영혼의 출현에 대하여 상세히 설명하는 일화들, 신화들, 전설들로 이루어진 풍부한 우주론이 있다. 그것들은 비록 영적 혹은 과학적 사실들을 자세히 설명하지는 않지만, 상호 관계들을 선명하게 만들어 준다. 우리의 일상적인 존재 안에 있는 힘과 의식의 상호작용 안에서 영혼이 어떤 역할을 하는지 설명하는 신비적 생각들이 이 일화들을 통해 비슷하게 전달된다.

위대한 성취를 이룬 몇몇 영적 스승들은 베다에 있는 신과 여신들이 우리 안의 속성들을 의인화하여 나타낸 원리라고 가르친다. 비록 이 속성들 중 어느 하나가 조금 뚜렷하거나, 아니면 잠재적인 상태로 있다 하더라도, 우리가 이 속성들을 발전시킬 수 있는 가능성을 가지고 있다는 것은 의심할 여지가 없다. 다른 스승들은 베다에 보이는 이 위대한 존재들이 모습을 가지고 실제로 존재하며, 명상과 화신을 통해 인류와 상호작용한다고 가르친다. 즉 그들이 어떤 일을 하기 위해 여기에 실제로 태어난다는 의미다. 이 시나리오의 진실이 어느 쪽이든 간에, 다양한 철학을 지닌 스승들 모두는 우리 각자가 달성할 수 있는 위대함에 대해 말한다.

우리 중에는 타고난 수학자, 음악가, 시인 및 엔지니어들이 있다. 자신들의 영역에서 뛰어난 재주를 보여 주는 사람들은 그들의 잠재력을 대단한 노력과 결합하였다. 어느 분야에 아주 좋은 재능을 가진 유전자가 있다 하더라도, 어느 한 분야에서 성공하기는 어렵다. 재능과 노력이 강력하게 조화되어야 한다.

마찬가지로, 각각의 신들과 여신들은 우리 역시 달성할 수 있는 특별한 분야의 위대한 영적 상태를 보여 주고 있다. 그러나 그들이 나타내고 있는 상태에 도달하기 위해서는 필요한 구성 요소가 있다. 그것은 재능과 노력이다. 부지런함과 노력을 통해, 우리는 신성한 존재들이 이른 곳에 도달할 수 있다. 훈련과 특색이 없는 재능은 석화된 꽃과 같다고 나는 믿는다. 그것은 내용, 존속 기간 및 어떤 아름다움은 가지고 있을 것이다. 그러나 성장하지는 않는다. 그것은 어느 장소에 얼어붙어 있다.

우리들 중 어느 누구도 '평균'에 있지 않다. 우리 각각은 거대한 영적인 높이에 이를 수 있는 힘을 지니고 있다. 힌두의 신들과 여신들이 지닌 어느 하나 혹은 그 이상의 특성들을 가지고 있다. 이와 관련해서 제자들에게 한 예수의 말이 귀에 울린다. "그대들은 자신이 신들이라는 것을 아직도 모르고 있는가?"

힌두교와 불교의 진정한 영적 구도자들은 이 생각을 잘 이해하고 받아들이며, 또 당연하게 여긴다. 인도의 최근 역사에는 뛰어난 성취를 이룬 사람들로 넘쳐나고 있다. 서양에서 우리가 들었던 위대한 영적 스승들은 선택된 몇 명의 제자들을 가르쳤고, 그 제자들이 다른 많은 이들을 가르쳤다. 굳이 몇 명만 얘기하자면, 빠라마한사 요가난다Paramahansa Yogananda, 빠라마한사 묵따난다Paramahansa Muktananda(그의 스승은 바가반 나띠아난다Bhagan Nityananda), 삿구루 샨뜨 께샤바다스Sadguru Sant Keshavadas, 디바인 라이프 소사이어티의 스와미 쉬바난다Swami Sivananda, 사띠야 사이 바바Satya Sai Baba, 아난다 마이 마Ananda Mai Ma, 라마나 마하리쉬Ramana Maharshi, 브람마난다 사라스와띠Brahmananda Saraswati, 님 까롤리 바바Neem Kaloi Baba, 달라이 라마Dalai Rama, 까르마빠Karmapa들을 언급할 수 있다. 이들은 일부일 뿐이다.

비밀이 드러나다

이런저런 영적 거장들을 통해서 우리 서구인들은 인도와 띠베뜨에 수백

년 동안 숨겨져 있던 이 방대한 영적 지혜를 접하게 되었다. 이 중 많은 지혜가 서양의 구도자에 의해 드러난 것은 불과 50년에서 100년도 되지 않았다. 이 지혜들 중 일부는 산스끄리뜨 만뜨라 수행에 기초를 두고 있다. 대단하면서 특정한 힘을 지닌 이 영적 문구들은 소리 에너지의 매트릭스이다. 그것들은 신들과 여신들로 상징되는 힘을 우리에게 가져오는 능력을 지니고 있다. 만약 우리들의 '영적 유전자' 안에 있는 재능이 헌신과 결합한다면, 그 '유전자들'이 약속하는 것이 '비범한 능력'으로 실현될 수 있을 것이다.

우리 안에 있는 짜끄라들과 그 잠재력에 대한 이해는, 인도인과 띠베뜨인들이 영적인 문제들에 접근하는 길들을 바라보는 관점이 널리 알려진 덕분이었다. 우리 문화에 있는 건강, 지각, 힘, 인류라는 주제들이 이제 새로운 아이디어, 새로운 표현방식들과 만나고 있다. 요가 자세(아사나asana), 산스끄리뜨 만뜨라 및 베다 철학은 이제 대학 강의실에서부터 지방의 YWCA까지 영향을 주면서 우리의 문화에 깊이 영향을 미치고 있다.

동양적인 수련과 개념들의 무수한 영향을 통하여, 하나의 아이디어가 의식적인 이해와 잠재의식적인 추정의 주변에 다음과 같이 메아리치고 있다. "우리는 지금 아는 자신보다 훨씬 이상의 존재이다." 그리고 우리는 공부와 노력을 통해 그러한 '한층 높은' 존재가 될 수 있다. 우리의 영적인 운명을 실현하기 위해 걸을 수 있는 고대의 길들이 있다. 우리는 그처럼 높은 수준으로 진보하여, 고대 인도의 신들로 상징되는 높은 의식과 힘에 다가갈 수 있다. 그것은 우리의 타고난 영적 권리다.

순례자여, 올라가라

힌두교의 각 신들은 자신들이 타고 다니는 이동수단을 가지고 있다. 일반적으로 그 이동수단은 새나 동물인데, 그것들은 자신이 이동시키는 원리를 발현시키도록 돕는 어떤 성질을 담고 있다. 예를 들면, 의식의 개념을 상징하는 힌두 인물 쉬바Shiva는 그의 이동수단으로 소인 난디Nandi를 가지고 있다. 쉬바가 타고 다니는 난디는 의식의 거침없는 본질을 보여 준다. 어떤 방법으로도 막을 수 없는 황소와 같이, 우주 의식은 자기실현을 위한 진행에 거침없다. 황소의 이미지는 거대한 움직이는 힘이라는 이미지와 더불어 변덕스럽지 않다는 이미지도 가지고 있다. 황소는 도전받았을 때만 위협하는 자세를 취한다. 마찬가지로, 우주 의식은 도전받고 있을 때조차도 거침없이 나아간다. 블랙홀, 은하의 충돌, 지구의 지진이나 극 변화는 도전적인 물리적 사건들이다. 거대한 규모든 작은 행성의 규모든 간에 이러한 사건들은 황소 난디를 멈추게 할 수 없듯이 우리를 멈추게 할 수 없는 것들이다.

다른 예로 쉬바와 빠르바띠의 맏아들인 수브라만야Subramanya는 그의 이동수단으로 공작을 가지고 있다. 개별적인 의식을 상징하며, 공작이라는 이동수단을 가지고 있는 수브라만야 원리는 가장 아름답다. 그렇지만 이것은 개별 존재의 의식이 어떻게 초월적인 의식의 자리에서 '아래'로 내려와 물질적인 존재로 들어가고 모든 창조물과 하나가 되는지를 보여 주는, 주의 깊게 숨겨진 지도이기도 하다. 공작을 잘 조사해 보면 수브라만야의 더 깊은 의미에 접근할 수 있는데, 그는 전쟁의 신으로 자주 언급된다. 더 깊은 영적 의미에서 수브라만야는 의식이 개별적으로 이룰 수 있는 가장 높은 것을 나타낸다. 그 상태의 너머에는 단지 절대적 존재와의 완전한 합일과 하나 됨이 있을 뿐이다. 그러한 개별적 의식의 높은 상태에 도달하도록 우리의 노력을 최대화시키는 영적 문구들과 전략들이 있다.

그러나 의식의 더 높은 상태의 근원은 무엇인가? 무無에서는 유有가 나올 수 없다. 그렇다면 우리가 향해 가고 있는 우주와 의식의 지고의 상태의 근원은 무엇인가?

6

나라야나

물리학 법칙의 너머, 인간 마음의 너머, 영적으로 가장 진보한 존재를 제외한 모든 존재의 시야 너머에 있는 세계에는 우리가 살고 있는 현실과는 완전히 다른 현실이 있다. 거기에서는 나라야나Narayana라 불리는 신성한 존재가 잠을 자고 있다. 나라야나는 현재 우리가 관계하고 있는 것과는 완전히 다른 유형의 정신적 활동의 지배를 받고 있는 영역에 존재한다. 우리가 집이라고 부르는 이 우주는 나라야나가 있는 영역에서는 전혀 존재하지 않는다. 그곳에는 우리가 알고 있는 은하들이 없다. 지각을 지닌 존재들이 없다. 그러나 나라야나가 잠을 자는 동안, 4개의 팔이 있는 이 자웅동체의 존재는 우리의 우주를 창조하기 위해 준비하고 있다. 그는 꿈을 꾸는 동안 우리가 신성한 드라마의 배우 노릇을 할 우리 우주의 물질을 생산한다.

　나라야나의 서사시는 그의 꿈과 세상의 창조를 묘사한다. 그의 꿈이 시작될 때, 연꽃이 나라야나의 배꼽에서 피어나 자라기 시작한다. 그것은 달걀 모습이 될 때까지 자라고 변화하며, 그곳에서 결국 브람마 Brahma라 불리는 4개의 얼굴을 지닌 남성적인 존재기 부화되어 나온다. 브람마는 창조하고 번식시키려는 압도적인 충동을 경험한다. 그의 내부에서 여신 사라스와띠Saraswati로 현현되는 위대한 여성 에너지가 그의 마음을 통하여 말을 한다. 그래서 우주가 탄생한다. 사라스와띠는 브람마 Brahma의 힘이며 창조의 여성적 에너지다. 모든 형태와 종류의 창조물들이 존재하게 되고, 우주의 '연극'이 펼쳐진다. 이 이야기에서 나라야나는 신성한 존재이고, 브람마는 욕망을 경험하는 마음이며, 사라스와띠는 신성한 말인데, 이 말은 요한복음의 첫 구절인 "태초에 말씀이 있었고", 혹은 창세기의 "빛이 있어라."고 하는 신의 신성한 명령에 담겨 있는 힘과 다르지 않다.

브람마는 나라야나의 배꼽 연꽃에서 나타난 우주의 창조적인 원리이다. 브람마는 모든 창조의 은유이다. 즉 그것의 법칙과 내재적 의식, 지성뿐만 아니라 현자들, 성자들, 리쉬Rishi들, 데바Deva들, 천인들, 보살들, 그리고 다양한 본성과 기질과 내용을 가지고 있는 신성한 존재들이 나타난 원리다. 힌두 경전들에서 나라야나는 나타나거나 나타나지 않는 영역들의 총계이고 바탕인 것에 대한 이름이다. 나라야나는 창조되거나 파괴되지 않으며, 우주의 창조, 생명 그리고 소멸에 앞서는 것이다. 브람마의 창조적인 충동은 일조 년 동안 우주를 확장시키는 모습으로 작용하다가, 나중에는 나라야나 안으로 돌아와 소멸한다. 이것은 우주가 시간이 지나면 블랙홀 안으로 흡수되어 완전히 사라진다는 과학적인 관점과 다르지 않다. 그러나 나라야나는 창조되지도, 파괴되지도 않는다. 소멸 이후에 창조의 주기는 반복된다. 이 과정을 다시 시작하기 위하여 다른 브람마가 나타난다.

'브람마'라는 용어는 베다에는 보이지 않는다. 그것은 '자라는', '확장하는'의 의미인 '브리Brih'라는 산스끄리뜨로부터 유래한다. 나라야나의 배꼽 연꽃잎으로부터 자라기에, 이것은 창조의 황금 달걀인 히란야가르바Hiranyagarba라 불리기도 한다. 브람마는 현현의 영역들을 창조하는 원리에 대한 이름이다. 베다는 뿌루샤 숙땀Purusha Suktam에서 다음과 같이 선언한다. "이 우주의 4분의 3은 위에 있는 불멸의 영역이다. 오직 이 우주의 4분의 1만이 생겨나고 사라지며, 오고 간다." 그 4분의 1은 우리의 자아─마음─성격이 작용하고 있는 곳이다. 브람마는 그것의 모든 것이다.

짧은 브람마 만뜨라

브람마 만뜨라를 행하면 리쉬 즉 성자가 될 수 있다. 시간이 지나면 창조의 미스터리들이 풀려 저절로 드러난다. 이 짧은 만뜨라는 우주의 전체성뿐 아니라, 우리가 그 모든 것과 하나임을 선언한다. 만뜨라 명상에서 이것을 규칙적으로 암송하면, 마침내 자신이 하나인 우주와 동일함을 굳건히 알게 한다.

아함 브람마스미
[아─함 브라─마스─미]
Aham Brahmasmi
[Ah-huhm Brah-mahs-mee]

나라야나는 자신에게 새로운 것들을 가르친다

나라야나에 관한 여러 이야기들과 경전들을 보면, 브람마의 원형인 나라야나는 우주적인 본성보다는 다음과 같은 여러 가지 개인적인 본성으로 불린다. 즉 '물리적인 우주가 아닌, 우리 모두의 가슴속에 존재하고 있는 불꽃', '지고한 영혼', '모든 영혼들의 영혼', '존재와 의식의 원인이며 저장소', '우리가 그 일부인, 이 우주의 경건함과 선을 보호하기 위해 스스로 현현하는 존재', '모든 세계들의 구루(영적 스승)' 등으로 표현된다. 이어지는 장에서 흐릿 빠드마Hrit Padma라는 주제로 들어갈 때 인격적인 면의 나라야나에 대해 더 자세히 알아볼 것이다. 지금은 장엄한 잠을 자고 있는 나라야나에게로 다시 돌아간다.

잠을 자는 동안, 나라야나는 그의 힘들을 움직이게 하였고, 이제는 창조의 법칙들이 브람마를 통해 작용하기 시작하는 것을 지켜본다. 그것은 매혹적이다. 나라야나는 위대한 존재이지만 브람마가 움직이게 하는 모든 것을 지켜봄으로써 자발성을 경험하고 있으며 어떤 면에서는 배우고 있다. 브람마와 그의 힘인 사라스와띠가 우주 창조에 여념이 없는 동안에도 나라야나는 자신의 꿈이라는 드라마의 중심에 자신을 분명히 둠으로써 드라마에 참여한다.

나라야나의 꿈에서는 역설적으로 보이는 두 가지 일이 동시에 일어난다. 우주의 천체들과 개별적인 존재들이 창조되고 있는 것이다. 각각의 새로운 존재가 창조될 때마다 나라야나는 그 안에 자신의 작은 조각을 넣는다. 그러므로 각각의 존재는 그의 일부이면서, 그와 분리된 가장 작은 조각이다. 그는 자신의 신성한 본질인 엄지손가락 크기의 작은 순수 영성의 불길을 모든 사람과 존재의 영적 가슴속에 넣는다. 우주의 꿈 드라마 속으로 나라야나가 자신을 넣어 두면 두 가지 일이 일어난다. 먼저 나라야나가 생명이 있는 존재들에게 준 자신의 작은 조각에는, 산스끄리뜨로 아난다Ananda라고 불리는 희열의 상태가 있게 된다. 이 희열은 사실 우주 바깥 어둠 속에 누워 있는 나라야나와, 우리 자신의 신성한 본질인 영혼−아뜨라만으로서의 나라야나 사이의 환영적인 분리의 첫 단계이다.

영혼은 자신이 위대한 존재인 나라야나의 일부라는 것을 깨닫는다. 그러나 자신과, 다른 영역에 있는 나라야나의 나머지 부분과의 미세한 분리의 베일도 자각한다. 나라야나의 이 조각은 자신이 표면적으로는 분리되어 있는 존재로 현현하고 있지만, 실제로는 자신이 나라야나의 일부라는 것을 알고 있다. 자신에 대한 이 지식은 아난다ananda라고 불리는 황홀경, 희열의 상태를 일으킨다.

동시에, 자신이 분리되어 있다는 느낌은 그것으로 하여금 이 황홀경 상태의 '감상자'로 만든다. 그것이 '자기'와 '타자'의 구분의 시작이다. 의식의 아난다 상태는 우리 인간이 위대한 신성과 융합하기 바로 전, 혹은 그것으로부터 분리되자마자 경험하는 것이다. 우리가 외관상 분리되어 있다는 사실은 '개별 경험자'라는 개념을 일어나게 한다.

이것이 지각력을 지닌 존재의 시작이다. 결국 지각력은 분리라는 생각에 바탕을 두고 있다. 즉 이 실재의 다른 부분들과의 분리, 다른 존재들과의 분리인데, 이 경우는 나라야나와의 외관상 분리이다. 궁극적으로 지각력이라는 개념 전체는 자기와 사물들 혹은 사람들과의 구분에 근거하고 있다. 이것을 '이원성'이라고도 한다. 그러므로 지각력이 나타나는 지점에서 이야기가 복잡해진다.

　나라야나는, 음악적으로 비유하자면 아직 작곡되지 않은, 우주를 꿈꾸고 있다. 그 꿈은 자신의 멜로디와 반주를 자연발생적으로 작곡할 것이다. 기분 좋게 코를 골고 자면서 나라야나는 꿈속에 있는 자신의 개별적인 에센스들, 즉 우리의 영혼들이 마침내는 물질적인 존재로 하강하여 경험을 축적하는 여행을 시작하도록 의지를 발동할 것이다. 개별적인 영혼들은 자신의 주위에 층들을 만들기 시작하고, 그 층들은 짜끄라라고 하는 에너지 처리 중심들이 될 것이다. 이 개별적인 존재들 중 일부는 나라야나의 본질을 조금 더 많이 가지고 창조될 것이다. 그들은 우주 창조의 본질을 이해하고 있는 위대한 현자들, 천인天人들, 마하 싯다 Siddha들이 될 것이다. 그들은 깨어나면서 "아버지 안에 내가 있고, 내 안에 아버지가 계신다."는 신비적인 말을 이해하게 되었다. 동시에 이런 식으로, 온 우주가 만들어지고 각각의 개별적인 존재들이 형상을 취하게 되었다.

　개별적인 자아와 나라야나의 희열에 찬 지고의 결합 상태는 머리의 꼭대기에 있는 일곱째 영적 중심인 사하스라라 짜끄라에서 일어난다. 개별성이 나타나지 않는 이 완전한 결합의 상태는 그 다음에 그보다 낮은 초월의식 상태에 자리를 내주며, 여전히 숭고한 그 상태는 이제 자신의 분리된 영역에서 나라야나로부터 더욱 분리됨을 경험하기 시작한다. 여전히 영광스러운 새로운 개별적인 의식은 근원인 나라야나와 가장 가까우면서도 나라야나와 합쳐지지 않은 채 완전히 표현될 수 있는 상태에 있다.

　그러나 모든 것을 포함하는 실재와 개별적인 자아의 분리에는 한 가지 작은 문제가 있다. 지금까지는 우주의 진화를 바이슈나바Vaishnava의 관점에서 보았다. 하지만 예를 들어 쉬바와 샥띠를 따르는 사람들도 비슷한 관점을 가지고 있다. 바이슈나바의 관점에서는 나라야나를 보통 신비주의적으로나 학문적으로 모두 비슈누(유지자)의 최고 지점으로 본다. 나라야나를 묘사하고 있는 고대 찬가인 나라야나 숙땀Suktam은 "그는 브람마이며, 비슈누이며, 쉬바이다. 그는 지고하시다."라고 선언한다. 쉬바를 기술하고 있는 어떤 경전들이 쉬바를 지고한 존재로 부른다고 해서 걱정하지는 말라. 어떤 경전들은 샥띠, 즉 위대한 우주적 여성의 힘을 지고하다고 말한다. 진실은, 그것들 모두가 맞다는 것이다. 그러나 각각의 길을 따르는 지상의 영혼들이 자신의 길이 가장 좋고, 가장 높고, 가장 빠르고, 또 유일한 최고라고 선언하고 있는 것도 사실이다. 그래서 종교에 대한 끝없는 말다툼과 종파주의에 대한 끝없는 언쟁이 있다. 그러나 잘 깎인 다이아몬드처럼 신비로운 진리는 많은 관점을 가지고 있다. 그것들 모두는 그 나름의 맥락에서 정확하다.

진리는 하나이다

디바인 라이프 소사이어티Divine Life Society의 창시자인 스와미 쉬바난다는 자신의 책《쉬바와 그의 숭배Shiva and His Worship》의 본문 앞부분에서 "나라야나로 불리는 높은 비슈누와 높은 쉬바는 같다."[4]고 설명한다. 형상이 있는 한 그것들은 동일하다고 그는 설명한다. 그러므로 우주를 생성시킨 이 존재를 나라야나로 부르든 쉬바로 부르든 그것은 중요하지 않다. 그 어떤 이름으로 부르든 그것은 그것인 것이다. 그러나 무형의 존재는 또 다른 문제이다. 위대한 쉬바난다는 그것을 빠람마쉬바 Paramashiva라고 부른다.

쉬얌 순다르 고스와미Shyam Sundar Goswami의 저서 《라야 요가Laya Yoga》에서는 나라야나를 가리키는 말로 빠람마쉬바가 언급된다. "나라야나는 빠람마쉬바, 즉 지고한 의식이다. 그는 무한하고 전체이며, 그래서 마음과 물질로 된 우주의 너머에 있다. 그러나 그가 자신의 둘이 없는 삿뜨빅Sattvic한 형태 안에 자리 잡고서 집중되어 있을 때, 그는 자기 힘의 존재성과, 지고의 힘인 그것이 자신과 하나임을 의식한다."[5)

비슈누로서 나라야나는 다르마Dharma의 보존과 회복을 위하여 많은 형상으로 나타난다. 나는 이 존재를 나라야나로 부르기로 했다. 아래에 열거된 나라야나 숙땀은 나라야나에게 바치는 성스러운 찬가이다.

이것은 나라야나 만뜨라이다.

옴 나모 나라야나야
[옴 나-모 나-라-야-나-야]
Om Namo Narayanayah
[Om Nah-moh Nah-rah-yah-nah-yah]

이 만뜨라는 필멸의 육체 안에 깃든 불멸하는 자기의 존재를 단언하고 있다.

나라야나 숙땀

신성한 가슴속에 있는
영적 불꽃에게 바치는 찬가

나라야나 숙땀Narayana Suktam은, 모든 존재들의 안에 있으며 모든 숭배의 갈구하는 목적인 '우주적인 참나'에게 바치는 노래이다. 마지막 절은 그것이 브람마, 비슈누, 쉬바이며 모두가 하나라고 분명하게 말한다. 나라야나는 하나 안에 있는 힌두교 삼위일체의 모든 형상이다. 그것은 신성한 가슴에서 타오르고 있는, 신비가들의 3중의 불꽃이다. 신성한 가슴의 위치는 아나하따 짜끄라 즉 가슴 중심에서 정확하게 손가락 두 개 너비 아래에 있다. 그것은 흐릿 빠드마Hrit Padma라 불리며 여덟 잎의 연꽃을 가지고 있다.

1) 옴 사하스라라 쉬르샴 데밤 뷔슈와끄샴 뷔슈와 샴부밤;
뷔슈왐 나라야남 데밤 악샤람 빠라람 빠담.
Om Sahasrara Shirsham Devam Vishwaksham Vishwa Shambhuvam;
Vishwam Narayanam Devam Aksharam Pararam Padam.

우리는 나라야나를 명상합니다. 그분은 모든 자기들의 참나Self이시며, 우주의 모습을 하고 있으시며, 파괴할 수 없으며, 지고의 평화의 거처인 무한한 의식이시며, 스스로 빛나는 목격자이시며, 우주적 존재이십니다.

2) 뷔슈와따하 빠람마 니띠얌 뷔슈왐 나라야남 하림;
뷔슈와 메붸담 뿌루샤스 따드뷔슈와—무빠—지봐띠.

Vishwataha Parama Nityam Vishwam Narayanam Harim:
Vishwa Mevedam Purushas Tadvishwa—Mupa—jivathi.

우리는 이 우주 너머에 계시는 나라야나를 명상합니다. 하지만 그분은 가까이 있는 존재이시며, 영원하시며, 모든 곳에 널리 퍼져 있는 진리이시며, 모든 과오의 용서자이십니다. 그분은 우주 전체를 지탱하고 있을 뿐만 아니라 이 우주 자체이기도 합니다.

3) 빠띰 뷔슈와시야뜨—메슈와람 샤슈와뚬 쉬밤 아츄땀;
나라야남 마하예얌 뷔슈와뜨마남 빠라야남.

Patim Vishwasyat—meshwaram Shashwatum Shivam Achyutam:
Narayanam Mahajneyam Vishwatmanam Parayanam.

우리는 우주의 주이시며, 모든 영혼들의 본질이시며, 은총의 영원한 거처이시며, 정복할 수 없는 것이시며, 우주적인 대영혼이시며, 추구해야 할 최고의 목표이시며, 휴식의 지고한 거처이신 나라야나를 명상합니다.

4) 나라야나 빠람 브람마, 땃뜨왐 나라야나 빠라하;
나라야나 빠로 죠띠르 아뜨마 나라야나 빠라하;
나라야나 빠로 디야따 디야남 나라야나 빠라하.

Narayana Param Brahma, Tattwam Narayanah Paraha;

Narayana Paro Jyotir Atma Narayanah Paraha;

Narayana Paro Dhyata Dhyanam Narayanah Paraha.

나라야나는 궁극의 창조자이시며, 모든 것에 충만한 진리의 지고한 원리이십니다. 나라야나는 영원한 빛, 개별적인 자기를 통해 볼 수 있는 우주적 참나이십니다. 나라야나는 모든 명상의 궁극적인 대상이십니다. 실로 나라야나를 묵상하는 것 외에 다른 명상은 있을 수 없습니다.

5) 야짜 낀찌뜨 자가뜨사르밤, 드리슈야따에 슈루야떼삐 봐;

안따르바히스짜 따뜨사르밤 비야빠 나라야나 스띠따하.

Yacha Kinchit Jagatsarvam, Drishyatae Shruyatepi Va;

Antarbahischa Tatsarvam Vyapya Narayanah Sthithaha.

보이거나 들리는 모든 것은 나라야나입니다. 그분은 모든 것의 안과 밖에 퍼져 있습니다.

6) 아난땀 아뷔야얌 까빈 사문드렌땀 뷔슈와 샴부밤;

빠드마꼬샤 쁘라띠까샴 흐리다얌 짜뻬야─도무깜.

Anantham Avyayam Kavin Samundrentam Vishwa Shambhuvam;

Padmakosha Pratikasham Hridayam Chapya─dhomukham.

우리는 우리의 신성한 가슴에서 싹트고 있는 연꽃 속에 계시는 나라야나를 명상합니다. 그분은 무한하시며, 해칠 수 없으며, 모든 생명들의 생명이시기 때문입니다. 모든 축복은 그분에게서 나옵니다.

7) 아도 니스띠야 뷔따시얀떼 나뱌—무빠리 띠슈따띠;

즈왈라말라 꿀람 바띠 뷔슈와시야—야따남 마하뜨.

Adho Nistya Vitasyante Nabhya—mupari Tishtathi;

Jwalamala Kulam Bhati Vishwasya—yatanam Mahat.

목구멍 짜끄라의 뿌리 아래, 배꼽 중심의 30cm 위에 신비하고 성스러운 가슴이 있습니다. 거기에 불꽃 화환으로 둘러싸인 주 나라야나가 빛나고 있습니다.

8) 산따딴 쉴라비스뚜 람바띠야 꼬샤 산니밤;

따스얀떼 수쉬람 숙슈맘 따스민 사르밤 쁘라띠슈띠땀.

Santatan Shilabhistu Lambatya Kosha Sannibham;

Tasyantae Sushiram Sukshmam Tasmin Sarvam Pratishtitam.

거기에서 존재의 모든 덮개와 수천 개 나디로 둘러싸여 있는 가슴의 연꽃을 봅니다. 그 가까이에 척추(슈슘나)의 미묘한 통로가 있습니다. 그 안에서 온 우주가 현현합니다.

9) 따시야 마드혜 마한—아그니르 뷔슈와찌르 뷔슈와—또무까하;

소그라 부그위 바잔띠슈딴 아하라마—자라하 까뷔히;

띠리야 구르드와 마다슈—라이 라슈미야—야스따시야 산따따.

Tasya Madhye Mahan—agnir Vishwachir Vishwa—tomukhaha ;

Sogra Bhugwi Bhajantishtan Aharama—jaraha Kavihi ;

Tirya Gurdhwa Madhash—yayi Rashmya—yastasya Santata.

배꼽 중심의 슈슘나 안에는 찬란하며 모든 것을 둘러싸는 우주적 불이 있습니다. 이 불은 음식을 소화시키고, 몸에 영양을 주고, 에너지를 신체의 모든 부위에 분배합니다. 이 불은 지혜이며, 무궁무진하며, 그 광선을 몸 전체에 발산합니다.

10) 산따빠야띠 스왐 데하마—빠다—딸라마스따까하 ;
따시야 마드혜 봐니쉬까 아니요르드와 뷔야뷔쉬따하.
Santapayati Swam Dehama—pada—talamastakaha ;
Tasya Madhye Vahnishikha Aniyordhwa Vyavishithaha.

이 우주적 불은 온몸을 생명의 원리로 따뜻하게 합니다. 그러나 그 가운데에는 위쪽을 향하고 있는 훨씬 더 미묘한 불꽃이 있습니다.

11) 닐라또요다 마디야스따 뷔드율레—께봐 바스봐라 ;
니봐라 슈까—봣딴뷔 삐따 바스와뜨—야누빠마.
Nilatoyoda Madyasta Vidyulle—kheva Bhasvara ;
Nivara Shuka—vattanvi Pita Bhaswat—yanupama.

이 불꽃은 검푸른 구름 중앙에서 나오는 은백색 선 모양의 전기처럼 빛납니다.

12) 따시야 쉬까야 마드혜 빠람아뜨마 뷔야봐스띠따하;
사 브람마, 사 쉬봐하, 사 하리히, 센드라 속샤라하
빠람마하 스와랏.
Tasya Shikhaya Madhye Paramatma Vyasvasthithaha;
Sa Brahma, Sa Shivaha, Sa Harihi, Sendra Soksharaha
Paramaha Swarat.

그리고 이 불꽃 한가운데에 나라야나가 자리 잡고 있습니다. 이 우주
너머에 있되 이 우주 안에서 스스로를 현현합니다. 그분은 파괴될 수 없
습니다. 진실로 그분은 브람마이시며, 쉬봐이시며, 비슈누이시며 지고
자이십니다.

13) 뷔디야 붓디 다나이쉬 봐리야 뿌뜨라 뽀뜨라디 사마 빠다하
뿌슈빤잘리 쁘라다 네나 데히메 입시땀 봐람
만뜨라 뿌슈빰 사마르빠야미.
Vidya Buddhi Dhanaish Varya Putra Pautradi Sama Padaha
Pushpanjali Prada Nena Dehime Ipsitam Varam
Mantra Pushpam Samarpayami.

우리는 지금 지식, 순수한 지성, 부와 번영, 자손과 물질적인 행복을
청합니다. 부디 이런 것들을 저희에게 베풀어 주소서. 그렇게 말하면서

우리들은 이 만뜨라 꽃들을 당신께 바칩니다.

14) 옴 나모 나라야나 뷔드마헤, 봐수데봐야 디마히, 딴노 뷔슈눔 쁘라쬬
다얏.
Om Namo Narayana Vidmahae. Vasudevaya Dhimahi, Tanno Vishnum
Prachodayat.

우리가 만물의 영으로 내재하는 존재이신 이 나라야나를 깨닫게 하소
서. 우리가 이 위대한 존재의 비슈누를 명상하여 깨달은 자들이 되게 하
소서.

수브라만야와 가네샤-가나빠띠

쉬바와 그의 두 아들인 가네샤와 수브라만야는 우리 진화의 드라마의
별들이다. 수브라만야의 이동수단인 공작은 수브라만야의 현현으로 오
게 되는 것을 은유하고 있다. 수컷 공작이 걷고 있을 때, 우리는 눈에 띄
는 다채로운 빛깔의 몇몇 깃털이 있기 때문에 그 아름다움을 안다고 생
각한다. 그것들은 보기에 충분히 즐거우며, 그리고 그가 쓰고 있는 머리
의 띠에서 나오는 밝은 빛깔의 가시모양 돌기는 재미있고 알록달록하지
만 썩 화려하지는 않다. 그러나 공작이 다색의 꽁지깃을 펴면, 완전히
새로우며 이전에는 감춰져 있던 아름다움과 빛깔, 디자인의 차원이 눈
에 들어온다. 이전에 그런 것을 본적이 없다면, 공작의 꽁지깃이 펼쳐지
는 것은 거의 놀랄 만큼 매력적인 것이 될 수 있다.

70

이와 유사한 극적인 출현으로, 수브라만야처럼 영혼은 머리 꼭대기에 있는 정수리 짜끄라에서, 짜끄라들의 공작 꼬리가 나타나는 뇌의 나머지로 이동해 내려간다. 나중에는 몸으로 이동할 것이다. 뇌 안에서 영혼 즉 아뜨만은 새로운 육체적 형상을 창조하는 분리된 의식의 존재로 자기를 이해한다. 우리의 개별적 아뜨만이 나라야나에 완전히 잠겨 있을 때, 그 아뜨만은 온 우주의 의식과 하나인 의식 상태에 있었다. 우리는 바다 속으로 물이 부어진 컵으로 있었다. 우리의 개별적 존재라는 컵이 준비되어 있었지만, 우리 존재의 내용물은 바다의 거대한 물 속에 잠겨 있었고, 그것의 일부로서 분리되어 있지 않았다. 컵이 바다에 살짝 잠겨 그 물의 일부를 떠내면, 분리가 일어난다. 컵 안의 물은 이제 바다의 물과 떨어져 있다.

마찬가지로, 우리의 개별적 존재가 정수리 짜끄라에서 쉬고 있을 때, 우리는 자기와 다른 것에 대해서 아무것도 모른다. 아무런 분리가 없다. 오직 나라야나와 그 안으로의 몰입의 희열만이 있을 뿐이다. 그 다음 우리 존재의 중심이 뇌의 나머지 속으로 내려가 잠기면, 우리는 나라야나로부터 분리를 경험하므로 우리의 개별적 존재를 자각하게 된다. 우리는 개별적인 존재가 제공하는 잠재력을 이해한다. 신성한 자아가 만들어지고, 그래서 우리는 자기를 자각하게 되며, 역시 자기를 자각하고 있는 남들을 인식하게 된다.

이 자기−자각은 수브라만야의 공작의 몇몇 깃털과 유사하다. 머리에서 척추로 더욱 하강함에 따라, 짜끄라들의 굉장한 잠재력이 하나씩 충분히 보이면서, 각각의 짜끄라에서 세력을 떨치는 원소들을 통하여 나타난 그 능력들의 잠재력에 깜짝 놀란다. 그 원소들은 마음, 에테르 혹은 공간, 공기, 불, 물, 그리고 마지막으로 흙이다. 거대한 영적 능력들이 자명해진다. 시간과 공간은 아주 많은 장신구들과 밝게 채색된 빛들처럼, 우리의 개별적 존재의 나무에 매달려 있는 장난감들이 된다. 영혼이 뇌 속으로 들어가서 우리의 머리가 될 것의 기저부로 이동하면, 공작의 꽁지깃이 펼쳐지기 시작한다. 짜끄라들이 하나씩 보이면서, 이전에는 감춰져 보이지 않았던 힘과 의식이 장대하게 드러난다. 영혼은 혼자서 즐거움에 겨운 웃음을 지으며 "가능성들을 생각해 봐!"라고 자신에게 말하는 것처럼 보인다.

정수리 짜끄라 바로 밑의 머릿속에는 수브라만야 의식 상태가 있는데, 여기에서 우리의 가장 높은 개별적인 초의식의 자각이 작용한다. 우리는 이 상태에서 내려와서 짜끄라들과, 그것들을 지배하는 원소들로 상징되는 친숙한 현실의 차원들로 계속해서 하강한다.

첫 번째로 멈추는 곳은 이마 중심에 있는 아갸Ajna 짜끄라이다. 이곳은 전반적인 단일성이 자리 잡는 곳이며, 이어지는 모든 창조의 수준들이 이 의식 장소로 통합되게 할 것이다. 여기서부터 상호보완적인 상대적 쌍들, 즉 남성과 여성, 뜨거움과 차가움, 음과 양 등이 생긴다. 영적인 전류의 형태들이 존재하게 되며, 그것들을 담아 보내기 위한 이동수단들, 즉 남성적 흐름인 이다ida, 여성적 흐름인 삥갈라pingala, 그리고 척추인 슈슘나shushumna가 만들어진다. 슈슘나는 짜끄라들이라 불리는 중심들을 갖게 될 것이다. 짜끄라들은 현현한 우주의 거대한 수준들 혹은 위계들이다. 그 다음에 아뜨만은 새로 만들어진 척추로 미끄러져 들어가 물질성을 향한 하강을 시작한다.

두 번째로 멈추는 곳은 비슛다Vishuddha 즉 목구멍 짜끄라이다. 여기서 시간을 초월한 에테르가 태어난다. 비슷다 짜끄라에서는 물질과 나타나야 할 물질의 모든 원리들이 완벽한 조화 상태로 있는 것으로 보이며, 이 힘들이 무수히 긴 시간 동안 작용할 '시간'의 구조도 보인다. 유명한 신비주의자 에드가 케이시Edgr Cayce는 깊은 잠을 자는 동안에 이 상태에 도달할 수 있었다. 하나의 캔버스 위에 있는 시간과 공간을 보면서, 케이시는 사람들을 불가사의한 치유로 유도할 수 있었다. 심지어 충실한 지지자들을 시골 가게로 여행시켜 '세 번째 선반 중앙의 캔 뒤에 있는 파란색 병'을 찾게 할 정도였다.

다음으로 영혼은 완전한 의식을 가지고 아나하따Anahata 짜끄라 즉 가슴 중심으로 하강한다. 자신들과 다른 초의식적 존재들만 아는 이유로, 어떤 계급의 존재들은 여기에서 하강을 멈추었다. 그들은 이따금 인간 사건들의 영역에서 상호작용하기도 하는 불멸의 천인들이 되었다. 그러나 대다수 영혼들은 경험하고 배우기 위하여 물질 영역들로 계속 하강했다. 아뜨만은 물질성의 연극을 배우고 관찰하기에 가장 유리한 위치를 가슴 중심이 제공해 준다는 것을 알아차린다. 흐릿 빠드마Hrit Padma 라고 하는 여덟 잎을 갖고 있는 작은 짜끄라가 아나하따 짜끄라 즉 심장 중심 바로 아래에 만들어진다. 영혼은 여기에 자리를 잡고서 자신의 나머지 영적 이동수단인 인간의 미묘한 몸과 육체들을 계속 만든다.

낮은 짜끄라들, 즉 태양신경총에 있는 마니뿌라Manipura 짜끄라와 천골 신경총에 있는 스와디스따나Swadhisthana 짜끄라가 하나씩 만들어진다. 마지막으로 땅에는, 미저골 신경총에 있는 물라다라 Muladhara 짜끄라가 만들어지고, 그래서 척추 맨 밑에 이르게 된다. 여기에서 우주의 창조적인 힘이 모든 인간 안에 존재하고 있다. 이곳에 도달한 신성한 여성의 힘(꾼달리니 샥띠Kundalini Shakti)은 수반하는 의식의 원시적인 욕망에 복종하여 반수면 모드로 들어간다. 투시력을 지닌 사람들은 모든 사람의 척추 기반부에 그것이 세 번 휘감긴 나선형의 힘 안에 휴식처를 만들어 잠들어 있는 것을 본다.

이제 영혼은 나라야나의 첫 지시를 완수했다. 나라야나는 물질 우주 안의 개별적 존재의 상태 속으로 '참여하게' 되었다. 퇴화가 완성되었다. 불꽃처럼 아른거리는 신성한 에센스는 신성한 가슴 안에 휴식하고 있다. 여기서 '이 세상의 것이 아닌' 빛이 항상 빛을 발하고 있다.

형이상학계에는 "진화는 퇴화를 전제로 한다."는 말이 있다. 영혼의 인간 화신으로의 하강을 통해, 퇴화를 통해, 우리의 신성한 에센스인 아뜨만으로서의 나라야나는 '물질성'에 대해 배우기 시작할 것이다. 철저히 떨어져 있지만 완전히 얽혀 있기도 한 영혼은 이 새로운 것, 미묘한 에너지의 몸과 잠재된 여성의 힘을 가진 인간의 몸이 세상에서 작용하는 것을 완벽한 고요함 속에서 지켜본다. 고통과 쾌락은 경험들의 스펙트럼 안에 있는 반대 극점들일 뿐이다. 부유하든 가난하든, 건강하든 장애가 있든, 지적인 재능을 타고났든 어리석을 정도로 우둔하든, 영혼-아뜨만은 삶의 궁극적인 전개를 차분히 지켜본다. 그러는 동안에 고삐들은 자아-마음-성격에 넘겨지며, 거기에서 의사결정, 선택, 그리고 그로 인해 일어나는 결과, 우리 까르마의 결정이 시작된다.

제2부

가네샤,
지각력, 샥띠,
그리고 의지

7

우주적 실재에 대한 재고

먼 옛날 고대의 힌두 현자들은 말하기를, 우리가 아는 이 세상 또는 실재
는 환영이며, 그것은 사실 우리가 생각하거나 지각하는 방식으로는 존
재하지 않는다고 했다. 힌두이즘 안에 있는 다양한 길의 경전들은 이 주
제에 관해, 우리가 실재라고 여기는 것은 환영이라고 한목소리를 내고
있다. 과학지향적인 사회에 살고 있는 우리는 이 생각을 드러내 놓고 비
웃었다. 우리가 지각하고 그 안에서 상호작용하는 이 우주는 분명히 실
재한다. 우리의 감각들이 이 사실을 확신시켜 준다. 다양한 도구들로 측
정된 과학적 데이터가 이 사실을 확신시켜 준다. 갈릴레오, 뉴턴, 닐스
보어, 엔리코 페르미, 알버트 아인슈타인, 그리고 무수한 다른 과학자들
이 이 사실을 확신시켜 주었다. 우리의 실재는 결코 환영적인 것이 아니
다. 그것은 거듭거듭 증명되어 온 일정한 법칙들에 따라 작용한다. 그래
서 고대의 힌두 현자들은 의존할 만한 '견고한' 과학적 데이터가 없는 원
시사회에서 살았던 몽롱한 머리를 가진 신비주의자들로 간단히 묵살되

었다.

　고대의 현자들은 또한 힘의 본성은 남성적이 아니라 여성적이라고 한 목소리로 말했다. 의식은 남성적이지만, 그것은 여성적인 에너지에 의하여 힘을 부여받는다. 여성적인 힘이 없으면 의식은 결코 현현하지 않을 것이다. 우주 그 자체도 그럴 것이다. 우주는 현현할 수 있게 하는 힘이 결핍된 까닭에 결실을 맺지 못하고 그저 하나의 잠재성만으로, 하나의 아이디어만으로 그칠 것이다.

　위대한 여성적 힘이 의식에게 힘을 부여할 때, 우주 자체가 탄생한다. 현자들은 이 우주가 신성한 어머니의 '몸'이라고 결론짓는다. 다양한 학파들을 통하여 가르친 고대 현자들은 말하기를, '위대한 여성'Great Feminine과 관련된 힘의 도구들을 이해하고 이용하지 않으면 영적인 자유를 얻을 수 없다고 했다. 이런저런 영적 수련을 통해 어떤 놀라운 능력들을 얻을 수 있을지는 모르지만, 그것들 역시 결국에는 환영적인 것으로 드러난다. 더 높은 수준으로의 참된 영적 진보는 "구속시키기도 하고 해방시키기도 하는 그녀"인 위대한 여성에게 속하는 영적 발달의 도구들을 얼마나 잘 이해하고 다루느냐에 달려 있다. 그녀에 대해 모를 때 우리는 구속된다고, 고대의 현자들은 가르친다. 반면, 그녀의 비밀들과 방법들을 전하는 고대의 영적 수행들을 이용하면서, 그녀와 함께 작업할 때 우리는 자유로 가는 길 위에 있다.

　이러한 생각을 믿기는 어려울 것이다. 서양 문화의 많은 부분에 스며든 남성 지향적 사고방식에게는 힘이 여성적 속성이라는 생각은 터무니없거나 심지어 우스꽝스럽기까지 하다. 우리는 날마다 남성 스포츠 영웅들의 힘을 본다. 그러므로 힘의 본성이 여성적일 수 있다는 발상은,

설사 고려를 위해 제시된다고 할지라도, 즉시 무시된다. 닫힌 마음이 보기에는 힘은 도저히 여성적일 수가 없다.

흠… 하지만 아마도…

20세기에 들어서자 과학은 르네상스 이전부터 고대 철학자들과 사상가들이 오랫동안 암시해 온 분자들을 발견했다. 그 다음에 우리는 원자를 쪼개어 그 구성 요소들을 하나씩 더욱더 깊이 파헤치기 시작했다. 마침내 가장 단순한 원자인 수소원자의 구조를 확인했을 때, 우리는 흥미로운 것을 발견했다. 핵 주위를 돌고 있는 외톨이 물체인 전자가 사실은 에너지 미립자였던 것이다. 그것은 구조, 형태, 운동을 가지고 있었다. 하지만 물질이란 용어에 대한 전형적인 이해에서 볼 때, 그것은 물질이 아니었다. 그것은 사실 구조화된 에너지였다. 이 개념은 혁명적이었다. 구조, 형태, 운동은 견고성을 가지고 있는 것에 적용되는 용어들이지만, 전자는 그렇지 않다. 그렇게 보일 뿐이다.

원자의 비밀과 구조 속으로 더 깊이 파고들수록 미스터리들은 계속 나타났다. 수소원자의 핵이 처음에는 견고해 보였으므로 과학적으로 위안이 되었다. 그러나 이것은 전개되고 있는 과학적 발견보다는 욕망에 근거한 거짓 위안이었다. 원자의 견고한 핵들은 전자처럼 에너지로 이루어진 더욱더 작은 미립자들의 세계에게 자리를 내주었다. 패턴화된 에너지, 구조화된 에너지, 측정 가능한 에너지, 하지만 전자처럼 거기에는 물질이라고 하는 것이 아무것도 존재하지 않았다. 거기에는 구조화된 에너지의 더욱더 미세한 패턴들만 있었다. 우리가 배운 바와 같은 물질은 존재하지 않았으며 존재하지 않는다.

이런 발견들이 드러내는 경이로움에 더하여, 이 에너지 패턴들이 생산하는 더 큰 구조가 있었다. 원자의 핵 주위를 돌고 있는 전자들 사이에는 거대한 공간이 있다. 그곳에서는 아무것도 존재하지 않는다. 더 깊고 더 작은 핵 안의 수준들에서도 같은 현상이 존재한다. 상대적으로 볼 때, 거기에는 구조화된 에너지의 말할 수 없이 작은 조각들이 있고 광대한 공간이 펼쳐져 있을 뿐이다.

개략적으로 보면, 모든 원자는 구조화된 에너지의 패턴들과 광대한 공간으로 이루어진 것이다. 예컨대, 우리는 나무토막을 살펴보고는 그것이 견고하며 공간을 차지하고 있다고 추측한다. 그것은 밀도와 강도가 있고, 샌드페이퍼로 닦고 자르고 깎고 대패질할 수 있으며, 더 큰 구조물을 만들기 위해 다른 나무 조각들과 결합시킬 수 있다. 다른 모든 물질처럼 그것도 물리학의 법칙을 따른다. 하지만 과학적으로 엄밀히 말하자면, 거기에는 아주 작은, 사실은 극미한 물질이 있다. 그것은 거의 실체가 없는 환영적인 것이다.

놀랍게도, 원자적 물질 안으로 깊이 들어가면 갈수록, 우리는 고대 힌두 현자들이 명상을 통해 도달한 결론에 더 가까워진다. 이 실재는 환영에 기초해 있다. 우리가 물질이라고 부르는 것은 사실 아무것도 존재하지 않는다. 더욱더 작은 형태들 안에는 에너지 패턴들만 있을 뿐이다. 온 우주는 다양한 방식들로 현현하는 조직화된 에너지 패턴들로 이루어져 있다. 온 우주는 에너지이다. 고대 현자들은 아득한 옛날에 이것을 우리에게 말해 주었다. 그들은 또한 이 온 우주가 "구속시키기도 하고 해방시키기도 하는 그녀"인 '신성한 어머니'의 몸이라고 했다.

현대 물리학이나 심지어 형이상학조차도 힘의 성질이 여성적이라는 것을 분명히 보여 주지 못했다. 의식의 성질이 남성적이라는 것도 입증되지 못했다. 그러나 이 개념들이 정확하다는 것을 암시하는 경전과 경험상의 증거는 많다. 또한, 고대인들은 우리의 눈에 보이는 실재의 성질에 대해 정확했으므로, 그들이 힘과 의식의 성질에 대해서도 역시 정확했으리라고 추측하는 것은 큰 무리로 보이지 않을 것이다.

이 두 가지 아이디어를 결합해 보면, 의식이 작용하려면 어떤 에너지 형태에서 힘을 이끌어 내야 하듯이, 힘도 어떤 것에 힘을 부여해야만 그것이 힘을 담아 이용할 수 있다. 마치 불과 태울 수 있는 힘이 분리될 수 없게 결합되어 있듯이, 의식과 힘은 상호의존적이다.

그래서 현대 과학은 고대 현자들이 그들의 학생들에게 설명했던 우주관에 가까워지고 있다. 지구와 태양계를 보면 둘 다 대부분이 공간이라는 것을 알게 된다. 고대의 학생들은 스승들로부터 이런 결론들을 그냥 받아들였다. 이제 우리는 명상이나 직접적인 영적 지각이 아니라 더욱 이해 가능한 방법론을 통해 이런 사실들을 확인할 수 있는 과학을 가지고 있다. 현재 물리학과 화학은 고대인들이 말했던 것을 실험을 통해 명쾌하게 증명할 수 있다. 물질이란 단지 구조화된 에너지 패턴들이 겹쳐지는 연속물일 뿐이다. 종합하면, 에너지 패턴들이 모든 차원들의 우주를 이룬다.

신화적인 용어들로 말하자면, 이 에너지 패턴들은 가네샤–가나빠띠이다.

8

시작 이후

가네샤–가나빠띠의 출현

고대의 현자들에 따르면, 우주가 존재하게 되자 실재의 연속적인 수준들이 나타나기 시작했다. 처음 네 가지 수준은 비물질적이며 영구적이다. 다음 세 가지 수준은 우리가 거주하고 있는 실재이다. 이 개념은 리그베다에 있는 일련의 시구들인 뿌루샤 숙땀Purusha Suktam에 요약되어 있다.

우주가 창조된 뒤, 위대한 이해력을 가진 현자들과 완전한 존재들도 창조되었다. 그들의 지성은 참으로 위대했다. 그들은 무無로부터 유有가 나올 수는 없다는 논리적인 결론에 금세 도달했다. 그러므로 이 우주를 생성시킨 어떤 것—최초의 원인—이 있음에 틀림없다. 위대한 지성과 직관을 이용하여 그들은 이 우주를 창조한 것이 있다면 그것은 어떤 식으로든 아직도 이 우주와 연결되어 있을 것이라고 추론했다. 그렇다면 우리는 그것과 다시 연결될 수 있다. 그래서 부류는 조금 다르지만 굉장히 진보한 존재들인 마하 싯다들Maha Siddhas과 천상의 현자들Celestial Sages은 불 숭배 의식(야그나yajna)을 고안했는데, 우리는 이 의식을 통하여 우리에게 알려진 우주의 밖에 있는 근원의 힘을 불러내고 그 힘과 연결될 수 있다. 다음은 뿌루샤 숙땀Purusha Suktam(초월적인 참나에게 바치는 찬가)과 번역문이다.

뿌루샤 숙땀은 공부나 기도, 묵상을 위하여 암송될 수 있다.

뿌루샤 숙땀

초월적인 참나에게 바치는
리그베다의 찬가

하리 옴 사하스라 쉬르샤 뿌루샤하 사하스 락샤하 사하스라빠뜨
사 부밈 뷔슈와또 브리뜨와 아띠야띠스따 다샹굴람
Hari Om Sahasra Shirsha Purushaha Sahas Rakshaha Sahasrapat
Sa Bhumim Vishwato Vritwa Atyatista Dashangulum

최초의 분은 천 개의 머리, 천 개의 눈, 천 개의 발을 가지고 계십니다. 온 우주에 충만하여 계시는 그분은 모든 것을 초월하여 계십니다. (손가락 스무 개 너비 위에 있다는 것은 초월하여 있다는 뜻이다.)

옴 뿌루샤 에붸둠 사르봄 얏부땀 얏짜 바뷔얌

우따암리따뜨와 쉬예샤나하 야단니−나띠 로하띠

Om Purusha Evedum Sarvum Yadbhutum Yaccha Bhavyum

Utamritatwa Syeshanaha Yadanni−nati Rohati

이미 존재했으며 앞으로 존재할 이 모든 것들이 지고한 분이십니다. 그분은 불멸의 신이십니다. 그분은 음식으로 성장하면서 이것을 보여 주십니다. 그분은 또한 음식의 정수이십니다.

옴 에따봐나시야 마히마 아또 지야얌스짜 뿌루샤하

빠도시야 뷔슈와 부따니 뜨리빠드−아시얌−리땀 디뷔

Om Etavanasya Mahima Ato Jyayamscha Purushaha

Padosya Vishwa Bhutani Tripad−asyam−ritam Divi

과거, 현재, 미래라는 세 가지 모든 시간대에 있는 우주는 이 최초의 분의 영광의 현현입니다. 그분은 우주의 너머에 계시며 우주보다 더 크십니다. 자신의 모든 창조물을 지니고 있는 이 온 우주는 그 위대한 진리의 1/4에 불과합니다. 나머지 3/4은 파괴될 수 없는 빛의 영역들 위에 있습니다.

옴 뜨리빠두르드와 우다이뜨 뿌루샤하 빠도시에하 바봐뜨−뿌나하

따또 뷔슈왕 뷔야끄라마뜨(뚜) 사샤나나−샤네 아비

Om Tripadurdhwa Udait Purushaha Padosyeha Bhavat−punaha

Tato Vishwang Vyakramat(u) Sashanana−shane Abhi

이 우주적 존재의 보이지 않는 광휘의 3/4은 빛의 영역들에 자리 잡고 있습니다. 오직 그분의 광휘의 1/4만이 여기에서 나타나고 사라집니다. 이 현현한 1/4의 힘으로, 이 최초의 분은 다양한 이름과 형상을 지닌, 허기와 갈증을 나타내는, 살아 있는 모든 동물과 움직이지 못하는 모든 물질에 충만하여 계십니다.

옴 따스맛 뷔라다자야따 뷔라조 아디 뿌루샤하
사자또 아띠야―리쮜야따 빠스짯―부미 마또 뿌라하
Om Tasmad Viradajayata Virajo Adhi Purushaha
Sajato Atya―richyata Paschad―bhumi Matho Puraha

다양한 형상을 지닌 이 우주는 이 최초의 분((뿌루샤)에게서 나왔습니다. 지고한 존재는 이 우주를 자신의 몸으로 삼아 현현하셨습니다. 그분은 초월하여 계심에도, 자신의 힘으로 천인들celestials, 동물들, 인간들, 지구를 창조하셨습니다.

옴 얏뿌루쉐나 하뷔샤 데봐 야갸 마딴봐따
봐산또 아시야 시다잠 그리슈마 이드마 샤라 다뷔히
Om Yatpurushena Havisha Deva Yajna Matanvata
Vasanto Asya Sidajyam Grishma Idhma Shara Dhavihi

나중에 이 우주적 진리를 달래기 위해, 천인들은 상징적인 정신적 불 희생제의를 만들었습니다. 이 불 희생제의에게, 봄은 공물이 되었고, 여름은 성스러운 풀이 되었으며, 우기는 주된 공물이 되었습니다.

옴 땀 야감 바리쉬 쁘로끄샨 뿌루샴 자따마—그라따하
떼나 데봐 아야잔따 사디야 리샤야스짜 예
Om Tam Yajnam Barhishi Proukshan Purushum Jatama—grataha
Tena Deva Ayajanta Sadhya Rishayascha Ye

그들은 우주적인 분을 거룩한 풀 위에 모신 뒤, 거기서 창조 이전에 계셨던 존재이자 위대한 불 희생제의 대상인 그분께 기원했습니다. 그렇게 천인들과 완벽한 존재들은 함께 모여 그분을 주인으로 모시면서 마음으로 불 희생제의와 위대한 명상을 했습니다.

옴 따스맛야걋 사르봐후따하 삼브리땀 쁘라샤다지얌
빠슘스땀스짜끄레 봐야뷔얀 아라니얀 그라미야아스짜 예
Om Tasmadyajnat Sarvahutaha Sambhritum Prashadajyum
Pashumstamschakre Vayavyan Aranyan Gramyaascha Yei

우주적 존재가 최고의 공물이었던 불 희생제의의 제단에서 기(녹은 버터)를 함유한 응유가 나왔습니다. 나중에, 나는 새, 숲의 동물, 마을에서 돌아다니는 동물들이 창조되었습니다.

옴 따스맛야걋 사르봐후따하 리짜하 사마니 자기레
짠담시 자기레 따스맛 야주스—따스맛—다자야따

Om Tasmadyajnat Sarvahutaha Richaha Samani Jajnire

Chandamsi Jajnire Tasmat Yajus–tasmat–dajayata

리크Rik, 야주스Yajus, 사마스Samas, 그리고 가야뜨리Gayatri로 알려진 모든 만뜨라들이 모든 자아의 참나가 주된 공물이었던 그 제단에서 나왔습니다.

옴 따스맛아슈와 아자얀따 예 께 쬬 바야–다따하

가보하 자기레 따스맛 따스맛아자따 아자봐야하

Om Tasmadashwa Ajayanta Ye Ke Cho Bhaya–dataha

Gavoha Jajnire Tasmat Tasmadjata Ajavayaha

말들, 두 줄의 치아를 가진 동물들, 소들, 염소들, 양들과 다른 동물들이 이 우주적 의식에서 탄생했습니다.

옴 얏 뿌루샴 뷔야다두후 까띠다 뷔아깔빠얀

무캄 끼마시아 꼬 바후 까 우루 빠다 우찌예떼

Om Yat Purushum Vyadadhuhu Katidha Vyakalpayan

Mukhum Kimasya Kau Bahu Ka Uru Pada Uchyete

그들이 우주적 존재를 주된 공물로서 붓기로 결정했을 때, 그들은 그분을 얼마나 많은 부분들로 나누었습니까? 어느 것이 그분의 얼굴입니까? 어느 것이 그분의 팔입니까? 어느 것이 그분의 넓적다리와 발입니까?

옴 브람마노시야 무까마시뜨 바후 라자니야하 끄리따하

우루 따다시야 얏봐이슈야하 빠드비얌 슈드로 아자야따

Om Brahmanosya Mukhamasit Bahu Rajanyaha Kritaha

Uru Tadsya Yadvaishyaha Padbhyam Shudro Ajayata

이 우주적인 분의 입에서는 브람민(성직자)들이, 팔에서는 끄사뜨리야
(전사와 통치자)들이, 넓적다리에서는 바이샤(상인)들이, 발에서는 수드라
(섬기는 사람)들이 나왔습니다.

옴 짠드라마 마나소 자따하 짝쇼호 수리요 아자야따

무까−딘드라 스짜그니슈짜 쁘라나−드와유르−아자야따

Om Chandrama Manaso Jataha Chakshoho Suryo Ajayata

Mukha−dindra Schagnishcha Prana−dwayur−ajayata

그분의 마음에서는 달이, 눈에서는 해가, 입에서는 첫째 천국의 주인
인 인드라와 불의 신인 아그니가 나왔습니다. 그분의 숨(쁘라나)에서는
바유(공기)가 나왔습니다.

옴 나비야 아시단따릭샴 쉬르슈노 디야우 사마봐르따따

빠디얌 부미르−디샤하 슈로뜨라뜨 따따 로깐 아깔빠얀

Om Nabhya Asidantariksham Shirshno Dyau Samavartata

Padhyam Bhumir−dishaha Shrotrat Tatha Lokan Akalpayan

그분의 배꼽에서는 대기가, 머리에서는 빛의 천구Dyuloka가, 발에서는 대지가, 귀에서는 방향들이 나왔습니다. 그렇게 천인deva들은 그분의 우주적 몸에서 모든 세계Loka를 창조했습니다.

옴 삽따시야 산빠리 다야하 뜨리삽따 사미다하 끄리따하
데봐 얏 야걈 딴봐나하 아바그남 뿌루샴 빠샴
Om Saptasya Sanpari Dhayaha Trisapta Samidhaha Kritaha
Deva Yad Yajnum Tanvanaha Abhagnum Purushum Pashum

이 희생제의를 위해서는 7미터가 경계이며, 21개의 원리가 봉헌물들입니다. 신들은 깨달음을 위해 우주적 진리를 만뜨라의 끈으로 이 희생제의의 기둥에 묶었습니다. (이 만뜨라 스딴자는 모든 영적 수련이 참나 깨달음으로 끝남을 상징한다.)

옴 야기에나 야걈 아야잔따 데봐하, 스따니 다르마니 쁘라따마니야산
떼이 하나깜 마히마나하 사짠떼 야뜨라 뿌르붸 사디야야 산띠 데봐하
Om Yajnena Yajnam Ayajanta Devaha, Stani Dharmani Prathamnayasan
Tey Hanakam Mahimanaha Sachantae Yatra Purve Sadhyaya Santi Devaha

이와 같이 옛 신들은 희생제의를 통해 마음으로 신들의 신을 숭배했습니다. 그 야즈나(희생제의)에서 사용된 기법들이 생활의 법이 되었습니다. 신의 우주적 형상에게 드리는 이 우주적 기도에 대한 명상은 헌신자들을 천사들과 마스터들이 거주하는 가장 높은 천국으로 인도합니다.

뿌루샤 숙땀 자빠 디야남 사마르빠야미
Purusha Suktam Japa Dhyanam Samarpayami

우리는 우주적 존재에게 바치는 봉헌물의 형태로서 이 만뜨라 기도를 찬팅합니다.

이 시들에서 우리는 세 가지 중요한 생각을 볼 수 있다. (1) 산스끄리뜨 만뜨라라는 도구는 우리의 실재 안에 있는 우주의 최초 원인을 부르고 매거나 묶는 데 사용되었다. (2) 산스끄리프 만뜨라 도구들은 지각 있는 존재들의 미래 세대가, 고대의 정신적인 불 의식을 만든 위대한 존재들과 비슷한 수준을 이루는 데 이 도구들(만뜨라 문구)을 사용할 수 있도록 만들어졌다. (3) 빛의 영역들의 완전한 진동을 불러내기 위한 산스끄리프 문구인 가야뜨리 만뜨라는 이 고대의 마음으로 하는 불 의식에서부터 유래되었다.

신화와 상징

신화와 이야기의 가치는 그것을 읽고 말하고 듣는 사람들이 느끼는 즐거움을 훨씬 넘어선다. 특히 인도 서사시들의 특징은 등장인물들의 모습 속에 위대한 개념들이 담겨 있다는 것이다. 이런 인물들은 상호작용을 통해 위대한 개념들과 힘들이 어떻게 결합하고 충돌하며, 때로는 새

90

로운 개념과 힘들을 이루는지를 보여 준다. 쉬바와 빠르바띠는 우주 안에서 벌어지는 삶의 거대한 이야기들 중에서 중요한 인물의 예이다.

쉬바는 어디에나 있고 모든 것 안에 있는 의식이다. 빠르바띠는 어디에나 있고 모든 것 안에 있는 에너지다. 빠르바띠는 어렸을 적에 이미 꿈속에서 쉬바를 보았고 자신이 그의 배우자임을 알았다는 이야기들이 있다. 그녀는 그들이 결혼해서 하나가 될 줄을 알았다. 그녀는 자신이 쉬바에게 힘을 주어야 한다는 것도 알고 있었다. 그녀 없이는, 쉬바는 드러나지 않은 상태로 있다. 우주는 아직 태어나지 않은 하나의 아이디어로 있을 뿐이다. 심지어 우주라는 아이디어조차 그녀에게 힘을 받아야만 가능해진다. 결국 쉬바와 빠르바띠는 거대한 규모로 결혼할 것이다. 의식과 에너지의 관계라는 개념은 강력하며 생각을 불러일으킨다.

의식의 덮개들

너와 나 안에, 우리는 원자의 패턴화된 에너지를 가지고 있는데, 이것은 분자의 구성요소들로 덮여 있고, 세포의 패턴으로 덮여 있고, 그런 세포들로 이루어진 신체 내 기관의 구성요소들로 덮여 있고, 기관들이 있는 시스템에 의해 덮여 있다. 여러 겹의 에너지가 덮이고 난 뒤에야 비로소 우리는 완전한 신체로 된 인간의 몸을 가지게 된다. 그 뒤 우리는 신체와 서로 관통하는 아스트랄 혹은 에테릭 몸을 가진다. 그것 또한 미묘한 에너지의 형상을 가지고 있다.

여기에서 우리는 의식에도 똑같이 관심이 있다. 에너지의 경우와 마찬가지로, 의식에도 덮개들이 있다. 또한 의식의 대등한 구조들도 있다.

의식의 구조들과 에너지 패턴들을 혼동하지 않도록 나는 의식의 구조들을 주파수라고 부를 것이다. 그리고 주파수의 집합은 주파수 대역폭이라 부를 것이다.

의식의 모든 수준에서는 주파수들에 유의미한 차이들이 있다. 즉, 에너지의 패턴들이 다른 것처럼, 근본적인 의식, 한 세포의 주파수는 한 기관의 의식과는 다르다. 엄밀하게 말하면, 우리는 다른 것이 없이는 하나를 가질 수 없다. 만약 의식이 없다면, 세포는 존재하지 않을 것이다. 마찬가지로, 에너지 없이는 세포도 존재하지 않을 것이다. 불과 그 태우는 힘이 그렇듯이, 에너지와 의식은 함께 움직인다. 불과 태우는 힘은 함께 작용하며, 우리는 그 둘을 분리할 수 없다. 마찬가지로, 우리는 에너지와 의식을 분리할 수 없다.

세포들과 기관들 간에는 의식의 유형들에 차이가 있다. 어떤 기관이 움직이기 위하여 필요한 의식은 세포의 경우보다 더욱 복잡하며, 세포의 경우와는 다른 주파수에서 일어난다. 이런 식으로 생각해 보라. 낮은 단계의 세포는 스스로 작동하는 능력을 가지고 있지만, 다른 세포들과 쉽게 연결되며, 심지어 한 기관을 구성하는 다른 세포들과도 그러하다. 그것은 기관, 시스템, 인간의 일부로서 의식과 에너지 위계 안에 쉽게 존재하지만, 어떤 자율성도 가지고 있다.

그러나 의식의 주파수들은 신체 구조와 그저 결부되어 있는 것만은 아니다. 지각력의 본질은 우리가 자발적으로 다른 주파수들을 탐색하겠다고 결정할 수 있다는 것이다. 우리는 우리의 주파수 대역폭을 확대하기를 선택할 수 있다. 우리의 개인적인 진화에 관해서는, 우리가 학교나 교회에서 배운 것과는 다른 의식의 차원들이 있다는 것을 받아들일지 여부를 결정할 때, 이런 아이디어는 대단히 중요하다.

주파수들과 대역폭의 일반적인 개념을 탐구할 때 우리가 이미 친숙한 개념들을 이용하면 도움이 된다.

일반적으로 받아들여지는 주파수들과 주파수 대역폭

내가 여기에서 말할 때, 나는 우리 모두가 함께 공유하는 언어(영어), 경험(영성), 맥락(신비주의)을 사용하고 있다. 명상이나 기도, 그리고 우리가 나누는 많은 것들에 대해서는 설명하지 않아도 된다. 왜냐하면 의식의 영역에서 우리는 같거나 비슷한 주파수에 있기 때문이다. 내가 있는 그대로 얘기할 수 있는 까닭은 우리의 의식 튜너(동조기)들이 모두 같은 위치에 주파수를 맞추기 때문이다.

언젠가 우리는 어떤 다른 주제, 이를테면 영화나 TV에 대해 논의할 수도 있다. 이것은 전적으로 다른 인간 경험의 영역이다. 그러므로 그것은 다른 주파수를 가진다. 그러나 우리는 같은 튜닝 범위를 가지고 있기 때문에 더 쉽게 주파수를 맞추어 완전히 다른 진동을 가진 주제를 논의할 수 있다.

이 모두는 우리가 좀 더 지엽적인 방향으로 나아갈 때까지는 사실인 것처럼 보인다. 당신은 자신의 전문 분야와 완전히 다른 분야의 집회에 참여해 본 적이 있었는가? 매우, 매우 다른 분야의 집회에 말이다. 그것이 TV, 전화기, 인터넷 등을 포함하는 통신 장비에 관한 과학적 탐구와 관련한 집회라고 해 보자.

만약 우리가 이런 집회에 참여해 본다면, 제일 먼저 알게 되는 점은 우리가 그들의 대화 내용을 이해하지 못한다는 것이다. 그들이 영어로 말하기 때문에 단어들은 이해할 수 있다. 그들이 가끔 'TV'나 '전화기' 같은 단어를 사용할 수 있다. 그러나 우리는 논의되고 있는 내용을 거의 알아듣지 못할 것이다. 이것은 그들이 우리의 개인적 주파수 대역폭의 일부가 아닌 다른 주파수에서 작용하고 있기 때문이다.

물론 우리는 영어를 알기 때문에 반송파가 무엇인지 대략은 알지만, 그 정도일 뿐이다. 집회가 옷의 재단에 관한 것일 수도 있다. 우리는 세션에 참여하고서 재단 용어들로 표현된 언어를 듣고 완전히 절망하게 된다. 우리는 곧 당황하게 된다. 마찬가지로, 우리는 단어와 구문은 이해할 수 있으나, 그들이 나누는 대화는 알아듣지 못한다. 그것들은 다른 주파수에서 작용하고 있다.

인간의 뇌는 주파수의 변화를 위한 엄청난 능력을 가지고 있다. 아이들은 집이나 학교에서, TV나 영화를 통해 다양한 문화적 주파수들을 배운다. 그러나 더 고급 과정으로 올라갈수록 뇌는 다른 주파수들에서 작용할 수 있는 능력을 길러야만 한다. 고등학교나 대학교 혹은 대학원에서 공부하거나, 무역이나 전문 영역을 공부할 때, 우리는 새로운 주파수들을 사용하기 위해 우리의 뇌를 조정하고 있다. 학습의 과정은 뇌 안에 새로운 길들을 만든다. 우리가 새로운 아이디어들을 파악하고 새로운 어휘를 배울 때, 뉴런들은 발사하여 다른 간격들을 뛰어넘고 새로운 연결들이 만들어진다. 그것은 하나의 세포가 하나의 기관이 될 때까지 증식하는 것과 거의 흡사하다. 우리는 일반적인 인간의 대역폭 내의 완전히 다른 주파수들에서도 작용하는 능력을 뇌에 만든다. 그러나 여전히 우리가 아직 발달시키지 못한 주파수들의 방대한 대역폭들이 있다.

미국 안에서만 보더라도, 우리는 무수한 하위 주파수들을 가지고 있다. 의사, 변호사, 교사, 자동화 기술자, 인테리어 디자이너, 치과의사 등 그 모든 직업군들은 그들 자신만의 전문적 언어를 가지고 있다. 그러나 흥미롭게도 스페인어로 교육을 받은 의사는 이미 그 직업의 주파수를 만들었다. 만약 그 사람이 미국으로 온다면, 소통의 언어를 배우기만 하면 의료 활동을 시작할 준비가 될 것이다. 그 사람의 뇌 안에 의학의 주파수가 이미 만들어져 있기 때문이다.

다른 많은 하위 주파수들이 있다. 나라들, 전문 직업들, 종교들, 문화들, 그리고 일반 직업들은 모두 자신만의 주파수를 가지고 있으며, 서로 겹칠 수도 있다.

이런 모든 주파수들에다가 그 이상의 수많은 주파수들이 더해진 것을 쉬바라 한다. 쉬바는 모든 형태의 의식이며, 어디에서나 발견될 수 있다. 에너지가 있는 곳이면 어디에서든 발견될 수 있다. 우리가 진화하기를 추구하는 의식 상태는 쉬바라 불리는 원형을 포함해야 한다. 즉, 우리는 우리의 일반적인 주파수들을 넘어 더욱 진보된, 더욱 영적인 주파수들로 나아가야만 한다.

가능성들의 고려

지구를 위한 주파수, 태양을 위한 주파수, 그리고 의식의 다른 층인 태양계를 위한 주파수가 있다. 세포가 기관과 구별되는 것처럼, 하나의 행성을 위한 주파수는 다른 행성을 위한 주파수와 구별된다. 이런 주파수들은 우리 인간이 사용하는 데 익숙한 주파수들과는 너무 멀리 떨어져 있는 것이어서, 우리는 이 의식의 층들이 어떻게 작용하는지를 모른다. 태양이 무슨 '생각'을 할까? 설령 태양이 생각을 한다고 해도, 우리는 그 내용이 무엇인지 모르므로 그냥 놓아두어야 한다. 만약 태양이 생각을 한다면, 광도光度의 위계에 대해 생각할까? 예를 들어, 태양은 시간을 어떻게 측정할까? 혹은 거리를?

그런 생각들은 터무니없거나 어리석어 보인다. 우리가 인류의 신비한 측면에서 그것들을 바라보기 전에는.

고대의 현자들은 우리가 우주의 어떤 주파수도 될 수 있다고 말했다. 처음에는 구두로, 그 다음에는 기록으로 전해진 옛 가르침들은 우리가 소우주라고 말한다. 비전의 경전들은 최고의 경지에 이른 사람들의 증언으로 이 말을 확인시켜 주고 있다. 이런 경전들 중 일부는 우리의 대역폭에 새로운 '주파수들'을 추가하는 기법을 제공하고 있다. 만약 모든 의식이 쉬바이며 우리가 그 모든 것이 될 수 있다면, 우리가 자신 내에 상응하는 주파수들을 만들거나 '주파수를 맞출' 수 없는 우주의 부분은 없다. 우리는 어떻게 해야 하는지만 알면 된다.

정수리에 있는, 천 개의 꽃잎으로 이루어진 연꽃인 사하스라라 짜끄라는 우리가 우주적 대역폭이라 부르는 성취의 마지막 단계이다. 일단 우리의 발달이 어느 수준에 이르면, 꾼달리니 에너지, 신성한 어머니, 샥띠, 신의 힘, 신성한 영이 척추를 따라 올라오며, 즉시 우리의 대역폭을 증가시킨다. 우리는 이제 새로운 방식으로 우주를 이해하고, 보고, 감지하고, 참여한다. 처음에 우리는 몇 걸음만 움직인다. 그것은 우리가 한순간에 가지는 모든 능력이다. 우리가 진보함에 따라, 우리의 대역폭은 점진적으로 증가할 것이며, 마침내 우리의 대역폭은 100만 배로 증가할 것이다.

우리의 대역폭의 확장은 우리가 이전에 알았던 것들과는 너무나 달라서, 그보다 낮은 단계들조차 말로 표현할 수가 없으며, 신비주의자들은 설명해 보려 하다가 난처하여 어깨를 으쓱하면서, 도움될 만한 표현 방법을 찾아보려고 주위를 두리번거리게 될 것이다.

각각의 짜끄라에서 대역폭은 확장되어 새로운 잠재력들을 포함하며, 우리의 실재 안으로 새로운 시각을 가져온다. 각 짜끄라 내에는 의식의 진화가 순차적으로 진행되도록 허용하는 확장의 다양한 수준들이 있다. 점진적으로, 짜끄라 별로, 우리는 대역폭을 추가한다. 새로운 주파수들은 그것을 받아 처리하는 우리의 능력에 따라 추가된다.

마침내 우리는 모든 것의 통합이 완성되는, 눈썹 위 중앙에 위치한 아갸Ajna 짜끄라에 도달한다. 이전에는 그곳에서 조화롭지 못한 주파수들을 경험했지만, 이제는 그것들을 우주적 차원들의 조화로 이해한다. 모든 것은 자기의 방식으로 알맞게 조화를 이룬다. 아갸 짜끄라는 우주적 의식이 성취되는 곳이다. 전체 우주의 단일성이 경험된다. 여기에는 아무런 부조화가 없으며, 우리의 현재의 발달수준에서는 보거나 들을 수 없는 으뜸화음만이 인식된다.

신비주의 작가 앨리스 베일리Alice Bailey는 많은 저서에서 설명하기를, 사람의 영혼이 해방될 때는 추가적인 진화, 추가적인 대역폭의 확장에 대한 선택권들이 주어진다고 말한다. 예를 들면, 어떤 사람은 진화의 데바라인deva line에 들어갈 수 있다는 것이다. 이것은 우리가 일반적인 인간의 대역폭에서 흐릿하게 감지하고 있는 인간이 아닌, 의식이 있는, 지각이 있는 에너지 형태이다. 우리는 식물과 동물, 우리 인간조차도 작은 에너지 같은 존재들이며 우리의 일상적인 건강을 지켜보는 초보적인 데바들을 가지고 있다는 것을 안다. 그러나 이 주제는 그보다 훨씬 더 깊고, 넓고, 심오하다. 우리 인간은 우리의 영적 구조 내에, 진화의 데바 라인으로 들어가서, 우리가 생각하는 것과는 전혀 다른 방식으로 성장할 잠재적인 대역폭을 가지고 있다. 우리는 이 방식을 표현할 어휘를 가지고 있지 않다. 그 주파수는 우리의 현재 형태 안에는 만들어져 있지 않지만, 대역폭을 증가시킬 잠재력은 의식의 확장 가능성 내에 포함되어 있다.

영혼이 가지고 있는 다른 선택은 행성에 영혼을 불어넣어 발달시키는 것이다. 당신도 원한다면 결국에는 목성이나 토성이 될 수도 있다. 그런 활동을 위한 잠재적 대역폭은 당신 안에 존재하고 있다. 이 책의 끝부분에서 논의하는 위대한 결정의 시간과 공간에서, 당신은 그런 길을 선택할 수 있는 선택의 자유를 가진다. 물론 우리 대다수는 지구 봉사를 위한 길, 즉 영적으로 성숙하며 발달하려는 지구와 지구인을 돕는 것을 선택할 것이다. 다른 이들은 쉬바와 샥띠의 거대한 바다 안으로 녹아들어, 우리가 헤아릴 수 있는 능력 너머의 어떤 것이 되기를 선택할 것이다.

성인들과 현자들은 신체를 가지고 있으면서 완전한 의식의 상태로 존재할 수도 있고, 우리가 가기로 선택한다면 이용할 수 있는 다른 주파수의 세계에 존재할 수도 있을 정도로 진화하였다. 우리는 그와 같이 발달된 지식과 의식을 가진 현자가 되기를 선택할 수 있다. 그때 우리의 몸들은 물리적 법칙에 따라 오고 갈 수 있지만, 우리 의식의 주파수들은 한 번의 탄생이라는 한계를 넘어서는 방법을 배웠다. 우리는 성자가 되어 어디에서나 물질과 에너지와의 완전한 조화 속에 있는 우리의 의식을 발견하겠다고 결정할 수 있다. 그때 우리는 단 한 번의 탄생이라는 한계들을 초월하여, 지식과 연민을 갖춘 의식의 진화라는 목적을 위해 봉사할 수 있다.

다른 관점

우리는 영적 진화의 과정을, 주파수 대역폭이 거의 무한대인 의식의 이해를 포함하도록 사고를 확장하는 것으로도 볼 수 있다. 일부 주파수들은 겹친다. 다른 주파수들을 이용할 수 있기 위해서는 여러 생애의 과정 동안 몹시 힘든 노력을 해야 할지도 모른다. 우리의 뇌와 짜끄라 시스템은 실제적으로 현현될 수 있는 스펙트럼을 가지고 있다. 대부분 그것은 잠재적인 상태로 있지만, 활성화될 준비는 되어 있다. 과학자들은 우리가 두뇌 능력의 5% 이하를 사용한다고 말한다. 나머지는 우리를 기다리고 있을 뿐이다.

영혼, 즉 모든 잠재력의 완전한 저장소는 자아—마음—성격과 협력하여 더 높은 여정의 단계들을 여행하게 되는 곳이다. 우리의 공통적인 여행의 첫 부분은 가장 낮은 짜끄라를 통과하여 일어난다. 우리의 의지력과 결합된 선택과 결정들은 우리가 낮은 짜끄라들을 통과하여 더욱 높은 짜끄라들을 향해 가는, 깨달음과 참나—실현이라는 궁극의 목표를 향해 가는 속도를 결정한다. 고맙게도 신의 은총은 종종 우리를 더 높거나 다른 주파수들에게로 갈 수 있는 새로운 길을 여는 쪽으로 우리를 이동시킨다. 나는 이후 구루들과 자가드 구루들에 관한 장에서 이 점에 대해 논의할 것이다.

우리에게 알려질 수 없는 창조의 비밀은 없다. 우리가 조율할 수 없는 물질적이거나 비물질적인 창조의 수준은 없다. "당신이 될 수 있는 모든 것이 되어라."라는 문구는 이 빛 속에서 완전히 새로운 의미를 가진다.

우리의 주파수의 대역폭을 확장시키는 많은 방법들이 있다. 기도, 영성 공부, 하따 요가, 인류를 위한 봉사, 참나를 깨달은 스승에게 봉사, 헌신의 음악, 과학적인 호흡(쁘라나야마), '진실이 어디로 이끌든 진실을 탐구'하는 태도 등 이 모든 것이 우리의 대역폭을 확장시킨다.

의식을 확장시키고 주파수 대역폭을 증가시키는 강력한 만뜨라들이 있다. 척추를 따라 올라가는 우리의 공통적인 여행에서 중간 단계들로 가도록 돕는 만뜨라들이 있다. 여기와 인도에서 가르치는 많은 만뜨라를 중에서 뛰어난 몇 가지가 있다. 모든 짜끄라들과 모든 범위의 주파수들을 포함하고 있으며 가장 잘 요약된 것들 중 하나가 가야뜨리Gayatri 만뜨라이다. 이 만뜨라는 20장에서 설명된다. 그리고 여행을 하는 동안, 우리는 몇몇 시험들과 장애물들을 만날 것이다. 가네샤-가나빠띠 만뜨라는 우리가 이 장애물들을 극복하도록 도움을 준다.

가네샤 기따

옴 나모 뷔슈누 스와—루빠야
나마스떼 루드라 루뻬네
나마스떼 브람마 루뻬네
나모 아난따 스와—루뻬네
Om Namo Vishnu Swa-rupaya

Namaste Rudra Rupine

Namaste Brahma Ruppine

Nama Ananta Swa-rupine

옴, 오! 신 가네샤여, 당신께 인사를 드립니다. 당신은 비슈누(의 모습)이며, 루드라(쉬바)의 모습이며, 브람마의 모습이며, 무한자의 다양한 모습들입니다.

1.

쉬붸 뷔슈보 짜 샥또 짜

수리예 마이 나라 디빠

야-베다 붓디 요가-하

사 삼-약 요고 마또 마마

Shive Vishbau Cha Shaktau Cha

Surye Mayi Nara Dhipa

Ya-bheda Buddhi Yoga-ha

Sa Sam-yag Yogo Mato Mama

아하-메봐 잣-야스-맛

슈리 자미 빨라 야미 짜

끄리뜨봐 나마 뷔담 뷔샴

삼 하라미 스와-릴라야

Aha-meva jad-yas-mat

Sri Jami Pala Yami Cha

Kritva Nama Vidham Visham

Sam Harami Swa—lilaya

왕 바렌야시여, 쉬바, 비슈누, 샥띠, 수리야와 저 자신 사이에는 아무런 차이가 없습니다. 우리가 하나라는 것을 아는 것이 진리를 이해하는 것입니다. 이것을 저는 삼약Samyag 요가라 합니다. 여러 모습들을 취하면서 저는 저의 릴라(신성한 유희)로 끝없는 우주들을 창조하고, 유지하고, 파괴합니다.

2.

아하메봐 마하 뷔슈누

아하메봐 사다 쉬봐하

아하메봐 마하 샥띠르

아하메봐 아리야마 쁘리야

Ahameva Maha Vishnu

Ahameva Sada Shivaha

Ahameva Maha Shaktir

Ahameva Aryama Priya

아하메꼬 느리남 나따

하따하 빤짜 뷔다하 쁘라

아갸난 맘 나 자난띠

자갓 까라나 까라—남

Ahameko Nrinam Natha

Hataha Pancha Vidaha Pra

Ajnanan Mam Na Jananti

Jagat Karana Kara—nam

존경하는 왕이시여! 저는 마하 비슈누입니다. 저는 사다 쉬바입니다. 저는 마하 샥띠입니다. 저는 태양의 신입니다. 저는 모든 존재들의 지고의 마스터입니다. 과거에도 그랬습니다. 저 자신은 비슈누, 쉬바, 샥띠, 태양, 가네샤라는 다섯 형상으로 현현하였습니다. 그것이 저 자신입니다. 저는 우주의 근원의 원인입니다. 저의 진정한 모습에 대한 무지로 인해 그들은 저를 모릅니다.

3.

맛또 그니라뽀 다라니 맛따 아까샤 마루딴

브람마 뷔슈누스—짜 루드라스—짜 로까 빨라 디샤 다샤

봐사—보 마나—보 가—보 마나—봐하 빠샤—보삐 짜

사리따하 사가라 약샤 브릭샤하 빡쉬 가나 아삐

Matto Gnirapo Dharani Matta Akasha Marutan

Brahma Vishunus—cha Rudras—cha Loka Pala Disha Dasha

Vasa—vo Mana—vo Ga—vo Mana—vaha Pasha—vopi Cha

Saritaha Sagara Yaksha Vrikshaha Pakshi Gana Api

불, 물, 대지, 하늘, 바람, 브람마, 비슈누, 루드라, 천인들, 열 가지 방향들, 바수, 다른 수호신들, 마누(인간의 아버지), 인류, 미련한 소의 종족, 모든 동물, 강, 바다, 약샤들, 반신들, 나무, 온 식물의 왕국과 온 새의 왕국이 저에게서 창조되었습니다.

4.

따따이까 빔—샷—찌 스와르고 나가하 삽따 봐나니—짜

마누슈—야야 빠르봐따—하 사—디야하 싯다

락쇼 가나스 따따—하

아함 삭쉬 자가 짝슈르 알립따—하 사르바 까르마 비히

아—뷔까로 아—빠메야 아—함 아—뷔약또 뷔슈—와고 아—뷔야하

Tathaika Vim—shat—chi Swargo Nagaha Sapta Vanani—cha

Manush—yaya Parvata—ha Sa—dhyaha Siddha

Raksho Ganas Tatha—ha

Aham Sakshi Jaga Chakshur Alipta—ha Sarva Karma Bhihi

A—vikaro A—pameya A—ham A—vyakto Vish—wago A—vyaha

이와 마찬가지로, 천상의 거주지들, 파충류 왕국, 일곱 개의 섬과 숲, 산, 사디야Sadhya(천사)들과 싯다Siddha(완전한 존재)들, 락샤Raksha(악령)들도 저에 의해 창조되었습니다. 저는 태양의 신이며, 이 세상의 목격자입니다. 저는 초연한 채로 있으며, 모든 까르마의 너머에 있습니다. 저는 이원성, 원인 없음, 나타나지 않음, 모든 곳에 퍼져 있음, 그리고 파괴될 수 없는 원리의 너머에 있습니다.

5.

아하메봐 빠람 브람마

아야야 아난다 아뜨마깜 느리빠

모하—야뜨 아낄람 마야

슈레슈—딴 마마나 라나—맘

Ahameva Param Brahma

Ayaya Ananda Atmakam Nripa

Moha—yat Akilam Maya

Shresh—tan Mamana Rana—mum

아즈노 아뷔예요 아함 부따 아뜨마남

아디—레슈—와라 에봐 짜

아스따이 뜨리—구남 마얌

바봐미 바후 요니슈

Ajno Avyeyo Aham Bhuta Atmanan

Adi—resh—wara Eva Cha

Astay Tri—gunam Mayam

Bhavami Bahu Yonishu

저는 형상이 없고 희열에 찬 지고의 실재입니다. 매우 진화한 존재들 역시 저의 마야, 환영의 힘에 의해 속임을 당합니다. 저는 태어남이 없습니다. 저는 파괴되지 않습니다. 저는 모든 존재의 참나(아뜨마)이며, 이슈와라, 즉 모든 창조물의 지고의 신입니다. 저의 마야 즉 에너지를 집행인으로 만듦으로, 저 자신이 모든 존재들의 형상으로 현현합니다.

6.

아다르모 빠짜야 다르마 빠짜요 미 야다 바붸뜨

사둔 삼—락쉬땀 두스땀 스따—디뚬

삼—바봐 미야—함

우찌디야 아다르마 니짜—얌 다르맘

삼스따 빠야미—짜

한미 두스—땀스—짜 다이—얌스—짜 나나 릴라 까라 무다

Adharmo Pachaya Dharma Pachayo Mi Yada Bhavet

Sadun Sam—rakshitam Dustam Stha—ditum

Sam—bhava Mya—ham

Uchidya Adharma Nicha—yam Dharmam

Samstha Payami—cha

Hanmi Dus—tams—cha Dai—yams—cha Nana Lila Kara Muda

불의가 지배하고 덕이 감소할 때마다 성자들과 선한 사람들을 보호하고 사악한 악령을 파괴하기 위하여 저는 현현합니다. 저는 불의를 뿌리째 뽑음으로써 다르마를 회복하고 유지합니다. 그것이 또 다른 저의 희열의 릴라입니다.[6]

9

가네샤—가나빠띠의 창조

가네샤의 창조에 관한 이야기에 등장하는 주요 인물 중 하나는 쉬바이다. 그는 의식의 모든 다양한 단계들과 현현들에 있는 의식이며, 모든 주파수가 담겨 있으며 모든 것을 포함하는 대역폭이다. 의식이 발견될 때마다 쉬바도 역시 발견된다. 그의 대역폭이 모든 지각 있는(식물이나 동물처럼 지각이 없는 것도) 의식에 뻗어 있기 때문에, 그의 영역은 위대한 현자들과 성자들이 살고 있는 천상의 차원들뿐 아니라 유령들, 마귀들, 그리고 천상의 존재들과 항상 주도권을 놓고 맞서며 경쟁하려는 부정적 존재들이 살고 있는 지하의 영역들까지 포함한다. 쉬바의 대역폭이 이 모든 것을 포함하기 때문에, 그는 하나의 개별적 몸 안의 의식으로 제한되지 않는다. 쉬바는 또한 지상의(그리고 모든 곳의) 생명이 발달하는 근원인 근본적인 의식의 수프를 상징하며, 지각력 있는 개별적 존재인 우리가 언젠가는 모두 도달하게 될 초의식 상태를 상징한다.

가네샤의 창조

우리의 이야기가 시작될 때, 의식의 원리인 쉬바와, 모든 곳에 퍼져 있는 여성적인 힘의 원리인 빠르바띠는 합일되어 있다. 그들이 이원성의 물질세계로 들어오기 전에는 의식과 힘이 하나의 존재-힘으로 결합되어 있었다. 이제 쉬바는 남성적 측면이며, 모든 물질과 모든 존재 안에 있는 의식의 전체 대역폭이다. 빠르바띠는 모든 물질과 모든 존재 안에 내재하는 우주의 힘이다. 우리는 그들이 남편과 아내로 살아감을 발견한다.

쉬바는 역동적 의식과 연관된 다양한 사건들을 바라보면서 대부분의 시간을 보낸다. 빠르바띠는 집에서 일하면서 쉬바를 포함한 모든 살아있는 존재들에게 힘을 주며, 그녀의 미묘한 책임들의 일부인 아름다움과 광휘를 창조한다. 그들은 함께 이원성의 드라마를 연기한다.

쉬바는 수행원의 일부이자 그의 명령을 이행하는 하인들인 가나들ganas 즉 힘들을 지휘한다. 어느 날 쉬바가 일을 하기 위해 떠나려 할 때, 빠르바띠는 자신이 목욕하는 동안 가나 한 명이 보초를 서게 해 달라고 쉬바에게 요청했다. 쉬바는 한 가나에게 그 임무를 맡기고 떠났다.

빠르바띠는 현관 앞을 지키고 있던 가나에게 다가가서, 그녀가 목욕하는 동안은 누구도 집에 들이지 말라고 지시했다. 그렇게 말한 뒤 그녀는 안으로 들어가서 목욕물을 받기 시작했다. 욕조에 물이 차오르는 동안 빠르바띠는 생기와 향긋함을 더하기 위해 꽃을 넣었다.

멀리 가지 못해서, 쉬바는 집에 놓고 온 물건을 더 가져가야 한다는 것을 알아차렸다. 그는 발길을 돌려 집으로 돌아와서 집의 계단을 오르기 시작했다. 그때 그의 가나가 앞을 가로막았다.

"멈추세요!" 손바닥을 앞으로 쭉 뻗어 제지하며 가나가 말했다. "빠르바띠 마님이 목욕하는 동안에는 들어가실 수 없습니다."

"어린 가나야, 너 미쳤느냐? 이곳은 내 집이고 너는 내 하인이다. 비켜서라." 그렇게 말하면서 쉬바는 그를 무시하고 안으로 들어가서 가지러 온 물건들을 집어 들었다.

여전히 욕조에 물을 받고 있던 빠르바띠는 쉬바의 단단한 발이 내는 "쿵, 쿵" 소리를 듣고서 무슨 일인지 살피기 위해 욕조에서 나왔다. 남편을 보자 그녀는 조금 짜증이 나서 말했다. "당신이 왜 여기 있어요? 나는 목욕 중에 방해받지 않게 하라고 가나에게 지시했어요. 당신의 가나가 보초를 서고 있는데도, 마치 내가 아무 말도 안했고 경호원이 없는 것처럼 집 안에서 저벅저벅 걸어다니는군요."

오만하게도 쉬바는 그녀의 요청을 진지하게 받아들이지 않았을 뿐더러, 이제는 머리를 왕처럼 쳐들고는 그저 웃을 뿐이었다. "그는 나의 가나요. 내 집에 내가 들어오는 것을 그가 어떻게 막을 수 있겠소."

쉬바에게는 즐거운 상황이었지만, 빠르바띠는 단단히 화가 났다. "만약 당신의 가나가 맡은 일을 하지 않을 것이라면, 그는 나에게 쓸모가 없어요. 둘 다 나가세요." 쉬바가 가나와 함께 나가자, 빠르바띠는 생각하기 위해 거실로 들어갔다.

사건의 진행을 숙고해 본 빠르바띠는 그 자신의 가나를 가져야겠다는 결론에 도달했다. 그렇게 결정한 뒤, 그녀는 사프란, 연고들, 그리고 그녀의 피부를 긁은 것을 재료로 하여 그녀의 독보적인 능력으로 미소년

가나빠띠Ganapati(가네샤라고도 불린다)를 창조했다. 그녀는 소년에게 쉬바가 가지고 다니는 지팡이와 비슷한 것을 주고는 자신이 목욕하는 동안 누구도 들이지 말라고 지시했다. 그리고 다시 목욕하러 들어갔다. 마침내 불청객으로부터 보호받게 되었음을 알고서 그녀는 안심하여 깊이 잠들었다.

몇 시간이 지나 쉬바는 집에 돌아왔는데, 그의 것과 비슷한 지팡이를 든 낯선 소년이 현관 앞에 서 있는 것을 보았다. 계단을 오르던 쉬바는 소년이 정면으로 길을 가로막자 조금 놀랐다. 소년이 말했다. "우리 마님이 목욕하는 동안은 당신을 들이지 말라고 했습니다."

쉬바는 소년의 무지와 말을 참고 견뎠다. "애야, 여기는 내 집이다. 내가 들어가고 싶으면 집에 들어갈 것이다." 그는 앞으로 걸어 들어갔다. 어린 소년은 경고도 없이 지팡이를 치며 쉬바의 발걸음을 중지시켰다. 깜짝 놀란 쉬바는 꼴사납게 넘어지며 현관 밑으로 굴렀다. 그러자 그는 화가 났다. 계단을 올라가면서 그는 자신이 누구이며, 만약 소년이 또다시 그에게 저항하면 어떤 결과가 벌어질지를 분명하게 설명하기로 마음먹었다. 그가 맨 위의 계단까지 올라갔을 때, 소년의 지팡이가 그의 복부를 가격했다. 그는 균형을 잃고 다시 넘어졌다. 이제 그는 정말 화가 났다. 쉬바 신은 지팡이로 바닥을 세 번 찍었고, 순식간에 모여든 강력한 가나들의 주인으로서 매서운 눈을 하고 섰다. 쉬바는 강한 어조로 그들에게 말했다. "이 소년이 나를 내 집으로 들어가지 못하게 막았다. 즉시 그를 쫓아내라."

쉬바가 아직 모르고 있던 사실은 빠르바띠가 이 소년에게 그녀의 힘을 얼마나 주었는가였다. 쉬바의 가나들이 다섯 명, 열 명씩 떼를 지어 소년에게 돌진했지만, 가나빠띠가 지팡이를 한 번 휘두르자 그들은 정신을 잃고 앞마당으로 흩어졌다. 한 시간 가까이 가나들은 소년에게 돌진했지만, 소년은 그들의 모든 노력을 격퇴했으며, 심지어 숨이 차지도 않았다. 새벽녘이 되자 쉬바의 안색이 바뀌기 시작하였다. 그는 손을 들어 공격을 중단하라는 명령을 내렸다.

작전을 바꾼 쉬바는 소년에게 자신이 누구인지 아느냐고 물었다. 소년은 쉬바가 누구인지 모를 뿐 아니라 신경도 쓰지 않는다고 대답했다. 그는 어머니의 지시를 받았을 뿐이라고 말했다. 쉬바의 눈이 번쩍 뜨였다. 이제 그는 이해하게 되었다. 인내심을 되찾으며 쉬바는 자신이 그의 진짜 아버지이며, 그가 지키고 있는 집은 쉬바의 집이라고 소년에게 말했다. 그러나 소년은 여전히 쉬바가 들어가지 못하도록 막았다. 쉬바는 어깨를 으쓱하며 입구를 향해 걸음을 옮겼다.

소년은 단숨에 뛰어올라 쉬바 앞을 가로막으며 그의 가슴을 세게 내리쳤다. 이제 준비하고 있던 쉬바는 손끝 하나 다치지 않고, 소년을 문으로부터 20피트 멀리 던져 버렸다. 일 초도 안 되어 소년은 문으로 되돌아와 쉬바와 싸움을 시작했다. 싸움은 격렬해 보였지만, 사실은 그렇지 않았다. 소년은 쉬바를 물리치기 위해 최선을 다하고 있었지만, 쉬바는 절반도 힘을 쓰지 않고 있었다. 그는 소년을 일 초 만에 쫓아버릴 수 있었지만, 이름뿐이더라도 본질적으로는 그의 아들이었기 때문에 그렇게 하지 않았다. 반대로 소년은 쉬바를 물리치기 위해 최선을 다하고 있었다.

둘이 싸우는 동안, 집 근처로 군중이 모여들었다. 모든 천상의 사람들이 어떻게 해서 벌어진 싸움이며 누가 싸우는지를 구경하기 위해 멈춰

섰다. 몇몇은 심지어 결과에 내기를 걸고 있었다. 쉬바를 모르는 존재는 아무도 없었고, 이 사실이 그를 성가시게 했다. 한참을 겨룬 뒤, 그는 스스로 집에서 30피트 멀리 날아갔다. 땅에 착지하면서, 그는 의도적으로 자신이 속한 남성적 삼위일체의 또 다른 일원인 비슈누 옆으로 내려앉았다.[7]

싸움의 스트레스에서 벗어나 숨을 가다듬는 척하면서 쉬바는 그의 곤란한 처지를 비슈누에게 말했다. "나는 내가 누구인지도 모르고 물러서지도 않는 사람과 싸움에 말려들었다네." 그는 비슈누에게 불만을 털어놓았다.

비슈누는 동의하며 고개를 끄덕였다. "그렇지. 만약 자네가 패한다면, 신들 전부가 자네를 더 이상 천하무적이라고 여기지 않을 걸세. 그러면 어떤 소동이 벌어질지 한번 상상해 보게. 영웅이 되고 싶은 모든 자들이 명성을 얻기 위해 자네에게 덤비려 할 걸세." 비슈누는 고개를 저었다. "그러니 이 일을 빨리 마무리해야 하네."

그 말이 옳다는 것은 잘 알았지만, 쉬바는 이런 말이 반갑지 않았다. "이 소년은 내 아내가 창조했네. 그는 그녀의 힘을 가지고 있을 뿐만 아니라, 만약 내가 그녀의 양해 없이 소년을 죽인다면 빠르바띠가 얼마나 분노할지 상상할 수 있겠는가?"

"그러면 그녀에게 말하게." 비슈누가 대답했다.

"내 집에 들어갈 수조차 없는데, 어떻게 그럴 수 있겠나?"

"좋네." 하고 비슈누가 답했다. "그럼 겁쟁이 신이 되게나. 나는 상관하지 않겠네."

쉬바는 껄껄 웃었고, 그러자 근처의 나무들이 흔들렸다. "만약 자네의 말을 내 아내가 듣는다면, 자네는 3초 안에 까마귀에게 던져지는 고깃덩이가 될 걸세. 어디 한번 마지막 말을 큰 소리로 외쳐 보시지?"

"천만에." 비슈누는 발가락으로 땅에 작은 모양을 만들었다. "자네는 소년을 파괴하는 것 말고는 다른 선택이 없네. 신의 법에 의하면, 소년의 힘을 가진 존재는 누구든지 자네 부부에 의해 창조되어야 하네. 만약 소년이 그녀의 힘만으로 자네를 패배시킨다면, 법은 깨질 걸세. 우주는 바르게 돌아가지 않을 걸세. 다른 선택의 여지가 없네."

쉬바가 끄덕였다. "유감스럽지만 자네의 말이 맞네. 그렇게 하겠네."

쉬바는 땅에서 일어나, 싸울 준비를 하고 있는 소년에게로 성큼성큼 걸어갔다. 쉬바의 제3의 눈에서 나온 한 번의 눈길로 소년의 머리가 절단되었다. 머리는 일부가 산산조각 나면서 바닥에 떨어졌고 여전히 타들어가고 있었다. 대지가 잠시 전율하며 흔들렸다. 비명이 들렸다.

빠르바띠가 욕실에서 나와 달려왔다. 격렬한 분노로 그녀의 얼굴이 붉어졌다. 싸움을 보려고 모인 천상의 존재들은 맹렬한 불길에서 나오는 불똥처럼 흩어져 시야에서 사라졌다. "내 아이에게 무슨 짓을 한 거죠?" 빠르바띠는 부정적인 자아의 파괴자인 깔리로 변하면서 입에서 혀가 쑥 나오기 시작했으며, 쉬바를 그 자리에서 신성한 곤죽으로 만들어버리겠다는 생각을 했다. 다음에는 신성한 보호자인 두르가Durga로 변했는데, 그녀의 눈은 불타는 듯하였고 작은 무기들이 그녀의 몸에서 자라다가 사라졌다.

쉬바는 두 손을 합장하고 말하기 시작했다. "오, 신성한 샥띠여! 이 우주 자체의 몸이시여! 내 말 좀 들어 보세요. 내 첫 번째 실수는 오만이었소. 당신이 나의 가나에게 경호를 서라고 했을 때, 나는 심각하게 생각하지 않았소. 그 점에 대해서는 정말 머리 숙여 사과하오. 당신이 창조한 신성한 소년, 당신의 가나는 어떤 창조물보다 더 매력적이었소. 그의 아름다움에 견줄 수 있는 것은 오직 당신에 대한 그의 헌신뿐이었소. 그의 어머니인 당신에 대한 그의 헌신은 너무나 대단해서, 그는 내가 나의 집에도 들어가지 못하게 했소. 그는 내가 이 집의 주인이라는 것을 인정하지 않았소. 나는 내가 창조한 세계에 들어가는데도 애원해야 했소."

아주 조금 화가 누그러진 빠르바띠는 그의 말을 중단시키며 말했다. "그런데 당신은 왜 그렇게 아름답고 헌신적인 소년을 파괴했죠?"

쉬바가 대답했다. "내가 당신과 비슷할 만큼 아름답고 상상할 수 없는 힘을 가진 신성한 여인을 창조했다고 가정해 봅시다. 그런데 그녀의 임무가 오직 당신이 당신의 집으로 들어가지 못하도록 막는 것이라면, 당신은 어떻게 할 것 같소?"

빠르바띠는 코웃음을 쳤다. "만약 당신이 그랬다면, 당신이 그녀를 창조하는 데 걸린 시간보다 더 짧은 시간에 그녀는 재가 되었을 거예요."

쉬바가 동의했다. "당신의 몸짓 한 번으로 그렇게 되었을 거요. 소년이 나를 가로막았을 때 그런 상황이었소. 나는 소년에게 내가 누구인지를 말해 주면서 납득시키려 노력했소. 나는 들어가게 해 달라고 부탁했지만, 그는 내 말을 전혀 듣지 않았소. 만약 내가 돌아오면 들어가게 해 달라고 당신이 그에게 얘기만 했더라면, 그는 지금 당신의 곁에 있을 것이오. 그러나 당신은 당신을 지켜 주지 못한 나의 가나 때문에 불쾌했고, 그래서 그를 창조하면서 나를 집 안으로 들이라는 말을 하지 않았소. 내가 어떻게 하기를 기대했던 것이오?"

빠르바띠는 쉬바가 말한 요점을 알았다. 그녀의 화가 어느 정도 누그러졌다. "좋아요. 당신 말이 맞아요." 그녀는 잠시 말을 멈춘 뒤 얘기했다. "하지만 즉시 그의 생명을 돌려주세요."

쉬바가 대답했다. "그렇게 할 수는 있지만 그에게는 머리가 없소··· 그것은··· 음··· 망가졌소."

"그러면 새 머리를 주세요." 빠르바띠가 말했다.

쉬바는 잠시 생각했다. "당신이 그에게 준 머리가 사라졌기 때문에 나는 지금 새 머리를 창조할 수 없소. 그에게 새 머리를 주기 위해 다른 이에게서 생명을 빼앗을 수도 없소. 그러나 당신을 만족시키기 위해 나는 당신의 가나에게, 내가 첫 번째로 발견하는 죽은 창조물의 머리를 줄 것이오. 나는 그 소년에게 최고의 의식의 축복을 받은 새 머리를 수여할 것이오. 당신이 그에게 준 몸은 당신의 위대한 힘을 받을 것이오. 그러면 우리는 함께 그 존재를 다른 것과는 다른 생명으로 가득 채울 수 있소."

빠르바띠는 그렇게 하도록 동의했다.

쉬바가 말했다. "우리 산책을 합시다."

그들은 시골길을 따라 걷기 시작했다. 몇 분 후 그들은 죽어가는 어린 코끼리를 만났다. 코끼리가 죽었을 때, 쉬바는 머리를 떼어 낸 뒤 급히 돌아와서 신성한 소년의 몸에 붙여 주었다. 즉시 존재는 살아났고 그의 신성한 부모님에게 절을 했다. 천상에서는 노래가 울려 퍼졌고, 시골에서는 초목들이 풍성하게 자라났다. 가네샤라는 이름으로 알려진 가나빠르띠가 태어났을 때, 곤충들도 물러나고 모든 것이 조화로웠다. 빠르바띠는 기뻤으나 물어보았다. "왜 하필이면 코끼리여야만 했나요?"

쉬바는 빠르바띠를 달래려고 즉흥적으로 말하기를, 자신이 소년에게 준 방대한 양의 신성한 지식과 지혜를 담으려면 더 큰 머리가 필요했다고 했다. 그리고 말하기를, 큰 귀는 계속 펄럭여 좋은 행위들만 귀에 들어오게 할 수 있고, 예리한 눈으로는 접근하는 모든 존재의 영혼을 꿰뚫어볼 수 있으며, 코는 다른 어떤 신성한 존재들도 알지 못하는 신비한 행동을 할 수 있다고 설명했다.

빠르바띠는 거의 만족해하며 한 가지를 더 요구했다. "그를 당신 자신의 아들처럼 소중하게 여겨 주세요." 쉬바는 동의한 뒤 어린 코끼리 머리를 한 소년을 두 팔로 껴안고서 말했다. "너는 장애물의 제거자가 될 것이다. 하찮은 쥐를 타고 다니면서, 너는 그 보잘것없는 이동수단을 누구도 상상할 수 없이 고귀한 것으로 만들 것이다. 이를 보증하기 위해 너는 곧 모든 천상의 사람들 중 으뜸이 될 것이다. 나는 이를 이루기 위한 행사를 준비할 것이다. 그렇게 되어라." 빠르바띠는 더없이 행복했다.

상징주의

힘만으로는 창조를 할 수 없다. 창조를 위해서는 지성과 의지도 필요하다. 그러므로 빠르바띠 혼자서, 지각력이 있으며 자기를 자각할 수 있는 우주를 창조할 수는 없다. 우주의 의식이 담긴 존재를 창조하려면, 쉬바는 모든 것을 포함하는 자신의 대역폭을 추가해야만 한다. 당신은 우주가 어떻게 자기를 자각하고 지각력이 있다고 여겨질 수 있는지 의아해할 것이다. 옛사람들의 대답에 따르면, 무無에서 유有가 나올 수 없듯이, 우주 의식의 가장 높은 상태가 성취되기 위해서는 우주 안에 그것이 이미 담겨 있어야 한다.

116

인간 존재 안에서, 가네샤–가나빠띠의 힘은 꾼달리니 샥띠의 뿌리에 아주 가까이에 있는 척추 기반부에 있다. 이 장소를 가네샤 로까Loka라고 부른다.

가네샤 로까

가네샤가 있는 자리는 스와난다 다마Swananda Dhama(희열의 장소)라고 불리며, 까마 다야니 요가 샥띠Kama Dayani Yoga Shakti라고 불리는 그의 샥띠의 부분적인 현현에 의해 만들어진다. 그는 니르구나Nirguna(무형), 혹은 사구나Saguna(유형)로 접근할 수 있다.

그는 모든 곳에 퍼져 있지만 여전히 분명한 초월적인 성격을 보여 준다. 비록 그는 자신의 거처에 머무르고 있지만 우주와 그의 헌신자들의 다양한 로까(영역 혹은 수준)들을 보호한다. 그와 더불어 배고프지 않고 목마르지 않고 아프지 않고 그의 명령들을 수행하면서 그와 함께 로까에 거주하는 존재들이 있다.

스와난다 다마Swananda Dhama에는 네 개의 문이 있다. 각 문은 빠르샤다스Parshadas라고 불리는 두 명의 수행원이 지키고 있으며, 따라서 총 숫자는 여덟이 된다. 그들은 키가 작고 동정심이 많지만 매우 강력하며 네 개의 팔을 가지고 있다. 두 손에는 무기를 쥐고 있고, 다른 두 손에는 막대기를 들고서, 따르자니 무드라Tarjani Mudra, 즉 영혼이 신과 하나임을 나타내는 의미로 엄지와 검지를 모으고 있다.

동쪽 문에는 아비그나Avigna와 비그나 라자Vighna raja가 손도끼와 연잎을 들고 있다. 남쪽 문에는 스왁뜨라Swaktra와 발라람Balaram이 검과 방패를 들고 있다. 서쪽 문은 가자 까르나Gaja-karna와 고 까르나Go-karna가 활과 화살을 쥐고 서 있다. 소미야Saumya와 슙바 다야까Shubha-dayaka는 북쪽 문을 지키고 있으며, 연꽃과 막대기를 들고 있다. 또한 가네샤의 거처를 지키는 두 개의 위대한 샥띠들이 있다. 그들은 떼조봐띠Tejovati(빛남)와 즈왈리니Jwalini(앞으로 나가는 불꽃의 힘)이다.

찐따 마니 드위빠Chinta Mani Dwipa(소원을 이루어 주는 보석의 섬)는 가네샤의 거처로 불린다. 여기에는 깔빠 우빠봐나Kalpa Upavana(소원을 이루어 주는 나무의 정원)라고 불리는 거대한 정원이 있는데, 이곳에서 가네샤는 돌아다니며 우주와 그 경이로움을 사색할 수 있다.

샤라다 띨라까Sharada Tilaka라는 작품에서는 찐따 마니 드위빠에 대해 논의하고 있다. "일곱 개의 바다 중에는 익슈라사 사가라Ikshurasa Sagara(사탕수수 주스의 바다)라고 불리는 곳이 있다." 그 속에 찐따 마니 드위빠의 아름다운 섬이 있다. 그 섬은 바다에서 솟아났으며, 그 섬의 파도는 스와난다 다마에 거주하는 신 가네샤에게 항상 인사를 한다. 만다라Mandara, 빠리자다Parijada, 그리고 다른 모든 천상의 나무들이 깔빠 드루마Kalpa Druma라고 불리는 그의 정원에 있다.

우빠봐나Upavana. 모든 돌, 식물, 새, 꽃, 그리고 그 섬에 있는 다른 것들은 의식을 가지고 있으며 항상 신 가네샤의 영광을 노래한다.

"그 전경은 진홍색이다. 그 섬의 중앙에는 빠리자따Parijata라는 신비한 나무가 있다. 그 나무는 의식이 있으며, 일 년 내내 가네샤를 노래하고 찬양한다. 나무의 발치에는 마하 삐따Maha Pita라 불리는 거대한 제단이 있다. 제단 위에는 거대한 연잎이 있다. 그 연잎의 중앙에는 샷-꼬나shat kona(육각형의 별)가 있고, 그 중앙에는 뜨리 꼬나tri-kona(삼각형)가 있다.

가네샤의 최고의 힘은 그 삼각형 안에 자리를 잡고 있는데, (숙련된 사람들은) 이곳에 앉아 있는 가네샤를 볼 수도 있다. 그 자리에 앉아 있는 가네샤에 대해 명상을 하면, 그 사람은 그의 달샨(신성한 은총을 동반한 신비한 모습을 친견함)으로 축복을 받는다."

찐따 마니 드위빠는 그냥 평범한 섬으로 생각해서는 안 된다. 이 섬은 인간의 마음으로는 상상할 수 없는 것이다. 그러나 가슴으로는 볼 수 있다. 그 삼각형은 우리 안의 척추 아래에 있는 물라다라 짜끄라에 있다. 우리의 시스템 안에 있는 모든 나디nadi들은 미묘한 몸 안에서 그 섬과 연결되어 있다. 이곳은 또한 에너지와 출산의 근원이기도 하다. 그곳에서 우리는 가네샤를 발견할 수 있다. 가네샤는 어떤 상황에서든, 언제든, 우리 자신의 일부이다.

10

가네샤-가나빠띠:

통합의 원리

가네샤-가나빠띠는 우주 의식을 나타내는 인물이며, 또한 통합의 원리이기도 하다. 끈 이론과 다중 우주에 관한 현대의 추론은 차치하더라도 우주는, 그 단어의 의미로도, 하나의 것, 하나의 실체로서 통합된다. 그렇지만 가네샤는 또한 다른 것이다. 그는 통합의 원리를 나타낼 뿐만 아니라, 개별적인 힘들의 지배자이자 개별적인 힘들의 근원이기도 하다. 그는 우리 안에서 발견되는, 그리고 우주 전체에 퍼져 있는 하나로 통합시키는 힘이다.

　우리는 두 가지 산스끄리뜨 단어인 '가네샤'와 '가나빠띠'를 분리함으로써 이 원리를 이해하기 시작할 수 있다. 먼저 가네샤를 보자. 산스끄리뜨로 가나gana는 '힘'과 '집단'이라는 두 가지 의미를 지니고 있다. 에샤Esha는 '지배자'를 의미한다. 이것은 가네샤가 집단의 지배자이자 동시에 힘의 지배자라는 것을 의미한다. 가네샤에 관한 이야기들을 보면, 그는 통합의 원리로서 어떤 집단의 지배자이자 일군의 힘들을 지배하는 주인이다. 다음으로 가나빠띠를 보자. 빠띠pathi는 '보완물'이라는 뜻으로 배우자를 의미한다. 산스끄리뜨 단어 가나빠띠는 '힘의 배우자'를 의미하므로, 코끼리 머리를 한 이 인물은 힘을 동반하는 의식의 기능이다. 가나gana라는 단어의 다른 맥락에서, 가나빠띠는 '집단의 배우자'라는 의미가 있는데, 이는 어떤 집단이라도 동반하는 통합의 원리를 나타낸다. 여기에서는 집단과 개인들의 무리를 구분하는 것이 중요하다. 그것들은 표면적으로는 같아 보이지만, 전혀 같지 않다. 개인들의 무리에서 구성원들은 화합하게 하는 유대를 가지지 못한다. 그러나 집단에는 어떤 공통적인 목적이 있으며, 개인들이 모이거나 연결되는 어떤 이유가 있다.

그래서 하나의 의미로 가네샤는 '힘의 지배자'라고 불린다. 가네샤 이야기에서 가네샤는 다른 모든 가나들을 이기기 때문에, 그가 모든 힘의 지배자라고 불리는 것은 잘 맞아떨어진다.

그의 어머니인 위대한 여성은 가네샤에게 엄청난 힘을 부여하여 이후 가네샤가 힘의 보완으로 불리게 하였으며, 또한 의식으로서의 쉬바에게 주어질 만한 칭호를 부여하였다. 그러나 이 이야기에서 쉬바는 기꺼이 이 칭호를 가네샤에게 물려주는 데에 동의하며 자신의 축복까지도 주었다. 그래서 가네샤는 우리 인간이 지니고 있는 다양한 힘과 의식의 구분을 통합하는 것을 대표하게 될 것이다.

가나가 집단을 의미하므로, 이제 가네샤는 '집단의 지배자'를 의미하게 된다. 가나빠띠로서 그는 또한 '집단의 배우자 혹은 보완물'이다. 이것들은 강력한 아이디어들이다. 그의 아버지 쉬바에게 지고의 의식과 독보적인 힘을 부여받은 가나빠띠는 전반적으로는 '집단의 지배자'이며, 구체적으로는 '힘들 또는 능력들의 집단의 지배자'라는 지위를 부여받았다.

둘 혹은 그 이상이 모이는 곳

어떤 것이 하나 이상 있을 때 가네샤-가나빠띠의 원리가 자동적으로 관여된다는 것이 베딕 힌두이즘에서는 상식이다. 이 원리는 논의되는 원소들이 아무리 크든 작든 간에 항상 그러하다. 예를 들어, 앞서 논의한 수소 원자의 경우, 하나의 전자와 하나의 양자가 있다. 이 구조화된 에너지의 조각들은 우리가 수소라고 부르는 새로운 물질을 구성한다. 하나 이상의 것이 관련되어 있으므로 가네샤-가나빠띠 원리가 자동적으로 존재한다. 가네샤-가나빠띠는 어느 집단을 이루는 새로운 '것'의 지배자이자 통합하는 힘이다. 그 새로운 것은 새로운 존재를 이루는 원자일 수도 있고, 분자, 화합물, 엔진, 동료들로 이루어진 팀, 혹은 행성들의 집합인 태양계일 수도 있다. 분리된 것들이나 의식 사이에 통합을 창조하는 것은 가네샤-가나빠띠가 맡은 분야이며 임무이다.

인간의 몸에도 똑같은 가네샤-가나빠띠 원리가 적용된다. 원자들은 세포들을 이루고, 세포들은 기관들을 구성한다. 하나의 기관은 공통적인 과정으로 함께 일하는 세포들의 집단이다. 그러나 각 기관은 심혈관계나 소화계, 생식계, 내분비계와 그 외 시스템의 부분이기도 하다. 새로운 각 '집단'의 다양한 구성원들은 공통적인 과정의 일부로서 함께 일한다. 비록 각 세포가 자체의 원시적인 의식을 가지고 있지만, 각 기관은 이제 단일 과정의 일부로서 함께 일하는 개별 세포들의 무리가 된다. 새로운 존재인 그 기관은 또한 자체의 기능 특유의 의식을 가지고 있다. 이것은 의식의 여러 덮개가 있다는 것을 의미한다. 원자 의식은 분자 의식에 의해 덮이고, 다시 기관의 의식에 의해 덮인다.

그러나 의식 층들의 덮임은 여기에서 끝나지 않는다. 기관들은 시스템들의 부분이며, 시스템은 의식의 원시적인 형태를 집단적으로 가지고 있고, 이 의식은 다시 시스템의 구성원들이 소화든 생식이든 무엇이든 공통적인 분야 중에서 맡은 분야를 협업하여 지성적으로 수행하도록 허용한다. 이 모든 시스템은 서로 연결되어 있고 하나의 시스템으로 작용하며, 우리는 그것을 인간 존재로 인식한다.

따라서 인간 존재라는 것은 사실상 놀랍고 신비스러운 방식으로 함께 기능하는 지성적인(혹은 의식적인) 하위 시스템들의 방대한 집합이다. 가네샤-가나빠띠 원리는 모든 수준에서 기능하고 있다. 세포들이 새로운 기관을 이룰 때, 가네샤-가나빠띠는 통합된 의식으로서 그 기관의 임무를 관장한다. 기관들이 모여 시스템을 이루면, 가네샤-가나빠띠는 다시 집단 존재를 통합하는 힘이며 관장하는 의식이 된다. 이런 아이디어 전체는 "둘 이상이 모인 곳에는 내가 있느니라."고 말한 것으로 기록된 그리스도와 놀랍도록 유사하다. 그리스도처럼 가네샤-가나빠띠는 우리의 영적인 진화에서 특정한 기능을 수행하는 신의 아들이다.

이제 우리의 이야기로 돌아가서, 가네샤-가나빠띠가 어떻게 하여 천상의 존재들 중에서 첫 번째로 숭배 받게 되었는지를 보자.

우주 돌기 경주

쉬바와 빠르바띠는 이제 다시 평화로워졌지만, 이상하고 새로운 코끼리 머리 소년을 보기 위해 군중이 다시 모여들었다.

의식의 존재들 중에서 갑자기 어떤 목소리가 들렸다. "이제 다른 신성한 존재가 있다! 인간들은 곧 종교 의식들을 발달시킬 것이다. 누가 그런 의식들에서 첫 번째 신성한 존재로 여겨질 것인가? 우리 중에서 누가 으뜸이 되어야 하겠는가? 우리에게는 어떤 질서가 필요하다. 우스워지는구나!"

빠르바띠를 보면서 쉬바는 즉각 그 목소리와 문제점을 이해했다. 그는 사소한 동요를 막기 위해 재빨리 대답했다. "그 말이 분명히 옳다. 우리는 의식을 행할 때 우리 중 누가 첫 번째가 될 것인지를 결정해야 한다. 따라서 내가 우주 돌기 경주를 제안한다." 이 제안은 열광적인 지지를 얻었다. 이어 쉬바는 모인 관중들에게 각자 전 우주를 세 번씩 도는 경주를 하자고 제안했다. 이 경주에서 일등으로 들어오는 자는 우승자의 왕관을 쓰게 되고, 그에게는 이후부터 실시되는 어떠한 신성한 행사나 일반적인 일에서 첫 번째로 경배 받는 영광이 상으로 주어지게 될 것이다.

천상의 존재들 모두가 자신의 '이동수단'으로 향했다. 산스끄리뜨 용어로 이동수단은 바한vahan이다. 엄밀히 말하면, 바한이란 자신이 운반하는 것을 위한 현현의 수단을 의미한다.

수브라만야는 그의 공작에 올랐다. 비슈누는 그의 독수리에 올랐다. 각각은 경주를 하기 위해 자신의 신성한 동물이나 새에 올랐다. 공식적인 출발점이 정해지고 동시에 경쟁자들이 줄을 서자, 쉬바는 "준비!" 하는 신호로 그의 삼지창을 높이 들어올렸다. 그리고 갑자기 삼지창을 내리면서 "출발!"이라고 외쳤다. 모든 천상의 존재들이 거의 즉시 시야에서 사라졌지만, 하나, 즉 가네샤-가나빠띠만이 예외였다.

가네샤 가나빠띠는 자신의 바한인 쥐를 타고서 우주로 출발하는 승강

장으로 몇 걸음 내려가다가 멈췄다. "말도 안 돼! 내겐 기회도 없어." 그는 투덜거렸다.

쉬바가 물었다. "무슨 문제가 있느냐?"

"모두들 저의 것보다 더 빠른 이동수단을 가지고 있습니다. 저는 비슈누나 형제 수브라만야, 혹은 다른 어떤 이들과도 경주할 수가 없습니다. 저는 아마 여기서 멈춰야 할 것 같습니다." 한숨을 쉬면서 가네샤-가나빠띠는 가던 길을 멈추고는 그의 쥐 위에 걸터앉았다.

"나의 아들아! 너의 엄마와 나는 너에게 모든 이점을 다 주었다." 쉬바는 그를 꾸짖었다. "너에게 싯디(마법적인 힘)들과 붓디(신성한, 자기를 자각하는 지성)를 둘 다 주었다. 이 문제를 해결할 방법을 생각하지 못하겠느냐?"

가네샤가 머리를 들었다. "무슨 말씀이세요? 무슨 말씀을 하시려는 건가요? 제가 할 수 있는 일이 있다고요? 제발 그만 좀 하세요!"

쉬바는 크게 실망하며 말했다. "경주의 심판으로서 너에게만 혜택을 줄 수는 없다. 단지 네가 머리를 써야 한다고 생각할 뿐이다."

가나빠띠는 자신의 문제에 대한 답이 포함되어 있는 정보 중 무엇인가를 놓치고 있다는 것을 알았다. 그러나 그것이 무엇일까? 그는 유용한 사실들을 찬찬히 살펴보기로 결심했다. 천상의 모든 존재들은 신성한 행사나 모임에서 경배되는 첫 번째 존재가 되기를 바란다. 그 첫 번째로 누가 될 것인지를 결정하기 위해 우주를 세 바퀴 도는 경주가 열렸다. 천상의 존재들은 각자 자신의 이동수단을 타고 있다. 그들의 이동수단은 크고 자신의 것은 작기 때문에 그의 경주는 아주 느릴 것이다. 결국 그 경주는 그의 부모님에 의해 고안되었다. 그들은 경주에 참여하지 않고 주관만 한다.

이 본질적인 것들 중에 이 비밀을 풀 열쇠가 있을 것이다. 이 경주에서 무엇이 그로 하여금 다른 이들보다도 더 빠르게 만들 수 있을까? 그를 위해서만 물리적인 법칙을 바꿀 수는 없다. 그의 아버지는 절대로 그런 일을 용납하지 않을 것이다. 그 점은 의문의 여지가 없었다. 그가 짧은 트랙을 돌면 경주의 규칙을 만족시키지 않기 때문에 그것도 역시 아니었다. 그는 다른 이동수단을 이용할 수도 있었다. 그러나 그렇게 되면 자격을 잃게 된다. 과연 무엇일까?

그때 그는 어머니에게 물어볼 생각을 했다. 아마 어머니는 그에게 힌트를 줄 수 있을 것이다. 그가 쥐를 타고 느릿느릿 어머니에게 가고 있을 때, 쉬바가 호탕하게 웃으며 중얼거렸다. "이제, 알았나 보군."

가네샤–가나빠띠에게 충격이 전해졌다. 그가 어머니에게 갈 때 아버지는 그가 결국 '알았다'고 믿었다. 무엇을 알았다는 말일까?

가네샤가 머릿속에서 자료를 재검토하면서 쥐를 타고 빠르바띠를 향해 느리느릿 다가갈 때, 모든 것이 느려졌다. 그가 어머니에게 세 걸음 안으로 들어오자, 그녀는 홱 돌아서서 활짝 웃었다. 그녀의 행복해하는 웃음 속에서 그는 승리할 수 있는 그의 길을 '깨달았다.'

한 걸음도 놓치지 않고 그는 그의 쥐를 타고서 웃고 있는 어머니의 모습을 돌고 돌았다. 그가 세 바퀴를 다 돌자, 쉬바는 그에게로 가서 활짝 웃으며 가네샤–가나빠띠를 승자로 선언했고, 그의 머리에 황금으로 된 왕관을 씌워 주었다.

곧 천상의 존재들 중에서 가장 빠른 몇 명이 우주를 세 바퀴 도는 경주를 다 마치고 돌아오기 시작했다. 공작을 탄 수브라만야가 처음으로 들어왔는데, 가나빠띠의 머리 위에 왕관이 씌워진 것을 보고는 실망하고 화가 나서 외쳤다. "그는 나를 앞지르지 않았어요. 그가 어떻게 우승자가 될 수 있습니까?"

그 다음으로 경주를 마친 천상의 존재도 비슷한 반응을 보였다. "코끼리 얼굴은 한 번도 나를 앞서지 않았어요!" 곧 여러 명이 모여 "반칙입니다!", "이건 사기예요!"라고 큰 소리로 외치며 해명을 요구하였다.

쉬바는 손을 들어 조용히 시키고는 말했다. "보다시피, 나는 가네샤−가나빠띠를 우승자로 정했소. 이제 그에게 왜 우승자의 자격이 있는지 들어 봅시다."

그 소리를 듣자 모든 천상의 존재들이 가네샤에게 고개를 돌렸고, 가네샤는 위대한 헌신으로 분명하게 말했다. "이 온 우주는 저의 신성한 어머니입니다. 어머니의 몸은 환영의 모습으로 펼쳐진 우주의 신성한 에너지입니다. 그렇지만 저의 신성한 어머니는 또한 우리 모두 앞에 이렇게 앉아 계십니다. 그러므로 저의 어머니를 세 번 돌면 저는 우주의 가장 먼 곳을 다녀온 것입니다. 어머니를 세 번 돌면 이 우주를 세 번 돈 것이 됩니다. 다른 방법은 없습니다." 그는 조용한 질문으로 끝을 맺었다. "여러분 중에서 제가 틀렸다고 말할 사람이 누구입니까?"

천상의 존재들은 모두 양손을 합장하며 인사를 드렸다. "신성한 가네샤−가나빠띠에게 경배를!"

천상의 군대의 대장인 수브라만야는 그들 모두를 대표해 말했다. "오, 가네샤시여! 당신의 지혜는 천 개의 태양과 같이 빛나십니다. 우리가 자만심으로 이 우주를 돌고 있을 때, 당신은 가슴의 헌신이 마음을 빛나게 허용하여 직관의 불꽃을 밝히셨습니다. 진리가 당신에게 열렸습니다.

진실로 당신은 우리 중의 첫 번째가 될 만하십니다. 왜냐하면 빠르바띠는 분명히 유일자 안의 이 온 우주이시기 때문입니다. 가네샤-가나빠띠에게 경배를. 우주의 신성한 어머니이며 우주의 몸이신 빠르바띠에게 경배를. 모든 것 안에, 어디에나 있는 의식인 쉬바에게 경배를."

　이날로부터 가나빠띠는 모든 천상의 존재들 중에서, 어떤 의식을 행하거나 어떤 일을 하기 전에 경배되는 첫 번째가 되었다. 힌두교의 어느 신을 모시는 어떤 행사에서도 가네샤-가나빠띠 만뜨라는 가장 먼저 암송된다.[8] 새로운 집을 지으려고 할 때도 가네샤-가나빠띠 만뜨라가 암송되고 의식이 진행된다. 가정이나 사업에 어려움이 있을 때에도 가네샤-가나빠띠 만뜨라가 암송되고 의식이 행해진다. 어떠한 장애나 혹은 어려움이 나타나면, 가네샤-가나빠띠 만뜨라가 온 세상의 수억 명의 힌두인들의 입에서 흘러나온다.

　그 만뜨라의 암송은, 바람직한 결말이나 목표를 훼방하는, 방해하거나 조화롭지 못한 에너지 패턴을 깨트리기 시작한다. 비록 그 수행은 소가 끄는 쟁기로 수천 년 동안 갈아엎어지는 모래흙만큼이나 오래된 것이지만, 그 개념만큼은 트랙터를 쓰는 21세기에 발견되는 것들만큼이나 현대적이다.

고대의 지혜가 오늘날의 과학이다

앞 장에서 제시된 아이디어들을 살펴보면, 현대 물리학에서 우리는 모든 물질의 입자가 마침내 복잡한 에너지 패턴에 도달할 때까지 계속 나눌 수 있으며, 이 에너지 패턴은 환영적이며 수명이 짧다는 것을 알게 된

다. 우리가 '물질'이라고 부르는 것은 어떤 식으로든 분명히 밝혀질 수
없다. 우리는 다양한 조건 아래에서 물질의 행동이나 특성을 지배하는
법칙들을 발견했지만, 물질의 '본질'은 어디에서도 찾을 수 없다. 고대
인도의 영적인 지도자들이 현대의 과학적인 증명 방법 없이도 이런 현
상을 이해했다는 것은 놀라운 일이다.

　힌두의 전통이 우리에게 말해 주듯이, 쉬바와 빠르바띠(함께 춤을 추
는 의식과 에너지)가 우주를 창조했다. 고대의 그리스인들은 같은 아이디
어를 약간 다른 방식으로 표현하는 단어를 가지고 있었다. 힐로조이즘
hylozoism(물활론)이라는 이 단어는 '모든 수준에서의 생명'이라는 의미이
다. 그리스인들은 가장 작은 입자부터 가장 큰 바위, 행성, 혹은 태양에
이르기까지 물질의 연속체를 살아 있는 것으로 보았다.

　만약 오늘날의 우리가 우주를 본질적으로 지성적인 에너지로 이해한
다면, 그 이해가 복잡한 수학 공식으로 표현되든 근처의 밀밭으로 표현
되든 상관이 없을 것이다. 우리 모두는 여전히 우리의 실재로 인한 법칙
들에 따라 행동해야만 한다.

11

가네샤—가나빠띠:

내부에서 발견되는 외부의 우주

고대 형이상학의 금언은 "사람은 대우주의 소우주이다."라는 것이다. 같은 아이디어가 성경에도 나와 있는데, "인간은 신의 이미지대로 창조되었다."라는 것이다. 이로 볼 때 인간은 영적으로 충분히 성숙되었을 경우에 신이 태생의 권리로 인류에게 부여한 신성한 속성들을 발휘하게 될 것이라는 점을 우리는 이해하게 된다. 예수와 모세는 자연의 힘을 통제하여 기적을 행했다. 예수는 심지어 "……그리고 너희들은 더 큰 일을 할 것이다."라고 하였다. 간단히 말해 그가 나타낸 종류의 기적을 다른 사람들도 할 수 있다는 것이다.

진정한 힐러들에 의하여 이용되는 힐링 에너지든지, 혹은 신비가 에드가 케이시의 깊은 최면 상태에서 주어지는 의학적인 처방이든지 간에, 확장된 인간 잠재력의 상위에 도달한 여러 사람들에 의해 증명된 내용이 종교적 문헌 안의 모든 곳에 보인다. 이런 사람들은 어느 시대든지 늘 우리 가운데 살고 있으며, 우리와 마찬가지로 그들은 의식과 능력에서 유사한 높은 상태에 도달할 수 있는 내재적인 능력을 가지고 있다.

인도의 신화에서 가네샤-가나빠띠의 이야기는 우리의 영적인 발전에 대한 고대의 열쇠를 주고 있다. 우리는 우주적 의식으로 진화할 수 있다. 왜냐하면 온 우주는 가네샤-가나빠띠로 분명히 상징되듯이 '우주 의식의 신' 안에 담겨 있기 때문이다.

이미 논의한 대로, 남성적인 극과 여성적인 극이 결합되지 않으면, 우주는 잠재성을 가지고 있을 뿐 아직 실현되지 않은 신성한 아이디어에 불과하다. 위대한 남성적 지성과 우주적 대역폭이 무한한 여성적 창조의 힘과 결합할 때, 우주가 탄생한다.

가네샤-가나빠띠는 또한 지고의 남성적 원리와 여성적 원리의 결합으로 탄생한다. 그는 의지력과 자기-지식으로 작용하는, 우주의 통합하는 의식이다.

가네샤-가나빠띠의 두 가지 위대한 힘은 그의 '아내' 혹은 그의 '배우자'라는 말로 표현된다. 배우자라는 아이디어는 자연의 힘을 여성이라고 보는 개념과 일치한다. 가네샤-가나빠띠의 두 아내 즉 힘들은 싯디siddhi와 붓디buddhi이다.

싯디는 신성한 힘이다

영적인 훈련을 장기간에 걸쳐 규칙적으로 하면, 그의 지각에 어떤 변화들이 일어난다. 어떤 때는 투시력 같은 새로운 능력들을 가지게 된다. 그들은 사이킥이 될 수도 있다. 다른 사람들은 심오한 힐링 능력들을 가지게 될 수도 있다. 또 어떤 사람들은 인과 법칙, 즉 까르마에 대한 이해가 꽃을 피워서 그것을 바탕으로 삶과 상호작용하는 새로운 방법들을 알게 될 수도 있다. 이것은 특별한 것이 아니다. 누구라도 자기의 삶이라는 실험실에서 이 말을 시험해 볼 수 있다. 그러한 능력들은 우리 모두의 타고난 영적 권리의 일부이다. 위대한 종교들의 경전들도 거의 다 이런 주장을 하고 있다. 힌두이즘에서는 이런 아이디어를 의식의 확장에 자동적으로 수반하는 다양한 영적 능력이라고 분명히 표현하고 있다. 빠라마한사 요가난다Paramahansa Yogananda의 고전적인 책《요가난다 Autobiography of a Yogi》에서 묘사된 대로 현인들과 성자들에게 어떤 능력들이 주어지는 것을 볼 수 있다. 이런 능력들에는 싯디siddhi들이라고 불리는 것과 뚜슈띠tushti들이라고 불리는 두 종류가 있는데, 다양한 문헌에서 공통적으로 다루어지고 있다. 다음의 '위대한 능력'의 목록은 싯디들과 뚜슈띠들에 관련된 다양한 속성들을 보여 줄 것이다.

싯디

아니마Anima　　　　원자만큼 작아지는 능력

마히마Mahima　　　더 커지는 능력

라기마Lagima　　　공기처럼 가벼워지는 것

그리마Grima　　　무거워지는 것

봐야쁘띠Vayapti　여러 장소로 퍼지거나, 움직이고 물질화되는 것

쁘라까미야Prakamya 욕구를 마음대로 충족시키는 것

에쉬뜨봐Eshitva　수많은 영혼들을 지배하는 것

봐쉬뜨봐Vashitva　어떤 것을 끌어당기는 능력

뚜슈띠

부따 바뷔샤야 야나Bhuta Bhavishaya Jnana 과거, 현재, 미래에 대한 지식

두라 드리스띠Dura-Dristi   예지력

두라 슈라봐나Dura-Shravana   초인적인 청력

빠라까야 쁘라붸샤Parakaya-Pravesha   다른 사람의 몸에 들어가는 것

까야 뷰하Kaya-Vhuha   많은 장소에 동시에 나타나는 것

지봐 다나Jiva Dana   죽은 사람을 살리는 것

지봐 끄라나Jiva Krana   어떤 사람을 마음대로 죽게 하는 것

사르가 끄라나Sarga Krana   새로운 세계나 은하를 만드는 것

아르가 끄라나Arga Krana   창조된 것을 파괴하는 것

작은 싯디

(위의 것과 겹치는 것도 있음)

1. 배고픔과 갈증에서의 자유

2. 더위와 추위에서의 자유

3. 천리안

4. 초인적인 청력

5. 마음의 통제

6. 어떤 형태라도 되는 능력

7. 죽은 몸을 살림

8. 마음대로 죽임

9. 데바들을 보고 그들과 놀이하는 것

10. 마음대로 욕구를 충족시킴

11. 과거, 현재 및 미래에 대한 지식

12. 상반되는 쌍들을 초월함

13. 예언

14. 보통의 금속을 금으로 바꿈

15. 까르마를 없애기 위해 다중의 몸을 입음

16. 개구리처럼 점프하는 능력

17. 슬픔과 질병을 없애는 능력

18. 어떤 사람의 전생들을 아는 것

19. 성단과 행성에 대한 지식

20. 싯다들을 알아보는 능력

21. 원소들과 쁘라나를 자유자재로 부림

22. 어떤 장소로도 갈 수 있음

23. 전능과 전지

24. 공중으로 날아올라 원하는 만큼 머물 수 있음

25. 다양한 보물이 숨겨져 있는 곳을 알아낼 수 있음

붓디는 신성한 지혜이다

가네샤의 두 번째 '부인'은 붓디이다. 자기를 자각하는 신성한 지성이 지혜에 의하여 지배되기 때문에, 붓디(여기서 '붓다', 그리고 나중에는 불교라는 개념이 나왔다)는 우주적인 이해로 뻗어 나간다. 인도의 신비주의자들은 우주적 의식이란 우리가 우주의 의식 및 형상과 역동적으로 '하나'인 상태라고 가르쳤다. 우주와의 합일에 이른 사람은 자동적으로 우주적인

이해를 얻게 된다. 그러므로 붓디는 항상 우주적 의식을 수반할 것이다.

그러므로 가나빠띠에 수반되는 신성한 속성들(아내들)은 다음과 같다. 자기 안에서(즉, 현현한 전체 우주 안의 모든 곳에서) 이루는 능력인 싯디, 그리고 무엇을 할지, 그것을 언제 할지, 그것을 어떻게 달성해야 할지를 아는 지혜인 붓디이다. 이런 면에서 보면, 가네샤–가나빠띠는 한편으로는 하나의 지각이 있는 온 우주를 의미하고, 다른 한편으로는 구체적으로 인간의 잠재력 안에 담긴 지각이 있는 우주를 의미한다.

온 우주를 포함하는 규모의 지각이라는 것은 일상적인 상태에 있는 우리 인간의 자아에게는 납득할 수 없는 것으로 보이겠지만, 자기 깨달음을 얻으려고 노력한 영혼들은 오랜 옛날부터 그런 위대한 상태를 성취해 왔다. 오랜 세월에 걸쳐 많은 현인들과 성자들은 다양한 비전의 경전들에 분명히 묘사된 존재의 상태들에 도달하였다. 그리고 이런 높은 단계들에 대한 경전들의 설명은 놀랍도록 비슷한 점들이 있다. 쉬바의 길을 따르든지 락슈미에 대한 헌신의 길을 따르든지 간에, 의식의 네 가지 상태와 그 안의 수준들은 뿌라나(신화)들의 기록이든 딴뜨라Tantra(영적인 성취의 길에 대한 경전)들의 대단히 비슷한 언어로 기술되어 있다.

의식의 단계

자그라뜨Jagrat(깨어 있는 상태) 우리들 대부분이 삶을 살아가는 의식의 상태
스와쁘나Swapna(꿈꾸는 상태) 자거나 깨어났을 때 기억하는 꿈의 세계
아비붸꼬Aviveko 혹은 슈슙띠Shushupti(깊은 수면) 꿈도 없는 수면의 단계. 마음은 꿈의 상태에서는 작동하지 않는다. 쁘라나만이 작동한다.

뚜리야Turiya 내면에 영원히 숨겨져 있는 장소에서 오는 높은 수준의 의식 상태. 노력을 통해서는 직접 도달할 수 없지만, 영적 수행을 통해 우리 자신을 준비할 수는 있다. 그러면 우리 의식의 배경에 있는, 어디에나 존재하며 영원한 의식 상태가 나타날 수 있다.

뚜리야의 세 가지 상태

뚜리야 자그라뜨Turiya Jagrat 정상적인 마음의 활동이 멈추고 초마음이 나타난다.

뚜리야 스와쁘나Turiya Swapna 그 사람은 지식의 한계가 없는 지식의 영역으로 들어간다.

뚜리야 슈슙띠Turiya Shushupti 이 상태에서는 모든 것이 샥띠의 모습으로 되어 있다는 것을 안다.

뚜리야띠따Turiyatita 방해받지 않는 신성한 황홀 상태. 이 상태에서는 보통의 자아와 연결된 나 감각I-sense이 존재하지 않는다. 내재와 초월 간의 모든 구분이 사라진다.[9] 위대한 진정한 삿구루들이 이 상태에 있다. 최초의 위대한 삿구루로 기록되어 있는 닷따뜨레야는 드바이따(이원주의)와 아드바이따(일원주의)의 중요한 영적인 차이점에 대해 질문을 받았다. 아직도 이런 구분에 관심을 가진다면 그 사람은 아직 갈 길이 멀다고 그는 대답했다.

가네샤는 모습이 없는 실체로, 혹은 그림에서 보이는 친근한 모습으로 접근이 가능하기 때문에, 그를 통해 얻어지는 의식 상태의 실현은 뚜리야의 세 가지 상태 중 하나이거나 뚜리야띠따임에 틀림없다. 우리가 개인적으로 어떤 의식의 상태를 얻든지 간에, 우리의 작업은 우리 안에서 시작이 되어 우리 안에서 끝이 난다. 왜냐하면 우리는 우주의 축소판이기 때문이다.

가네샤의 마이크로 표현

당신과 내 안에 있는 가네샤-가나빠띠가 일하는 방법을 알려면, 우리는 우리의 영적 생리학을 더 깊이 알아야 한다. 인류에게 있어서 가네샤-가나빠띠는 정말로 영적 생리학의 위치에서 보면 출발점밖에 되지 않는다.

인간의 미묘한 몸의 척추 아래에 있는 물라다라 짜끄라에 가네샤-가나빠띠가 앉아 있다. 샨뜨 께샤바다스는 그의 책 《신 가네샤Lord Ganesha》에서 말한다. "가네샤의 거처는 스와난다 다마Swananda Dhama(희열의 자리)라고 불리며, 까마 다야니 요가 샥띠Kama Dayani Yoga Shakti로 불리는 그의 샥띠의 부분적인 현현으로 창조되었다. 그는 니르구나Nirguna(형태가 없는) 혹은 사구나Saguna(형태가 있는)로 접근할 수 있다…… 그 삼각형(그의 섬의 자리)은 우리의 척추 아래에 있는 물라다라 짜끄라에 있다. 우리 시스템 안에 있는 모든 신경들(나디들)이 미묘한 몸에서 그 섬으로 연결되어 있다. 그것은 에너지와 생식의 근원이다. 그곳에서 우리는 가네샤를 찾을 수 있다. 그는 늘 그리고 모든 상황에서 우리의 자기의 일부이다. 그는 모든 곳에 널리 퍼져 있지만, 여전히 뚜렷한 초월적인 성격을 드러내고 있다."[10]

내면의 가네샤 로까를 내부의 어떤 위치로 주의 깊게 표현하지만, 그의 영향력은 모든 곳에 미친다고 말한다. 그 이유는 척추 아래의 이 자리에, 인간 구조의 신체적 및 미묘한 부분들의 모든 곳으로 가는 통로들이 있기 때문이다. 그러므로 그의 작용은 정적이지(한 곳에서만 작용하지) 않고 역동적이다. 유기체의 필요와 발달 상태에 따라 그것은 우리 안에서 이곳저곳으로 움직인다.

나는 우리 안에서 이곳저곳으로 움직이는 가나빠띠의 이런 활동을 팬텀phantom 짜끄라라 부른다. 그것은 꾼달리니 샥띠Kundalini Shakti, 즉 척추 아래에 있는 위대한 여성의 힘의 근원에서 여정을 시작한다. 이 위치를 가네샤-가나빠띠의 탄생으로 보는 것은 그에 대한 신화의 내용과 완전히 일치한다. 그는 어머니에게 헌신한다. 이는 그가 꾼달리니 샥띠에게 다가가, 자신이 원하는 대로 그녀의 힘을 사용할 수 있다는 의미이다.

가나빠띠의 움직이는 성질을 이해기 위한 열쇠는 우리의 의식이 지금 어디 있으며, 그 의식이 가나빠띠의 도움을 받아 어디로 진화할 것인가를 잘 보는 데 있다. 그는 종종 우주적 의식의 신이라 불린다. 이는 그가 우주 의식이라는 것을 의미하는 것이 아니라, 그가 그 의식에 도달하는 어떤 것에게 힘을 준다는 의미이다. 그 어떤 것이란 우리의 자아-마음-성격이다.

쥐

우주를 도는 경주의 이야기에서 가네샤의 이동수단은 쥐이다. 이제 가네샤-가나빠띠가 우주 의식의 상징이라면, 쥐는 무엇이 되는 것일까? 이 작고 미천하고 야생적이며 대단히 지성적인 설치류는 우리 일상생활의 자아—마음—성격, 즉 산스끄리뜨로는 아함까라Ahamkara를 의미한다. 우리 모두는 매일 우리의 자아가 원하는 것과 필요로 하는 것을 만족시키려고 애쓰고 있지만, 우리는 이러한 욕구를 충족시키려 바삐 다니는 동안 영적으로 왜소하고 기만적일 때가 많다. 쥐처럼.

중국의 고전인 역경에서는 영적인 성취를 얻기 위해서는 '자기 자신과 타협하지 않는 진실성'으로 시작해야 한다고 말하고 있다. 이 수련을 약간만 해 봐도 야비하고 이기적이며 부정적으로 이기적인, 우리의 쥐 같은 자아의 성질을 파악할 수 있다. 즉 우리는 삶을 살아가면서 끊임없이 유리한 상황이나 남들보다 우월한 자리를 얻으려 노력하는 것이다.

우리들 대부분은 삶의 초기에 이미 생존의 방법으로서 유리한 상황이나 남들보다 우월한 자리를 차지하겠다고 결정했다. 사람들을 앞서 가려는 자연스러운 시도가 우리 안에 이미 프로그램되어 있다. 우리는 그 모두를 아주 어릴 때에 집이나 학교에서 배운다. 그러나 이 가정과 그것에 기초한 행위는 우리가 나온 그 신성한 장소로 우리를 안내하지 않을 것이다. 고대 힌두이즘에서 자아를 쥐로 묘사한 이미지는 아주 적절하다.

그러나 왜 우주 의식이 쥐를 타고 앉아 있어야 하는가? 우리가 더 큰 맥락에서 그것을 이해하기 전까지는, 이것은 우주적인 농담처럼 보인다. 우리의 볼품없는 자아도 만약 신에게 복종하면 위대한 운명을 가질 수 있다. 우리는 최고의 지혜인 붓디와 거대한 영적인 능력인 싯디를 달성할 수 있다. 그러나 이를 위해서는 자아는 바한vahan, 즉 더 위대한 것을 위한 이동수단이 되어야 한다.

우리 안에 있는 그 작은 창조물은 처음에는 빛을 거부하지만, 자아—마음—성격이 얻으려고 애쓰는 것을 위한 이동수단이 될 수 있다. 그 쥐는 이제 고귀해졌다. 삶에는 먹고 자고 짝짓고 욕구를 충족시키는 것 이상의 것이 있다고 결론 짓도록 우리를 깨어나게 하는 것은 쥐 같은 자아—마음—성격이다. 혁명적인 진보의 길을 택하여 일을 하기 시작하는 것은 우리의 그 부분이다. 수련을 하고, 고결한 야망을 가지고, 신의 은총을 받고, 결국은 불멸을 얻는 것은 우리 안의 이 부분이다.

가네샤—가나빠띠 원리는 우리의 자아라는 쥐에 올라타고 앉아서, 그것을 돕고 안내하고, 때로는 그것을 꾸짖으며, 또한 낮은 자기에게 봉사하는 무지無知가 우주 의식의 희열을 경험하고 신성해지는 변형 상태에 도달하면 보상을 주기도 한다. 먼저 가네샤—가나빠띠라는 존재를 창조한 뒤 이 존재에게 힘을 부여한 위대한 여성의 은총을 통해 자아는 이런 상태에 도달한다. 위대하고 자애로운 의식에서 솟아오르는 지성과 지혜가 그것의 기능에 필요했기 때문에, 쉬바 또한 코끼리 머리의 가네샤를 축복하고 그가 천상의 존재들 중에서 첫째라고 하였다. 척추의 아래에 있는 (마음대로 이용할 수 있는) 꾼달리니 샥띠의 힘과, 항상 그와 함께 있는 쉬바의 편재하는 의식으로, 가네샤 가나빠띠는 이제 그가 창조된 목적인 임무를 시작할 수 있다. 그것은 자아를 다시 우주적 의식으로, 다시 근원으로 돌아가게 하는 것이다.

이 임무의 중요성을 이해하기 위해서는 인간 자아의 다양한 속성을 알아보는 것이 도움이 된다.

지금 나는 누구인가?

자아는 마음, 성격, 식욕, 욕구, 목표, 전략, 그리고 다른 여러 성질들을 통하여 우주와 상호작용한다. 이 성질들은 서로 간에 일치하는 법이 거의 없다. 체중 문제를 가진 사람에게는 많이 먹고 싶은 '나'가 있다. 그러나 체중을 빼고 싶어 하는 또 하나의 '나'가 있다. 이 두 개의 '나'는 자아의 일부이지만 서로 정면으로 충돌하고 있다.

우리는 삶의 조건을 헤쳐 나가면서 항상 다중의 '나'라는 문제에 직면한다. 금연을 원하는 흡연가는 담배를 계속 피우려는 '나'를 없애기 위해 힘든 시간을 보내야 한다. 일자리를 계속해서 바꾸는 사람은 견실한 직장을 원하는 '나'와 충돌한다.[11]

우리가 '나'라는 우리의 자아들로 인해 경험하게 되는 문제는 그 '나'들 간에 통합이 없다는 것이다. 모든 '나'들이 동의하거나 따를 수 있는 어떤 우선적인 가치 체계나 기준을 정하고, 그들이 그 가치나 기준에 따라 행동하게 만드는 지배적인 '나'가 없다. 그 결과는 갈등이다. 그 갈등은 내면에 있지만, 그것은 흔히 우리의 삶이라는 드라마 속에서 나름의 역할을 한다.

의미 있는 인간관계를 갈망하면서도 계속해서 회피하는 사람은 내면의 불일치와 혼란의 상태에 있다. 만약 내면의 모든 '나'들이 꾸준하고 만족스러우며 의미 있는 인간관계가 바람직하며 가능하다는 데 동의한다면, 바깥세상에서도 그런 일이 일어날 것이다. 그러나 심리학자들에게 해결하도록 맡기는 것이 가장 좋을 여러 가지 이유로, 내면에서 일치가 되지 않는다. 모두가 '나'라고 주장하는, 우리의 모순되는 부분들 간의 갈등과 다툼이 대부분의 우리에게는 삶의 표준이나 다름없다.

그러나 가네샤–가나빠띠가 제시하는 길을 따르면, 모든 다양한 '나'들이 일관성 있게 하나로 통합될 수 있어 마음이 맑아지고 평화로워지며,

궁극적으로는 훨씬 더 좋아질 것이다.

의식적으로 결정하고 시작하기

가네샤-가나빠띠는 나라야나와의 합일로 되돌아가는 길을 보여 준다. 우리는 만뜨라를 통해 노력을 집중하고 장애물을 제거함으로써 이 길을 쉽게 갈 수 있지만, 먼저 그 길을 가겠다는 선택을 해야만 한다. 그 뒤 우리는 길을 걸어 되돌아가는 데는 반나절이나 하루, 혹은 한 달 이상이 걸릴 수도 있다는 것을 이해해야만 한다. 우주적 의식으로 불리는 합일의 상태로 되돌아가는 여정은 심지어 여러 번의 생애가 걸릴 수도 있다. 우리는 자신이 진정 누구인지를 잊어버리고 있기 때문이다.

　환생 즉 재탄생의 이론은 우리의 까르마에 의해 결정되는 잇달아 일어나는 다수의 순차적인 재탄생에 바탕을 두고 있다. 그 핵심에, 환생 이론은 우리가 출발했던 지고한 상태에 다시 도달하기 위해 걸리는 생애의 숫자를 최소화하려는 목표를 가정하고 있다. 그리고 그 목표의 성취는 전적으로 우리가 인간의 모습을 가진 후에 내리는 결정에 달려 있다. 만약 우리가 완강히 저항하고 냉정하게 이기적인 태도로 살아간다면, 더 많은 생애가 필요하게 될 것이다. 반면, 만약 우리가 부정적인 행동을 많이 하지 않는다는 의미에서 비교적 '선'하게 살아간다면, 더 적은 생애만으로 돌아가는 여정을 마치게 될 것이다. 선택의 자유와 그로 인한 결과들은 우리가 피할 수 없는 요인들이다. 그러나 우리가 마침내 확실히 성공할 수 있도록, 위대한 여성의 은총으로 가네샤-가나빠띠가 창조되었다.

예수가 "나는 길이요, 진리이며 생명이다."라고 말한 대로, 자아 위에 올라 타 있는 가네샤의 그림으로 묘사된 가네샤 원리는 영적으로 진보하는 '길'을 분명히 보여 주고 있으며, 가장 높은 영적 목적을 이룰 수 있는 삶의 길로 우리를 인도한다.

가나빠띠−가네샤 팬텀 짜끄라를 활성화시키는 것이 우리의 신성한 상태를 회복하는 유일한 길인가? 그렇지는 않다. 그 반대로, 어떤 길이든지 성실하게 노력하며 따른다면 그 숭고한 목적을 이룰 수 있으며 길을 가는 내내 은총을 받을 수 있다. 그러나 가네샤−가나빠띠 이야기는 우리의 공통적인 여정의 행로와 최종 목적지에 대한 생생한 묘사이다. 가네샤−가나빠띠의 길에 속하는 산스끄리뜨 만뜨라들은 여행을 하는 데 큰 도움을 줄 수 있으며, 그 과정에서 가장 소중한 소망들을 일부 이룰 수 있게 해 준다. 만뜨라를 이용하여 가네샤−가나빠띠 팬텀 짜끄라를 우리의 자아−마음−성격에 의식적으로 연결시키면, 우리의 더 높은 의식(쉬바)과 우주의 힘(빠르바띠)이 우리를 가장 높은 영적 목표들로 확실히 인도할 것이다.

구조화된 만뜨라 수련을 시작하기 전에, 아래의 2번 만뜨라를 5분 정도 암송하면 내적인 통합의 과정이 시작될 수 있으며 당신의 수련이 성공적으로 이루어질 것이다.

가네샤−가나빠띠 만뜨라

이 만뜨라들은 어떤 길을 선택했든 상관없이 어떤 여정의 단계에서나 유용할 것이다.

1. 옴 슈리 가네샤야 나마하

[옴 슈리 가−네−샤−야 나−마−하]

Om Sri Ganeshaya Namaha

[Om Sri Guh−ney−shah−ya Nah−mah−ha]

이것은 가네샤−가나빠띠 팬텀 짜끄라의 상서롭고 베푸는 본성과 의식적으로 접촉하기 위한 만뜨라이다. 당신의 일상적인 자아에게 '할 수 있다'는 긍정적인 정신을 심어 주는 데 이 만뜨라를 사용하라.

2. 옴 감 가나빠따예 나마하

[옴 감 가−나−빠−따−예 나−마−하]

Om Gum Ganapatayei Namaha

[Om Guhm Guh−nuh−puh−tuh−yei Nah−mah−ha]

89번째 우빠니샤드는 이 만뜨라가 장애물을 제거한다고 말한다. 여기서 장애물이란 진정한 내적 통합을 가로막는 것을 뜻한다. 일단 장애물이 제거되면, 우리는 우리의 자아를 구성하고 있는 다양한 '나'들을 내적으로 통합시킬 수 있다. 이 만뜨라를 오래 사용하거나, 이 만뜨라를 이용하여 40일 동안 집중적인 영적 수행을 하면, 우리의 다면적인 자아를 구성하는 다양한 '나' 사이의 부정적이며 인위적인 장벽들이 부서지기 시작할 것이다. 이러한 내적 통합이 시작되면서 나타나는 외적인 효과는, 이전에 우리의 길을 가로막고 있던 장애들이 해체되거나 사라진다는 것이다.

더 좋은 일자리를 가지고 싶다면, "옴 감 가나빠따예 나마하"를 암송해 보라. 갑자기 사건들의 변화가 생기기 시작한다. 새로운 기회의 조짐이 나타나거나, 익숙한 상황이 새로운 방식으로 인식된다. 아름다운 연꽃이 진흙투성이 연못에서 피어나듯이, 새롭거나 더 나은 일자리가 혼돈스러운 상태 중에 솟아난다. 하지만 어떤 특정한 이유 때문에 이 만뜨라를 암송한다 할지라도, 당신의 전체적인 영적 여정이 역시 향상된다. 왜냐하면 가네샤-가나빠띠 만뜨라를 통하여 내면의 다양한 '나'들을 통합시키는 과정이 시작되었기 때문이다. 사실, 나는 이 만뜨라로 실험을 해 보았는데(나의 책 《힐링 만뜨라Healing Mantras》에 자세한 내용을 소개함) 그 결과는 대성공이었다.

우주적 의식 안에서 쉬고 있는 신성한 자아가 되기 위한 여정에서는 다양한 '나'들이 반드시 통합되어야 한다. 가네샤-가나빠띠 만뜨라를 사용하면 연민과 은총이 여정 내내 함께 할 수 있다.

마하 가나빠띠 단계 만뜨라

마하 가나빠띠 단계 만뜨라라고 불리는 긴 가네샤 만뜨라가 있다. 그렇게 불리는 이유는 전체 만뜨라를 구성하는 각 '단계' 역시 그 자체로 완전한 만뜨라이기 때문이다. 마하maha는 두 가지 의미를 지닌다. 어떤 맥락에서는 '위대함'을 뜻한다. 하지만 미묘한 맥락에서는 가슴 중심을 의미한다. 그러므로 이 만뜨라는 진심에서 우러난 충동들의 바탕에 영적인 힘을 집중하는 데 도움이 될 수 있다. 이것은 우리의 발달에 중요하다. 우리의 원초적인 충동들이 모두 진심에서 우러나거나 도움이 되는 것은 아니기 때문이다.

　다음 수련에서는 각 단계를 3회에서 108회까지 반복함으로써 만뜨라의 힘을 강화시키도록 되어 있다. 이것을 말라(힌두 묵주)의 1회 반복이라 부르는데, 말라는 108개의 염주로 되어 있다. 점점 더 길어지는 만뜨라를 암송하는 동안, 당신은 전체 만뜨라를 자신 안에 정확하게 각인시키게 된다. 이 기법은 친숙하지 않은 장문의 만뜨라를 습득할 때 특히 유용하다. 동시에, 마지막 만뜨라에 포함되어 있는 여러 가지 비자bija 즉 씨앗 만뜨라에 담긴 힘을 증가시키는 훌륭한 방법이기도 하다.

　만약 이 만뜨라 수련을 고전적인 방식으로 할 생각이라면, 각 단계를 108번씩 암송하면서 적어도 매일 1시간 동안 그렇게 수련하라. 당신이 만뜨라에 익숙하지 않아 빨리 반복할 수 없다면, 처음에는 아마 90분가량 걸릴 것이다.

　완전한 마하 가나빠띠 만뜨라는 아래와 같은 방식으로 진행된다.

옴 스와하　　　　　　　　　　　　　　　　　(3-108번 반복)

Om Swaha

옴 슈림 스와하　　　　　　　　　　　　　　(3-108번 반복)

Om Srim Swaha

옴 슈림 흐림 스와하　　　　　　　　　　　(3-108번 반복)

Om Srim Hrim Swaha

옴 슈림 흐림 끌림 스와하　　　　　　　　(3-108번 반복)

Om Srim Hrim Klim Swaha

옴 슈림 흐림 끌림 글롬 스와하　　　　　(3-108번 반복)

Om Srim Hrim Klim Glaum Swaha

옴 슈림 흐림 끌림 글롬 감 스와하   (3-108번 반복)

Om Srim Hrim Klim Glaum Gam Swaha

옴 슈림 흐림 끌림 글롬 감 감 스와하   (3-108번 반복)

Om Srim Hrim Klim Glaum Gam Gam Swaha

옴 슈림 흐림 끌림 글롬 감 감 가나빠따예 스와하   (3-108번 반복)

Om Srim Hrim Klim Glaum Gam Gam Ganapatayei Swaha

옴 슈림 흐림 끌림 글롬 감 감 가나빠따예 봐라 스와하   (3-108번 반복)

Om Srim Hrim Klim Glaum Gam Gam Ganapatayei Vara Swaha

옴 슈림 흐림 끌림 글롬 감 감 가나빠따예 봐라 봐라다 스와하

                                                  (3-108번 반복)

Om Srim Hrim Klim Glaum Gam Gam Ganapatayei Vara Varada Swaha

옴 슈림 흐림 끌림 글롬 감 감 가나빠따예 봐라 봐라다 사르바 자남 메 봐

샴 스와하   (3-108 번 반복)

Om Srim Hrim Klim Glaum Gam Gam Ganapatayei Vara Varada Sarva Janam Me Vasham Swaha

완전한 만뜨라

옴 슈림 흐림 끌림 글롬 감 가나빠따예

봐라 봐라다 사르봐 자남 메

봐샤―마나야 스와하   (3-108번 반복)

[옴 슈림 흐림 끌림 글로움 감 가―나―빠―띠―예

봐—라 봐—라—다 사르—봐 자—남 메이

봐—샤—마—나—야 스와—하]

Om Srim Hrim Klim Glaum Gum Ganapatayei

Vara Varada Sarva Janam Me

Vasha—manaya Swaha

[Om Shreem Hreem Kleem Glowm Guhm Guh—nuh—puh—tuh—yei

Vah—rah Vah—rah—dah Sahr—vah Jah—nahm Mei

Vah—sha—mah—nah—yah Swah—ha]

간략한 번역: "옴. 이 현상세계를 초월하여 계시며 풍요를 생산하시는 '위대한 장애물 제거자'시여, 저와 관련된 모든 일이 제 뜻대로 되게 하여 주소서."

가네샤—가나빠띠 팬텀 짜끄라는 쥐 같은 자아가 나아가는 것을 때로는 방해하고 때로는 보상하면서, 자아에게 영적 진화라는 진정한 과업을 '상기'시킨다. 자아가 바람직한 행위나 목표에서 너무 멀리 벗어나면, 제한하는 힘이 일시적으로 나타날 수도 있다. 하지만 그렇게 적절하게 상기시켜 주는 일은 사실 우리 지고선의 연민의 표현이다. 우리가 그 메시지를 한번 이해하면, 일시적으로 방지되었던 소망하는 것들과 상황들이 다시 한 번 순조롭게 우리에게 흘러들어 온다.

꽃향기를 맡는 동안
이루어지는 영적 발전

일단 여정이 시작되면, 가네샤-가나빠띠는 신속한(때때로 후한) 보상과 분명한 영적 발전을 통해 만뜨라 수행을 긍정적으로 강화시킨다. 하지만 이 여정은 시작하는 단계에서는 자아가 생각하는 것보다 시간이 더 오래 걸릴 것이다. 그리고 뜻밖의 선물과 놀라운 일들이 길을 가는 도중에 곳곳에서 주어질 것이다. 이것은 마치 여행자에게 보상을 주고 계속 노력하게끔 격려하기 위해 멀고 힘든 여정의 길을 따라 곳곳에 사탕을 뿌려 놓는 것과 같다. 아메리카 대륙의 원주민들은 가네샤-가나빠띠 팬텀 짜끄라를 협력자라 할지도 모른다. 다중의 '나'들을 통합시키는 매 단계마다 그는 우리와 함께 있으며, 자아-마음-성격과 동행하고 신성한 운명을 향해 나아가도록 인도하면서 우리를 돕고 축복한다.

제3부

짜끄라

12

합일 속의 분리

정지, 공空, 비존재. 하지만 여전히 존재하고 있는 것.

이해할 수 없는 어떤 실재 안에서 드라마가 시작된다. 마음이 발견할 수 없고, 우리의 감각들이 꿰뚫을 수 없고, 우리의 지성이 헤아릴 수 없는 곳에 '존재'Being가 존재하고 있다. 그 자신의 창조 형상으로 있는 이 미지의 무한한 존재는 움직이지 않으며 정지해 있지만, 동시에 인간의 이해력으로는 파악할 수 없는 작용 능력들을 지닌 힘과 의식을 가지고 있다. 홀연히 미지의 영적 물질이, 우리가 자궁으로 비유할 수밖에 없는 공간으로 들어온다. 그곳에서 우리의 우주와 다른 우주들이 잉태된다.

그 자체의 내부에서 입구가 열리면서 어떤 유동체가 새롭게 창조된 '어딘가'로 흘러간다. 에너지와 빛이, 의식과 활동이 혼합된, 그리고 꽃 피어나는 마음, 목적, 성취의 수단들이 혼합된 유동체가……

그것은 완전히 정지해 있지만, 무한한 역동성을 보유하고 있다. 그것은 눈부시게 빛나는 바다처럼 펼쳐지며, 그 위에는 바람도 불지 않고 물결도 일어나지 않는다.

수많은 차원의 바다 표면 위로 갑자기 잔물결이 일어난다. 그리고 그것은 재빨리 바다를 아래로 끌어당겨 잔물결을 소용돌이로, 다시 솟아오르는 웜홀wormhole로 만들어 새로운 실재로 이어지게 하며, 이것은 순간순간 창조를 한다. 그러나 깊어지는 웜홀은 여전히 바다의 일부이다. 여전히 단일성이 있다. 오직 하나의 것만이 순수한 존재의 상태로 존재한다.

그 뒤 꼬리와 같은 모습으로 깊어지던 소용돌이는 바다의 표면에서 아주 작은 부분이 분리되고, 거품 같은 그것은 광대한 바다의 표면 밑으로 빨려 들어간다. 여전히 깊어지는 소용돌이의 꼭대기에서 일어나는 거품은 이제 바다의 표면과 분리된다. 우주적인 바다의 표면 장력에 구멍이 뚫렸고, 이제 분리된 무엇이 그 안에 존재한다. 새로운 무엇이 창조되고, 바다에서 분리되어 있으면서도 그 일부로서 포함되는 순간에도, 바다는 줄어들지 않았다. 그것은 여전히 거대한 과정에 있는 한 부분에 불과하다.

거품에는 바다의 모든 구성 요소가 담겨 있다. 거품에는 빛, 밝음, 의식, 힘, 의지, 능가할 수 없는 최상의 형태, 그리고 새로운 무엇, 즉 자기에 대한 자각이 담겨 있는 것이다.

거품은 어떤 숭고한 방식으로 그것이 하나의 '것'이라는 것을 이해한다. 거품은 자신이 빛나고 일렁거리며 의식하는 바다와 분리되어 있음을 인식한다. 자신이 바다와 하나이지만 분리되어 있음을 이해한다. 이러한 이해와 함께 우주적 자아가 시작된다. 자신이 일부를 이루는 그 무엇이 있음을 인식한다는 것은 자동적으로, 그것에 대해 관찰하고 숙고하는 새로운 자아 감각이 있다는 것을 의미한다. 자신이 분리되어 있다는 지각은 우주적 마음의 기능이다. 그 분리의 의미에 대한 숙고는 우주적 지성의 작용이다. 둘 다는 개화하는 우주적 자아 안에 포함되어 있다.

이제 지각할 수 있는 거품의 일부는 자기의 깊어지는 꼬리를 향해 아래로 관심을 기울이며, 꼬리는 새롭게 창조된 장소들로 회전하며 내려가는데, 그곳들은 단순히 깊어지는 행위 자체를 통해 나타난다. 우주적 자아는 그 과정을 지켜보며, 자기의 꼬리가 아래를 향해 계속 내려가는 동안 다른 새로운 것들이 자기 안에서 나타나기 시작하는 것을 지켜본다.

멋진 디자인, 형태, 색깔, 가능성들이 생겨난다. 우주적 마음은 관찰하며, 우주적 지성은 고찰한다. 디자인들은 새로운 의식 수준, 조작 능력, 활동 방법, 노력 분야, 성찰 분야들로 이루어진 만다라이다. 색깔과 패턴, 디자인으로 이루어진 각각의 복잡한 디자인은 하나의 짜끄라이며, 자기의 주파수에 따라 자기의 수준에서 작용하는 에너지와 의식을 처리하는 소용돌이다. 우주적 법칙과 우주적 한계들은 유희의 영역의 한계를 정하면서 각 짜끄라 안에서 작동한다.

거품의 꼬리는 아래로, 아래로 하강한다. 숭고한 짜끄라들인 몇 가지 지점에 자리 잡은 뒤, 그것은 멈춘다. 새로운 지점에서 그것은 하나의 영역을 창조하고 안정시키며, 자기의 개인적인 존재와 위대한 바다의 일부로서의 본질을 포함하여 완벽한 세부사항을 갖춘 자기의 청사진을 그 영역 안에 둔다. 그 뒤, 빛의 영역이라 불리는 곳과 어둠의 영역이라 불리는 곳을 나누는 지점에 도달할 때까지 계속 아래로 내려간다. 물론 이것은 잘못된 표현이다. 어둠의 영역에도 빛이 있기 때문이다. 하지만 더 어두운 중심들의 빛은 완전히 다른 구성요소와 성격을 갖는다. 구분하는 지점에서 하강이 잠시 멈춘다.

빛의 영역과 어둠의 영역을 나누는 지점에서, 거품 안에 새로운 분리가 나타난다. 마치 두 영역 사이의 입구를 지키는 수호자처럼, 거품의 한 부분이 구분되는 지점에 앉는다. 이곳에서 새로운 내부 에너지 지점도 자리를 잡는다. 그 뒤 새롭게 창조된 입구 수호자가 이동하여 에너지 지점에 자리한다. 거품의 꼬리는 상위 수준들의 구조와 똑같은 구조가 창조될 때까지 하강한다. 총 14개의 디자인 장소, 즉 만다라들이 있다. 그 중 7개의 장소는 우리가 빛이라 부르는 영역에, 나머지 7개는 어둠이라 부르는 영역에 있다.

이제 거품은 활동을 멈춘다. 그것은 관찰하고, 숙고하며, 반추한다. 그것은 자체의 내부로부터 덩굴손을 내보내며, 빛과 어둠의 영역을 구분하는 곳에 있는 수호자 및 에너지 지점과 의식이 접촉하도록 한다. 거품이 바다와 연결되어 있으면서도 분리되어 있다고 여기듯이, 수호자도 거품과 바다에 둘 다 연결되어 있는 것을 알면서도 자신이 분리되어 있다고 여긴다. 에너지 지점은 불가해하며, 자신만의 의식, 에너지, 의지, 목적을 지니는 듯이 보인다. 그것은 거품의 일부이면서도 어떤 신비한 방식으로 거품과 분리되어 있다.

거기에는 의문도 없고, '만약'도 없고, '아마도'도 없다. 오직 모든 것에 퍼져 있는 의식의 바다 안에, 위에 떠 있는, 그리고 존재의 다양한 존재들 사이로, 가운데로, 안으로 흘러드는 존재의 끊임없는 기쁨만 있을 뿐이다. 그것은 고요하지만 정적인 것은 아니다. 에너지로 가득 차 있지만 고요하다. 목적이 있지만 활동적이지 않다. 무대는 준비되어 있지만, 드라마는 아직 시작되지 않았다.

이제 잠시 멈추고, 펼쳐질 드라마에 등장하는 것들을 정의해 보자.

1. 거품은 우리의 완전한 우주적 성격 안에 개별적으로 있는 우리 각자다. 힌두 신비주의에서 가장 가까운 인물은 수브라만야이다. 《힌두의 신과 여신들Hindu Gods and Goddesses》이라는 책에서 스와미 하샤난다 Swami Harshananda는 "수브라만야 의식은 개별적 존재가 다다르거나 유지할 수 있는 가장 높은 상태이다. 그 너머에는 모든 것이 마침내 합일되는 거대한 바다만이 있을 뿐이다."라고 말한다.

2. 꼬리는 우리의 척추로, 공작새 즉 수브라만야의 이동수단이라고 불린다. 가장 비천한 수준에서부터 가장 숭고한 수준에 이르기까지 개인의 의식과 자아는 그것을 운반해 주는 것을 가지고 있다. 매우 높은 상태에서 처음 하강할 때, 아직 신성한 자아는 몸 안에 타고 있고 몸 안에 담겨 있다. 이것은 공작새에 의하여 운반되고 있는 의식의 수브라만야 상태이다.

개별적 존재의 초기 상징으로서, 공작이라는 이동수단을 갖고 있는 수브라만야 원리는 매우 아름답지만, 주의 깊게 숨겨진 지도를 지니고 있다. 그 지도는 나라야나의, 쉬바의 조각인 우리 영혼이 어떻게 해서 모든 창조물과 합일된 의식의 자리에서 물리적인 존재 상태로 '내려오게' 되는지를 보여 준다. 공작새를 연구해 보면, 흔히 전쟁의 신으로 언급되는 수브라만야의 더 깊은 의미가 드러나기 시작한다.

3. 그 자신의 청사진인 나라야나는 영혼, 자기, 아뜨만, 지바이다. 그 것은 에너지와 의식이라는 거대한 바다에서 분리되어 있는 것이면서 동시에 그 일부이다. 영화 〈스타 트렉Star Trek〉(에피소드 'Amok Time' 중)에서 스팍이 말하듯이, 그것은 "분리되어 있으나 결코 나뉘어 있지 않다."

영혼, 아뜨만은 거대한 의식이라는 바다의 표면으로부터 하강하여, 즉 머리 꼭대기에 있는 왕관 짜끄라로부터 하강하여 뇌의 나머지 부분으로 들어간다. 이후 그것은 몸 안으로 이동한다. 뇌 안에서, 자신을 분리된 의식의 존재로 이해하는 영혼 즉 아뜨만은 새로운 형상을 창조한다. 우리의 개별적인 아뜨만이 쉬바에 완전히 잠겨 있을 때, 그것은 온 우주의 의식과 합일된 의식 상태에 있었다. 우리는 바다에 물이 부어진 컵이었다. 우리의 개별적 존재라는 컵은 준비되어 있었지만, 우리 존재의 내용물은 거대한 바닷물 안에 잠겨 있었으며, 또한 그것의 일부였다.

컵을 바다 속에 넣은 뒤 바닷물의 일부를 담아 올릴 때, 분리가 일어난다. 컵 속의 물은 이제 바닷물과 분리된다.

4. 에너지 패턴들은 짜끄라들이며, 7가지 빛나는 상위 로까들과 7가지 지하의 영역들이다. 짜끄라들은 에너지를 처리하는 소용돌이며, 각각은 에너지의 잠재력, 진동, 작용 능력의 집합을 포함하고 있다.

우리가 일렁이는 바다 안에 그리고 그 일부로 있을 때, 모든 잠재력은 무한하다. 아무런 분리가 없다. 오직 쉬바만이 있으며, 몰입의 희열만이 있다. 그 다음 우리 존재의 중심은 뇌의 나머지 부분으로 하강하고, 우리는 우리 개별 존재를 자각하게 된다. 쉬바—샥띠의 바다로부터 분리를 경험하기 때문이다. 우리는 개별 존재에 의해 주어진 잠재력을 이해한다. 신성한 자아가 만들어지고, 우리는 자기를 자각하며, 역시 자기를 자각하는 타인들을 인식하게 된다.

우리의 가장 높은 개별적 초의식 자각이 작용하는 왕관 짜끄라의 바로 밑 머릿속에는 수브라만야 상태가 있다. 이 상태로부터 우리는 여전히 우리의 우주적 영혼의 일부인 숭고하고 신성한 자아를 지니고 하강하여, 짜끄라들 및 그것들을 지배하는 원소들로 상징되는 친숙한 실재의 연속적인 차원들로 들어간다. 우리는 머리에서 척추로 내려가, 앞으로 다가올 모든 물질의 원리들을 조사하여 알아낸다.

첫 번째 정거장은 이마 중심에 있는 아갸 짜끄라이다. 여기에서는 전반적인 통합이 자리 잡게 되며, 그래서 이어지는 모든 창조의 수준들이 이 의식의 자리에서 통합되게 한다. 여기에서부터 상보적 반대 쌍들, 즉 남성과 여성, 더위와 추위, 음과 양 등이 생겨난다. 영적인 전류 형태들이 생기고, 그것들을 담아 나르는 이동수단들이 만들어지는데, 남성적인 흐름인 이다ida, 여성적인 흐름인 삥갈라pingala, 그리고 슈슘나shushumna 즉 척추가 그것들이다. 슈슘나는 현현한 우주의 거대한 수준들 혹은 영역들에 상응하는 짜끄라로 불리는 중심들을 보유할 것이다. 그 뒤 우주적 자아 그리고 여전히 연결된 아뜨만이 새로 창조된 척추로 들어가 물질성을 향하여 하강하기 시작한다.

다음 정거장은 비슛다 즉 목 짜끄라이다. 여기에서 시간을 초월하는 에테르가 태어난다. 이곳에서 시간의 구조가 나타나고, 수십억 년 동안 역할을 수행할 것이다.

그 뒤 영혼과 우주적 자아는 완전한 의식을 가지고서 아나하따 짜끄라 즉 가슴 중심으로 들어온다. 영혼 즉 아뜨만은 여기에서 잠깐 멈추고 휴식의 장소를 만든다. 힌두교와 불교에서는 이곳을 흐릿 빠드마Hrit Padma라 한다. 우리는 그것을 '신성한 가슴'이라 부를 것이다. 그것은 작은 8개 꽃잎을 가진 짜끄라이다. 여기에서 아뜨만은 기다리며 관찰한다. 흐릿 빠드마는 아나하따 짜끄라, 즉 심장 바로 아래에서 만들어진다. 영혼은 이곳에 자리를 잡고서 나머지 영적 운송수단인 인간의 미묘한 몸과 신체적 몸을 계속 창조한다.

이제 개별적 자아는 여전히 고양된 상태이기는 하지만, 그러나 아뜨만과 분리되기 전과 비교하면 더 이상 신성하지 않다. 개별적 자아는 경험하고 배우기 위하여 물질 영역으로 계속 내려간다. 이것은 개별적 마음과 성격을 지닌 우리의 개인적인 자아이다.

더 낮은 짜끄라들이 하나씩 생기기 시작하며, 태양 신경총에서는 마니뿌라 짜끄라가, 천골 신경총에서는 스와디스따나 짜끄라가 생겨난다. 마침내 미골 신경총에서 물라다라 짜끄라가 탄생함으로 척추 바닥에서 이제 지구에 도달한다. 여기에서 우주 그 자체의 창조력은 각 인간 안에서 휴식을 취한 채, 반수면 상태로 들어간다.

이제 영혼은 나라야나에게 받은 명령의 첫째 단계를 완수했다. 그것은 물질적 우주에 있는 개별적 존재의 상태로 '연루'되었다. 퇴화가 완성되었다. 불꽃처럼 빛나는 신성한 에센스는 신성한 가슴에서 잠들어 있다. 여기에서 '이 세상의 빛이 아닌' 이 빛이 항상 빛나고 있다. 우리의 신성한 에센스인 나라야나는 영혼 즉 아뜨만으로서 '물질성'에 대해 배우기 시작할 것이다.

완전히 분리되어 있으면서 동시에 전적으로 개입되어 있는 영혼은 미묘한 몸과 잠재된 여성적 힘을 가진 이 새로운 것, 인간의 몸이 세상에서 기능할 때 완벽한 고요 속에서 지켜본다.

영혼은 쉬바 혹은 나라야나의 본래 추진력을 따랐으며, 물질성을 배우기 위해 퇴화의 여정을 거쳐 탐색을 시작하였다. 여정의 첫 부분은 마침내 우리의 척추 밑에서 끝났다. 여기에서, 모든 경험과 선택, 결과, 혼란과 더불어, 우리가 아주 오래 전에 떠났던 그 상태를 향하여 개인적인

160

진화가 시작된다.

5. 빛과 어둠의 영역 사이를 지키는 수호자는 힌두교에서는 가네샤라는 명칭을 갖는다. 그는 통합의 상징이자, 의식적으로 의도된 행동과 진화의 상징이며, 성장의 협력자이다. 가장 넓은 의미로는 이 지점을 '신의 아들'이라고 부를 수도 있다. 신의 아들은 개별적인 영혼들이 원래 신적 지위로 되돌아가도록 도움을 주고 안내한다.

6. 이 지점은 꾼달리니 샥띠이다. 샥띠는 드라마의 모든 것을 관장한다. 샥띠는 빛이며, 거품의 꼬리에서 움직이는 힘이다. 샥띠는 모든 것이 나온 근원인 빛나는 바다와 하나이다. 그러면서도 또한 우주적 드라마에서 스스로 캐릭터를 창조한다.

우리는 샥띠의 힘이 없이는 한 번의 숨조차 쉴 수 없고, 하나의 생각조차 할 수 없다. 무한한 동정심과 무한한 힘을 지닌 샥띠는 쉬바의 에너지이다. 무한하면서도 의식적이고 동적인 에너지와 힘을 갖고 있는 샥띠는 어머니가 그러하듯이 자녀가 성장하는 동안 능동적인 역할을 행한다. 샥띠는 척추의 밑에 자리를 잡고서 아뜨만과 미묘하게 연결되며, 기다린다. 하지만 기다리는 사이에도 샥띠는 우리가 하기로 결정한 진화의 여정에 필요한 모든 힘을 제공한다.

우리의 신비로운 영혼은 또한 연민의 본질을 가지고 있다. 진화하는 자아—의식은 육체적 형상을 가지고 있는 동안에 고통과 즐거움을 둘 다 경험할 것이므로, 영혼—아뜨만은 그 의식에게 두 가지 선물을 준다. 첫 번째 선물은 자유 의지 즉 선택권이다. 두 번째 선물은 개별 의식이 상대적 물질세계에서 활동하도록 해 주는 '장치'이다. 이것을 산스끄리뜨로는 아함까라라고 하며, 개별적 자아를 뜻하는데, 나는 그것을 자아로 칭할 것이다. 이것은 개별적 마음과 성격, 즉 자아-마음-성격을 포함한다.

물리적 우주에 머무는 동안 성장하고 진화할지 여부와 방법을 선택할 수 있는 것은 바로 이 자아-마음-성격이다. 하찮은 자아-마음-성격이 의식적으로 진화하겠다는 선택을 하기만 하면, 신성하게 변할 수 있는 엄청난 선물을 받는다. 영적 성장을 통해, 인간의 자아-마음-성격은 불멸에 이를 수 있다. 이것은 그 자체로 경이적인 개념이다. 한번 생각해 보라. 만약 자아-마음-성격이 정말로 신성하며 영혼 즉 아뜨만이 성장의 드라마를 경험하도록 하기 위하여 창조되었다면, 그것은 이미 신성하다. 그것은 이미 모든 것과 합일되어 있다. 그것이 완성되는 데 필요한 것은 아무것도 없다. 그럼에도 불구하고 무엇인가를 경험하기 위한 우주적 결정이 있다. 그래서 영혼은 단지 그렇게 하기 위해 자아-마음-성격을 창조한다. 우리의 자아-마음-성격은 신성한 메커니즘의 일부이며, 영혼은 새로운 방식으로 그 자신을 경험하기 위해 이 메커니즘을 만들었다.

그래서 그것은 자신을 분리하여, 우주적인 모든 것의 필수적 청사진인 영혼 즉 아뜨만이 된다. 그리고 자아-마음-성격을 통해 표현되는 강한 분리감과 더불어, 모든 것의 단일성에 대한 이해를 간직할 무언가를 자체 내부에서 창조한다. 또한 그것은 자아-마음-성격의 깊은 내부에 마침내 영혼—그것이 부화되어 나온 신성한 에센스—과 재결합할 수 있는 지식을 창조한다. 그것은 물론 재결합하지 않기로 결정하면 완전히 퇴화해 결국 소멸될 수도 있다.

경험의 과정에서 그것이 더 이상 필요하지 않을 시기가 올 것이다. 물론, 그것은 여전히 그 자신의 존재감을 가질 것이다. 영혼의 입장에서 볼 때, 자아―마음―성격은 결국 계속되는 삶 혹은 파괴 중 하나를 선택해야만 한다. 그리고 파괴의 순간이 오기 훨씬 전에, 어떤 경로를 택할 것인지를 결정해야 한다. 선택의 결과들이 정말로 자아―마음―성격에게 올 때쯤에는 마음을 바꾸기에는 너무 늦을 것이다. 이미 오래 전에 선택들이 이루어졌기 때문이다. 자아는 빛의 길 위에 있거나, 어둠의 길 위에 있을 것이다. 그것은 진화되거나 퇴화될 것이다. 그것은 선이나 악을 선택할 것이다.

놀랍게도, 악을 선택했던 자아들에게도 구원으로 가는 길들이 열릴 것이다. 신성은 본질적으로 동정심이 있기 때문이다. 만약 지구의 전 메커니즘이 새롭고 더 높은 진동의 상태로 들어갈 준비가 되어 있는 동안에도 자아―마음―성격이 계속적인 자기만족을 선택했다면, 자아―마음―성격의 이동수단인 신체는 새롭고 더 높은 진동으로 이행할 수 없을 것이다. 만약 자아―마음―성격이 이행하려는 노력을 하지 않았다면, 아뜨만과 자아―마음―성격은 지구가 떠나려는 진동상태로 막 들어가고 있는 다른 행성에서 환생할 수밖에 없을 것이다. 진화를 선택할 기회는 끝없이 주어진다. 이 기회들은 지구라는 행성에만 있는 것이 아니다.

진화하기를 선택하면 그것과 더불어 은총이 온다. 척추 위로 이동하면서 다양한 '나'들을 통합하고 마침내 아뜨만과 결합하여 가슴 중심에서 새로운 무엇이 되면, 자아―마음―성격은 전에는 결코 기대할 수 없었던 무엇이 된다. 자아가 이 여정을 끝마치기 위한 메커니즘을 가네샤라고 한다. 나는 그것을 가네샤―가나빠띠 팬텀 짜끄라라고 이름 붙였다.

7. 자기를 바다 표면에서 분리된 것으로 처음 자각하게 되는 우주적 자아는 수브라만야이다. 우리는 그의 이동수단인 공작새에 대해 앞에서

간단히 논의했다. 수브라만야에 대해서는 나중에 더 자세하게 언급할 것이다.

8. 바다는 태초의 의식인 쉬바와 태초의 에너지인 샥띠의 융합이다.

9. 그 모든 존재들이 시작되는 곳인 비존재의 공쏬은, 우리가 이해할 수 있는 능력 너머의 것들(혹은 존재들)을 이해하기 위해 선택한 방식에 따라, 나라야나, 혹은 마하 깔리, 혹은 빠람마 쉬바로 불릴 수 있다.

10. 흐름이 나오게 하는 어떤 것을 잉태한 존재는 브람마 혹은 히란야 가르바Hiranya Garbha이다. 히란야 가르바는 우주의 씨앗을 품고 있는 난자이다.

11. 스스로 만든 형상 안에 자리 잡은, 무한한 능력과 무한한 의식의 존재는 사띠야 나라야나Satya Narayana 혹은 사다 쉬바Sada Shiva라 부를 수 있다.

무대는 준비되었다. "모두를 배치하라!"

고대 인도인들의 게임인 릴라Lila는 아동 놀이인 미끄럼틀과 사다리 게임의 선조 격이다. 이 게임에서 아이들은 사다리를 타고 꼭대기로 올라가 승리하도록 의사결정을 내린다. 하지만 만약 잘못된 결정을 하면, 그 결과는 올라가는 것이 아니라 한 단계나 두 단계 밑으로 내려가는 것이다. 만약 매우 안 좋은 결정을 내리게 되면, 몇 계단을 내려가야 한다. 긴 시간이 걸려 거기까지 올라갔으므로 그것은 무척 기운 빠지는 일이 된다.

게임은 의사결정의 결과를 알기 위한 훌륭한 모형이다. 모든 것에는 결과가 있다. "결정하지 않는 것도 결정이다."라는 오래된 금언이 있다. 누군가가 어떤 자연 재난 앞에서 탈출해야 할지 말아야 할지 끝없이 고민만 한다면, 그런 결정하지 않음이 마침내 의사결정이 될 것이다.

13

첫째 짜끄라

물라다라 짜끄라

지배 원리 흙

이슈 생존과 안전

씨앗 소리 람Lam〔Lahm〕

위치 척추의 기반부

대다수의 우리는 매슬로우Maslow의 욕구단계설에 대해 조금씩은 알고 있다. 피라미드를 이용해 설명하면서, 매슬로우는 우리의 생존을 위해서는 '기본적인 욕구'들이 충족되어야 한다고 지적한다. 피라미드의 가장 밑바닥이 이 기본욕구를 상징한다. 만약 음식과 거주처가 없다면, 우리는 다른 많은 것들에 대해 관심을 가지지 않거나 가질 수 없다. 생존은 의식적인 존재의 첫 번째 순서이다. 당신이 숨을 쉴 수 없다면, 필요한 것은 공기이다. 따라서 첫 번째 수준은 생리적인 영역이다. 예외가 있기는 하지만, 같은 종류의 토대가 물라다라 즉 첫 번째 짜끄라 안에 만들어진다.

일단 생존이 확보되면, 매슬로우의 모델에서는 안전이 그 다음에 온다. 생리적 욕구 문제들과 연관된 끊임없는 걱정으로부터의 해방이 안전의 첫째 수준이다. 둘째 수준은 쾌감 및 성적 정체성과 관련이 있다.

이 두 가지 욕구가 충족되어 마음이 다른 것들을 생각할 정도로 충분히 자유로워지면, 개인의 의지와 능력의 발휘, 사랑의 욕구, 소속감이 나타난다. 사회적 성격을 지닌 우리는 사회적 욕구에서 비롯되는 인간관계, 즉 친구, 연인, 가족, 타인들과의 관계를 발달시킨다.

다음에는 존경이라는 형태의 인정 욕구가 온다. 우리는 집단 내에서 좋은 위치에 있기를 원하거나 필요로 한다. 또한 유능함, 성취, 그리고 지위나 명성에 걸맞은 통제력을 원한다. 우리는 집단, 도시, 국가, 또는 직업 집단에 의하여 인정을 받기를 바란다. 이때 우리가 받고 싶어 하는 인정은 위해를 가하겠다는 위협, 뇌물, 또는 유사한 종류의 부정한 수법으로 부당한 압력을 가하여 억지로 받아내는 것이 아니라, 정당한 자격으로 받는 인정이다.

매슬로우의 욕구단계설에서 마지막 단계는 자기실현이다. 우리는 자신의 천성과 기질에 가장 잘 맞는 분야를 위하여 그렇게 하게 된다. 음악가는 음악을 연주해야 하고, 운동선수는 능력이 있을 때 경쟁을 해야 하며, 수학자는 그들이 좋아하는 분야에서 계산을 해야 한다.

영적으로 말하자면, 이 단계들은 다소 변경되고 순서가 뒤바뀔 수 있을 것이다. 생리적으로는 허약하지만 존재의 불가사의에 깊은 관심이 있는 사람은 수도원에 들어가거나 유랑하는 탁발승이 될 수도 있다. 이런 사람은 인도에서는 스와미가 되고, 띠베뜨에서는 라마가 될 수 있다

는 것이다. 수도원에서는 신체적 욕구가 보살핌을 받는다. 생존은 문제가 아니다.[12]

수도원의 관례적인 목표는 자기실현이다. 그러므로 마음속에 구체적인 목적들을 가지고 미리 정해진 길을 따른다면, 매슬로우 공식의 다른 단계들은 다른 곳으로 삐져나올지도 모른다. 수도의 길을 따르다가 어떤 지점에서 수도원 경영으로 방향을 바꾸어 관리자나 감독자가 되고 싶어 할 수도 있는 것이다. 그러면 자기실현으로 가는 경로는 더욱 세속적인 욕망으로 대체될 수 있다.

이제 우리가 살펴볼 것은 매슬로우가 부수적으로 논하는 것, 즉 욕망의 기능과 힘, 적절성이다. 우리는 짜끄라들을 논하는 내내 영적 관점에서 이 분야들을 살펴볼 것이다.

물라다라 짜끄라

척추 밑 짜끄라가 우리가 시작할 곳이다. 생후부터 4세까지, 우리는 우리가 누구이며 세상과 어떤 관계가 있는지에 대한 내적 감각을 발달시킨다. 분석적인 인식 능력 중 일부는 완전히 빠져 있지만, 기본적인 의사소통 기술은 상당히 좋아질 수 있다.

예전에 내가 대녀代女인 아리아나와 놀고 있을 때, 우리 바로 옆에는 텔레비전이 바닥에 놓여 있었다. 그 아이는 당시 다섯 살쯤이었다. 우리는 단어의 철자를 알아맞히는 놀이를 하면서, 가끔 놀이를 멈추고 TV를 봤다. '형사 콜롬보'가 그 시간에 방송되고 있었다. 30분가량 놀이와 TV 시청을 번갈아 했는데, 문득 방송 드라마 속에서 벌어지고 있는 내용이 전혀 이해되지 않는다는 사실을 깨달았다. 그래서 무심코 아리아나에게 "TV에서 무슨 이야기를 하고 있는 거야?"라고 물었다. 아리아나는 "몰라요······ 하나도 모르겠어요."라고 대답했다.

나는 거의 넘어질 뻔했다. 절대적 정직함이 나를 감동시켰다. 하지만 메시지도 마찬가지로 흥미로웠다. 나는 내 방식으로 그 아이의 5세 의식으로 들어갔다고 결론을 내렸다. 아리아나와 함께 하고 싶어서 내 의식 상태를 그 아이의 의식 상태와 일치시켰던 것이다. 우리가 함께 놀 수 있도록 나의 의식 상태를 조정했다. 그 결과로, '바로 지금' 일어나고 있던 일이 그 순간 가장 중요한 흐름이었던 자리에 나의 의식이 있었다. 2분 전의 과거의 사건은 오래 전에 끝났다. "네가 장난감을 치우면 아이스크림을 줄게."와 같은 이론적인 방식을 제외하면, 미래는 존재하지 않는 개념이었다. 이런 의미에서의 아이스크림은 미래의 일부가 아니라 현재의 일부이다.

나는 TV 시청과 같이 일상의 연속성이 전혀 관여하지 않는 의식의 단계들이 존재한다는 사실을 처음으로 이해했다. 물론 나는 TV를 볼 수 있었지만, 오직 내가 시청하는 순간에 일어나는 활동만을 이해할 수 있었다. 방송 프로그램의 과거 사건들과 잠재적인 미래는 나와 아무런 연관성이 없었다. 나는 아리아나의 세계에 들어와 있었다. 그 세계는 나름대로 훌륭하고 신비로웠지만, 내가 삶을 사는 방식과는 아무런 관련성이 없었다. 그 의식은 물라다라 짜끄라에 있는 자아의 자리에서 나오는 순수한 표현이다.

만약 우리가 정말로 호기심이 많다면, 무엇이든 우리를 가르칠 수 있다. 아리아나와 함께 한 경험은 신비한 퍼즐 한 조각이었다. 그 특별한 순간에는 집중력이 매우 높다. 하지만 경험에 대한 분석력은 매우 낮다. 어른이 되어 명상할 때 우리는 그 자연스런 집중력을 다시 얻으려 하지만, 다른 관점에서 다른 마음의 도구들을 이용하여 얻으려 한다. 월트 휘트먼Walt Whitman은 "꽃, 돌, 졸졸 흐르는 시냇물의 설교"에 대해 썼다. 나는 이제 동양의 고전적인 신비한 방식으로 그 말을 이해했다. 어떤 것에 깊이 집중할 수 있을 때 그 비밀이 당신에게 드러난다는 사실이 동양에서는 잘 이해된다.

물라다라 짜끄라에서, 처음에는 전적으로 지각에 기반을 둔 의식이 점차 발달하는 흐름을 갖는다. 그 후, 인식이 나타나고, 분석적인 능력이 약 7-8세 사이에 발달하기 시작한다. 정통 힌두교에서 아동이 8세 때 최초의 입문을 받는다는 것은 우연이 아니다. 이때 가야뜨리 만뜨라가 전해진다.

짜끄라와 입문

H.P. 블라바츠키와 앨리스 베일리Alice Bailey와 같은 신비주의 작가들은 내가 현대의 신비주의자라고 부르는 사람들의 일부이다. 그들은 2,000년이나 5,000년 전이 아니라 125년 전에 존재했다. 이 두 신비주의자는 각 짜끄라에는 7가지 발달 단계가 있으며, 따라서 우리의 영적 발달에는 총 49단계가 있다고 분명하게 말한다. 그들이 주요 입문이라고 부르는 일은 개인의 우세한 의식 중심인 자아—마음—성격이 한 짜끄라에서 그 위의 다음 짜끄라로 이동할 때 일어난다. 각 짜끄라 내에는 7가지의 작은 입문이 있다.

생존을 위한 욕구와 만뜨라

첫째 짜끄라는 흙의 원리에 의하여 '지배' 된다. 다시 말해, 이 짜끄라의 주된 활동 영역은 흙 및 물질성과 관련된다. 물라다라 짜끄라의 씨앗 소리는 람Lam(Lahm)이다. 이 씨앗 소리를 크게 또는 조용하게 말하면, 이 짜끄라를 맑게 하는 에너지들을 끌어들이기 시작하며 기본적인 생존을 보장하는 과정이 시작된다. 인도의 어떤 수행 분파들은 짜끄라들을 지배하는 씨앗 소리에만 집중하는 명상을 가르친다. 모든 짜끄라를 맑게 하면 각자의 잠재력을 더 쉽게 발휘할 수 있을 것이라고 그들은 생각한다. 이런 견해는 논쟁의 여지가 있으며, 분파마다 어떻게 하면 짜끄라들을 맑게 할 수 있는지, 그리고 어떤 종류의 에너지를 끌어들여야 하는지에 대한 견해가 다르다.

예를 들어, 싯다의 맥脈과 그 수행자들은 짜끄라가 아니라 원소들에 직접 작용하는 만뜨라들을 사용한다. 그들은 짜끄라를 지배하는 원소들에 통달하면, 짜끄라들의 씨앗 소리를 반복하여 달성하는 목적들을 성취할 뿐만 아니라 그 밖에도 훨씬 많은 것을 얻을 수 있다고 말한다. 싯다의 맥은 다음과 같은 기본 만뜨라를 쓴다. 즉,

옴 나마 쉬봐야
[옴 나-마 쉬-봐-야]
Om Namah Shivaya
[Om Nah-Mah Shee-Vah-Yah]

이 만뜨라의 음절들은 각 짜끄라에서 우세하거나, 각 짜끄라를 지배하는 원소들을 의식적으로 통제하기 시작한다.

옴 ⋯⋯⋯⋯⋯ 마음
나 ⋯⋯⋯⋯⋯ 흙
마 ⋯⋯⋯⋯⋯ 물
쉬 ⋯⋯⋯⋯⋯ 불
봐 ⋯⋯⋯⋯⋯ 공기
야 ⋯⋯⋯⋯⋯ 에테르

이 만뜨라를 통해 모든 원소들은 마침내 의식적 마음의 통제 하에 들어온다. 어떤 사람은 이 상태에 도달하는 데 10번의 생애가 필요할지도 모른다. 다른 사람의 경우에는 100번의 생애가 걸릴지 모른다. 어떤 사람은 단 한 번의 생애에 50년만 걸릴 수도 있다. 이 기간은 우리의 도구의 상태, 내면의 쉬바(의식)와 빠르바띠(샥띠) 간의 합의, 그리고 우리의 까르마에 달려 있다. 그러나 얼마나 기간이 걸리든지 간에 통달하게 되는 날은 결국 우리에게 올 것이다. 진리에 대한 우리의 헌신이 그날을 더 빨리 오게 할 것이다. 영적 진보에 대한 우리의 헌신이 더 빨리 오게 할 것이다. 타인에게 봉사하는 정신이 더 빨리 오게 할 것이다. 이미 그 상태에 도달한 사람들에게서 우리에게로 흐르는 은총이 그날을 더 빨리 오게 할 것이다. 성자나 위대한 현인을 죽이면 더 오래 걸릴 것이다. 살아 있는 존재들을 향한 악의적 의도는 더 오래 걸리게 할 것이다. 뉘우치지 않는 폭력은 더 오래 걸리게 할 것이다. 우리의 까르마는 불변하는 것

172

으로 보이지만, 수많은 것들이 까르마에 큰 영향을 미칠 수 있다.

지상의 욕망

우리의 신체적, 정서적 생존은 흔히 욕망과 관련되어 있다. 기본적 욕망들로 인해 생기는 혼란을 헤쳐 나가는 데 도움이 되는 만뜨라들을 소개한다. 욕망과 연관된 다른 만뜨라들은 나중에 소개할 것이다.

풍요

풍요를 얻도록 도움을 주는 락슈미 만뜨라:

옴 슈림 마하 락슈미예 나마하
[옴 슈림 마—하—락—슈—미—예 나—마—하]
Om Shrim Maha Lakshmiyei Namaha
[Om Shreem Mah—hah—Lahk—Shmee—yea Nah—mah—hah]

풍요를 가로막는 장애물을 제거하도록 도움을 주는 가네샤 만뜨라:

옴 락슈미 가나빠따예 나마하
[옴 락—슈미 가—나—빠—따—예 나—마—하]
Om Lakshmi Ganapatayei Namaha
[Om Lahk—shmee Guh—nuh—puh—tuh—yeh Nah—mah—hah]

긍정적인 특성들이 삶에 축적되도록 에너지를 제공하는 락슈미 만뜨라:

옴 박따 소바기야 다인예 나마하

[옴 박—따 소우—바기—야 다—인—예 나—마—하]

Om Bhakta Saubhagya Dayinyei Namaha

[Om Bhahk—tah Sauw—bhahg—yah Dah—yeen—yei Nah—mah—hah]

두려움

평화의 가장 큰 적 가운데 하나는 두려움이다. 다행히 두려움을 없앨 때 큰 도움이 되는 만뜨라가 있다. 이 만뜨라는 두려움의 에너지 패턴이 놓여나서 우주적 마음과 에너지로 다시 돌아간 뒤, 그 에너지가 만뜨라를 읊는 사람에게 되돌아와 생산적으로 쓰일 수 있도록 요청한다.

샨떼 쁘라샨떼 사르봐 바야 우빠샤마니 스와하

[샨—떼 쁘라—샨—떼 사르—봐 바—야 우—빠—샤—마—니 스와—하

Shante Prashante Sarva Bhaya Upashamani Swaha

[Shahn—teh Prah—shahn—the Sahr—vah Bhah—yah Oo—pah—shah—mah—nee Swah—hah]

일단 삶에 필요한 기본적인 안전의 욕구가 충족되면, 마음은 다른 것들에 대하여 생각하기 시작한다.

14

둘째 짜끄라

스와디스따나 짜끄라

지배 원리 물

이슈 즐거움, 성적 정체성

씨앗 소리 뱜〔Vahm〕

위치 생식기 중심

음악에서 아주 큰 즐거움을 느끼는 사람들이 있다. 어떤 사람들에게는 자동차 경주가 시작될 때 잘 튜닝된 모터의 진동만큼 좋은 것이 없다. 화가들은 그림을 그리고 작가들은 글을 쓴다. 그래야 하기 때문이다. 이 모든 것의 공통점은 창조적인 즐거움의 표현이다. 이러한 활동들은 둘째 짜끄라와 관련이 있는데, 이 짜끄라에서 즐거움은 우리의 까르마에 따라 규정된다.

성적 정체성 또한 이 짜끄라의 에너지를 통해 정립되는데, 앞의 경우와 비슷하게 까르마에 따라 좌우된다. 그럼에도 불구하고 매일 택하는 선택들도 있다. 모든 증거들에 의하면, 성적 선호는 선택이 아니라 생물학적 충동이다. 하지만 그 선호를 어떻게 행사할지 여부는 우리의 선택이다. 관계는 까르마적인 것이다. 우리가 관계들 안에서 어떻게 행동하는가는 선택에 의해서 이루어진다.

둘째 짜끄라의 다른 측면은 자주 논의되지 않는데, 그것은 오컬트 능력이다. 자아—마음—성격은 다섯째 즉 비슷다 짜끄라로 가서 그 짜끄라를 통해 얻을 수 있는 정보를 끌어올 수 있다. 이 과정을 이용해 사이킥들은 정보를 얻을 수 있다. 모든 사람이 올림픽 선수는 아니듯이, 모든 사람이 뛰어난 사이킥 능력을 타고날 수는 없다. 같은 비유를 사용하자면, 누구나 좋은 신체적 조건을 만들 수 있듯이, 누구나 까르마를 통하여 자신에게 가능한 것 너머를 통찰하는 직관을 개발할 수 있다. 다시 말하자면, 이 능력을 개발하는 것은 선택의 문제이다. 이어지는 장에서 우리가 논의할 힐링 능력에 대해서도 마찬가지다.

둘째 짜끄라의 에너지는 굉장히 힘이 있다. 이 짜끄라는 특별한 힐링 능력을 개발하거나 이용할 수 있게 한다. 혹은 다른 사람들에게 은밀한 심령적 해를 주기 위해 이용될 수도 있다. 그런 면에서 이것은 불과 비슷하다. 불은 점심을 요리해 주기도 하지만, 숲을 불살라 버리기도 한다. 어떻게 쓰느냐에 따라 좌우된다. 선택에 따라 좌우된다.

나의 점성학 궁宮인 천갈궁(전갈자리)은 자신의 이익을 위해 에너지를 사용할 때 무자비해질 수 있다. 대부분의 천갈궁에게는 그 에너지를 드러내려고 하는 타고난 욕망이 있다. 물론 그 에너지는 개인을 더 높은 영적 상태로 고양시키기도 하지만, 무분별하게 사용될 경우 파멸의 길에 이르게도 한다. 이 점을 깨닫고 훌륭한 선생님들과 영적 스승에게 배운 뒤,

176

나는 사랑에 바탕을 둔 힘의 사용만이 가치가 있다는 것을 이해하게 되었다. 그러한 사용은 까르마적으로 가장 자유롭게 하는 것이기도 하다.

나의 스승인 삿구루 샨뜨 께샤바다스는 힘의 함정들에 대하여 모든 사람에게 공개적으로 경고를 하곤 하였다. 더 큰 문제는, 내가 '영적 능력'이라 부르는 것을 갖게 되는 사람은 그런 능력들을 사용하고 싶은 강한 욕망에 사로잡히게 된다는 것이다. 많은 스승들이 제자들에게, 그런 능력이 나타날 때는 정말로 조심해야 한다고 말하는 것은 이런 이유 때문이다. 만일 그런 능력이 어떤 식으로 도움이 된다면, 아마 그 능력은 사용해도 좋을 것이다. 만약 그렇지 않다면, 그 힘을 사용하고자 하는 내적 욕망을 거부하는 것이 가장 좋을 것이다.

중독은 이 짜끄라에서 발생하는 또 다른 문제이다. 우리 모두는 즐거움을 원한다. 그런데 우리는 때때로 순전히 파괴적인 즐거움의 길을 찾는데, 약물과 술의 남용, 성적 탐닉은 물론이고, 흡연도 여기에 포함된다. 즐거움을 찾을 때는 판단을 잘 해야 한다.

만뜨라 도구들

둘째 짜끄라에서 발생하는 이슈와 관련한 만뜨라 도구들이 몇 가지 있다. 다양한 종류의 행동들을 다루는 데 도움이 되도록 쓰일 수 있는 만뜨라 조합이 있다. 당신은 내가 '쌓기'라고 부르는 것을 할 수 있다. 이것은 동일한 방향으로 인도하는 만뜨라들을 이용하여 수련법을 구축하고, 동일한 목표를 갖는 몇 가지 만뜨라들을 선택할 수 있다는 것을 의미한다. '쌓기'에서의 지침은 당신이 수련을 하는 목적이다.

중독

담배를 끊는 데 도움이 되도록 아래의 두 가지 만뜨라를 결합하여 사용하라.

이 만뜨라는 욕망을 정복하도록 도와준다. 그것은 당신의 알아차린, 도움이 되지 않는 특정한 욕망을 정복하는 데 이용될 수 있는 에너지를 불러낸다.

옴 지따 까마야 나마하
[옴 지-따 까-마-야 나-마-하]
Om Jita Kamaya Namaha
[Om Jee-tah Kah-mah-yah Nah-mah-hah]

이 만뜨라는 결심과 결합된 큰 노력의 성질을 불러낸다. 당신은 노력이 성공하여 자기를 다스리게 되기를 원한다.

옴 뷔야봐 사야야 나마하
[옴 뷔야-봐 사-야-야 나-마-하]
Om Vyava Sayaya Namaha
[Om Vyah-vah Sah-yah-yah Nah-mah-hah]

체중 감량

아래의 두 만뜨라가 체중 감량에 도움이 된다. 이 만뜨라들이 당신에게 맞는다고 느껴지면 마음껏 '쌓기' 바란다.

이 만뜨라는 날씬한 허리를 가진 신성한 여성을 찬양한다. 그것은 랄리따Lalita 만뜨라이다. 그녀는 천 가지 능력을 가지고 있다.

옴 사또 다뜨예 나마하
[옴 사─또 다뜨─예 나─마─하]
Om Sato Datyei Namaha
[Om Sah─toh Daht─yeh Nah─mah─hah]

랄리따는 강력한 힘을 지니고 있지만, 동시에 섬세하고 아름다운 팔다리를 가지고 있다고 한다. 이 만뜨라는 그와 같은 성질들을 불러낸다.

옴 꼬마 랑예 나마하
[옴 꼬─마 랑─예 나─마─하]
Om Koma Langyei Namaha
[Om Koh─mah Lahng─yea Nah─mah─hah]

우울증 또는 근심

어느 누구라도 삶의 어느 시기에는 이유를 알 수 없는 우울증을 겪을 수 있다. 이 만뜨라들은 강력한 도움을 준다. 뒤에 이어질 장에서는 힐링에 더 많은 도움이 되는 만뜨라들이 있다.

때로는 외부 상황이 우리를 압도할 수 있다. 이 만뜨라는 불행을 유발하는 외부 상황을 줄이면서 긍정적인 에너지를 끌어당긴다.

옴 쉬룬깔라 반다 모짜까야 나마하

[옴 쉬룬-깔라 반-다 모-짜-까야 나-마-하]

Om Shrun-kala Bandha Mochakaya Namaha

[Om Shroon-kah-lah Bahn-dhah Moh-chah-kah-yah Nah-mah-hah]

이 만뜨라는 어떤 난관, 모든 곤경 중에서도 유쾌한 성질을 불러낸다.

옴 쁘라산앗뜨마네 나마하

[옴 쁘라-산-앗뜨-마-네 나-마-하]

Om Prasanatmane Namaha

[Om Prah-sahn-aht-mah-neh Nah-mah-hah]

이 만뜨라는 슬픔과 정신적 고통에 대한 해독제이다. 따라서 내적인 상태를 바뀌게 하는 긍정적인 에너지를 자동적으로 불러낸다.

옴 사르봐 두까 하라야 나마하

[옴 사르-봐 두끄-하-라-야 나-마-하]

Om Sarva Dukha Haraya Namaha

[Om Sahr-vah Dook-hah-rah-yah Nah-mah-hah]

15

애로점

짜끄라들에 대한 앞 장의 논의에서는 주로 첫째 위대한 입문 안의 작은 입문들, 그리고 둘째 위대한 입문의 둘째 수준까지 다루었다. 그 후 규칙들은 바뀌고 상황은 불확실해진다. 왜 그러한 것일까?

둘째 위대한 입문의 둘째 수준에서, 자아—마음—성격은 빛의 길들 중 하나를 통한 영적 발전의 길을 선택했거나, 아니면 자기만족의 길을 선택했다. 후자를 선택했다면, 자아—마음 성격은 빛의 길을 선택할 때까지 수많은 삶을 배회할지 모른다. 자기만족의 길은 그 자체의 교사들과 롤 모델들, 그리고 그 자체의 일시적인 보상들을 가지고 있다.

언젠가 나는 세상의 상태에 대하여 나의 스승에게 불평한 적이 있었다. 그분은 심각한 표정으로 나를 바라보며 말씀하셨다. "다른 편에도 역시 그들의 스승들이 있습니다." 나는 충격을 받았다. 그러나 그 점에 대하여 생각했을 때, 나는 (주로 다른 사람들을 통제하려는) 부정적인 목표를 가진 사람들을 어리석은 자들이라고 여겼음을 깨달았다. 이것이 진실이 아니라는 것은 분명하다. 부정적인 쪽에 있는 사람들도 긍정적인 쪽에 있는 사람들과 마찬가지로 지성적이고 체계적일 수 있다. 배우는 사람들이 모집되며, 신봉자들이 훈련을 받고 일을 시작한다. 우리는 그런 사례로 조직화된 범죄를 즉시 떠올릴지 모르지만, 나는 범죄가 낮은 수준들 중 하나일 뿐이라고 생각한다. 그 위의 우두머리들은 꽤 존경스러워 보이고 존경 받는 직업을 가지고 있을지 모른다. 이 점에 대해 생각해 보면, 오늘날 세상이 돌아가는 방식에 대하여 많은 것이 설명된다.

둘째 짜끄라,
둘째 위대한 입문 살펴보기

스와미 쉬바난다는 《꾼달리니 요가Kundalini Yoga》라는 자신의 책에서 둘째 위대한 입문에 상응하는 둘째 짜끄라의 특성을 설명한다. "데바따(브람마Brahma와 라끼니Rakini)에 집중하여 명상하는 사람들은 물에 대한 두려움이 없다. 그 사람들은 물 원소를 완벽히 통제할 수 있다. 그들은 많은 사이킥 능력, 직관적인 지식을 얻으며, 자신의 감각들을 완벽히 통제할 수 있다. 아스트랄 존재들에 대한 풍부한 지식을 갖는다. 육체적 욕망, 화, 질투, 공격성, 그리고 다른 순수하지 않은 속성들이 완전히 소멸된다. 그 요기는 죽음의 정복자가 된다."

분명히 이것은 고양된 상태이다. 그러나 이 상태는 오직 둘째 짜끄라와 그 하위 부분들까지 순수해졌을 때만 온다. 이 책에서 이루어지는 대부분의 논의는 우리를 스와미 쉬바난다가 요약한 지점으로 인도하기 위한 것이다. 그러나 우리의 진화 여정이 대개 위대한 입문들이라는 용어로 생각되지 않고, 첫째와 둘째 짜끄라 안의 더욱 작은 것들의 용어로 생각되기 때문에, 나는 여기서 이것들을 여기서 분명히 하고자 한다.

우리에게는 처음 두 가지 위대한 입문과 그 너머로 나아간 앞선 존재들이 있다. 그들은 우리 가운데 살았고, 제자들이 있었고, 진정한 영적 진보를 위한 길에 대하여 글을 쓰고 가르쳤다. 만약 우리가 지금 우리 가운데 있는 그런 진보된 상태에 있는 사람들을 틀림없이 알아볼 수 없다면, 우리는 영적 지식을 보유한 단체임을 증명하는 두 가지 고정적인 방법을 이용할 수 있다.

1. 계시를 통해 받은 진정한 경전
2. 신뢰할 만한 권위자의 증거
3. 우리 모두가 성취하기를 바라는 것의 직접적인 지각 혹은 경험

이 책의 나머지 부분은 위대한 입문의 첫째 수준 전체와 둘째 수준 일부에 관한 사항들을 다룰 것이다. 우리의 주제들에 적용할 수 있는 개념, 방법, 경전에 제시된 목표, 가르침, 그리고 직접적인 경험의 증언들을 다룰 것이다. 그렇다고 해서 여기에 포함된 것의 중요성이 줄어드는 것은 아니다. 오히려 그것은 당신이 이전에 생각했던 것보다 더 많은 가능성을 열어 줄 것이다.

16

셋째 짜끄라

마니뿌라 짜끄라

지배 원리 불

이슈 개인적 힘의 적용, 까르마적 상황의 변화

씨앗 소리 람Ram〔Rahm〕

위치 태양 신경총

28살이나 29살쯤에 우리 모두 안에서 에너지 전환이 일어나는데, 자아─마음─성격이 활동의 중심을 둘째 짜끄라에서 셋째 짜끄라로 이동하기 때문이다. 이 견해를 지지하는 다양한 종류의 의미 있는 증거들이 있다.

서양 점성학에서는 28.8세에 토성이 우리의 출생 때에 자리하고 있던 궁宮과 위치로 정확히 돌아간다고 한다. 서양 점성학에서는 이 기간을 토성의 주기週期라고 부른다. 그리고 토성이 다시 돌아올 때를 토성의 회귀라 한다. 그것은 새로운 이슈가 삶으로 들어오는 새로운 배움의 주기가 시작됨을 나타낸다. 때로는 새로운 욕망들이 나타날 수도 있고, 억제되어 있던 과거의 욕망들이 앞으로 분출할 수도 있다. 사회학적 연구에서도 이 현상을 주목하고 있다.

사회학자들은 28세부터 35세 사이(점성학에서 새로운 배움의 주기가 시작되는 7년)에 젊은 성인들과 관련된 것들이 많이 보인다는 것을 알아차렸다. 이 기간에 젊은 성인들의 의미 있는 직업 변화가 가장 많이 일어난다. 또한 이 나이 기간에 우리가 성취한 것을 삶의 초기에 설정한 목표와 비교하여 헤아려 보기 시작한다는 가설이 있다. 이 시기는 20대 초반에 비해 직업이 훨씬 더 중요해질 수 있다. 또한 이 기간에 결혼 상태에 관한 흥미로운 통계 정보가 있다. 이 기간에 싱글이었다면, 7년 기간의 마지막에 결혼하게 될 기회가 다른 어느 때보다 높다. 만약 결혼했다면, 7년 기간의 마지막에 이혼할 확률이 통계적으로 가장 높다. 이 기간은 또한 정서적인 문제들이 가장 빈번하게 일어나는 때이다. 여성에게는 생물학적 시계가 매우 시끄럽게 돌아가는 시기이기도 하다.

힘에 관한 이슈들도 28세부터 나타나기 시작한다. 신비주의적 관점에서 보면 그것은 자연스러운 일이다. 왜냐하면 에너지의 중점이 둘째 짜끄라에서 힘의 짜끄라인 셋째 짜끄라로 이동하기 때문이다. 이 나이 이전에 영적인 탐구자가 아니었지만 잠재적인 관심이 있다면, 아마도 28세 이후에 나타나기 시작할 것이다. 이 기간에는 직장에서의 승진과 관련한 권력 투쟁이 일반적인 일이다.

세속의 달인들

셋째 짜끄라 이름의 첫 번째 부분인 '마니mani'는 마음을 의미한다. 마음은 세속적 혹은 영적인 힘으로 가는 길을 시험하고 탐색하기 시작한다. 마음이 전생들에서 발달시킨 능력들을 탐색하다 보면, 때때로 마음에 의해 통제되는 오컬트 능력들이 나타나기도 한다. 이 말이 이상한 얘기로 들린다면, 두 가지 예를 들고 싶다. 첫째 예는 1960년대 초에 IBM의 경영자였던 T.V. 리어슨Learson에 관한 것이다. 다음의 내용은 왓슨Watson과 IBM의 전기인 《THINK》에서 발췌한 것이다.

"감성이라는 주관적인 영역, 친절한 태도, 혹은 사람들에게 기꺼이 두 번째 기회를 주려는 의지를 제외하면, 그의 기술들은 노련한 기업 임원에게 기대할 수 있는 모든 특징을 다 갖추고 있다.

······그는 IBM의 설립자인 왓슨조차 그렇게 하지 못한 방식과 깊이로 성인들을 겁먹게 하였다······ IBM의 바깥에 있던 사람들은 마치 원자력이나 우주의 불가사의한 현상에 감탄하듯이 그를 보며 감탄하였다······ 리어슨의 마음과 탐조등 같은 눈이 부하나 동료들에게 레이저빔처럼 초점을 맞추면, 상대방이 처리하는 수백만 비트의 모든 정보가 그에게 전송되며, 상대방은 순간적으로 지식과 의지를 상실하고, 그의 메모리 코어는 프로그램과 저장 용량을 박탈당한다."

둘째 예는 포스트 뉴스위크 텔레비전Post Newsweek television 방송국의 사장으로 있던 사람에 관한 것인데, 나는 그를 1969년과 1973년 후반에 만났었다.

나는 대규모의 작전을 평가한 후 내가 발견한 내용을 보고서로 작성하는 육군 장교의 훈련을 받았다. 내가 군대에 있을 당시에는 이 보고서를 스탭 스터디staff study라고 했지만, 사실은 개인이 책임을 지고 다양한 자료들로부터 데이터를 모아 작성하는 보고서였다.

워싱턴 DC에 있는 WTOP-TV의 훈련 프로그램에 일하러 갔을 때, 나는 16개 주에서 미군 신병을 모집하는 일을 그만두고, 3개의 매일뉴스 방송을 위해 하루 60개의 영상 제작을 돕는 스튜디오 감독이 되었다. 훈련 프로그램은 엉망인 상태였다. 어느 한 군데도 조직적이지 않은 상태라 어이가 없었지만, 내가 할 수 있는 일은 아무것도 없었다.

그 방송국에 있은 지 몇 주 후에, 래리 이스라엘Larry Israel이라는 사람이 웨스팅하우스 방송국의 중역으로 있다가 이 방송국의 신임 사장으로 왔다. 이것은 나에게 기회였다.

군대에서 훈련 받았던 대로 나는 훈련 프로그램을 분석한 뒤 9개의 제안을 추가하여 그의 사무실로 갔다. 나는 그 보고서를 내려놓으면서 면담을 청했다. 다음 날 이스라엘 씨의 비서가 전화로, 며칠 뒤 면담 시간을 말해 주었다.

그의 사무실에 들어갔을 때, 그는 나를 진심으로 반기고는 바로 본론으로 들어갔다. "보고서를 읽어 보니, 내 깊은 속마음을 꿰뚫어보는 것 같더군요." 그때 나는 건방지고 무지했으며, 경솔하게 대꾸했다. "아마 그럴 겁니다. 그래서 말인데 사장님의 비서가 되고 싶습니다." 나는 그의 첫 수를 완전히 놓쳐 버렸다.

면담은 5분 정도 더 계속되었고, 그동안 그는 내가 또 하나의 야심찬 젊은이에 불과하다는 것을 알아볼 수 있었다. 내가 그에게 정말로 '적합한' 사람은 아니라는 것을…… . 그때 나는 아직 영적으로 '열리지' 않은 상태였다. 그래서 삶에는 다른 차원들이 있다는 것을 모르고 있었다. 나는 몇 주 동안 더 근무했고, 그동안 70여 명의 사람들이 대거 해고되었다. 내가 제안한 사항들은 모두 채택되었다. 나는 해고 대상자는 아니었다. 사실 래리 이스라엘 씨는 이따금 나와 면담을 했으며, 나에게 친절하게 대해 주고 나의 미래까지 염려해 주었다. 그는 내가 영업부에 들어가면 더 빨리 활약할 수 있을 것이라고 조언했다. 하지만 나는 영업직이 아닌 관리직을 원했기 때문에 그의 조언을 귀담아 듣지 않았다. 나는 당시 영업직이 경영진으로 가는 길이라는 것을 몰랐던 것이다. 그래서 상업적인 작품 제작에 얼마나 많은 비용이 들고 얼마나 많은 매출을 올려야 하는지보다는 방송물의 내용에 더 많은 신경을 썼다.

WTOP.TV를 떠난 후 얼마 지나지 않아 나는 영적인 '열림'을 경험했다. 소파에 앉아서 사업계획을 위한 기록들을 검토하고 있는데, 내가 보고 있던 페이지 중간에 황금색 빛이 둥근 모양으로 나타났다. 그 안에는 세 마디의 개인적 메시지가 있었다. 나는 "그것이 도대체 무엇일까?" 하고 생각했다. 그때 나는 내 몸 위로 떠오르기 시작하였다. 거실에서 나의 두 가지 모습을 보고 있던 것이 기억난다. 하나는 그 자리에 그대로 있었고, 다른 하나는 떠오르고 있었다. 그 뒤 내 흉부 안에서 하나의 터널이 위를 향해 열렸고, 나의 세 번째 부분이 나의 가슴을 향하여 터널을 내려오기 시작했다. 나는 내가 죽을 것이라는 것을 깨달았다. 내가 죽지 않은 것은 분명하지만, 그 사건은 나를 지금 현재의 나로 이끌어 준 연속적인 사건들의 시작이었다.

이 경험을 한 뒤 몇 달 지나지 않아 나는 재산을 거의 다 잃어버렸고, 영적 스승을 찾기 위해 온 나라를 돌아다녔다. 그때는 찾지 못했지만 결국에는 스승을 찾았다. 나는 새로운 워싱턴 조직의 성직자가 되었으며, 버지니아 북부에 있는 공영 TV 방송국에서 일을 했다. 그들이 정부의 자금을 받지 못하고 있을 때, 나는 내가 부제작자로 참여했던 어린이 프로그램을 나의 옛 TV 방송국에 홍보했고, 그들은 구입했다.

내가 이전과는 다른 자격으로 WTOP-TV에 돌아온 지 이삼 주쯤 지났을 때, 나는 로비에서 우연히 래리 이스라엘 씨와 마주쳤다. 그는 함박웃음으로 나를 반기면서 말했다. "이게 누구신가!" 그는 손을 내밀었다. 내가 악수하며 그의 손을 쥐자, 강력한 에너지가 그의 손에서 나의 팔을 타고 올라왔다. 그는 장난스러운 표정으로 나를 보며 말했다. "흥미롭지 않나요?" 그러고는 돌아서서 성큼성큼 걸어갔다.

당시 나는 여러 사람과 모든 영적 스승들로부터 영적 에너지를 경험한 터였다. 그래서 무슨 일이 일어난 것인지 어느 정도 알 수 있었다. 나는 그가 세상에서 활동하고 있는 진정한 달인이라고 결론지었다. 그 일과 다른 사건들을 통해 내가 분명히 알게 된 점은, 큰 회사를 운영하는 결정적인 요소는 단순한 힘이라는 것이었다. 야심이 있는 가장 강력한 사람이 성공한다. 당신은 어떤 일을 하기 위해 전문가들을 고용할 수 있다. 제국을 운영하는 것은 지식과는 아무런 상관이 없으며, 모든 것은 힘과 관련이 있다.

직면하기

셋째 짜끄라에서 우리는 힘의 문제들, 지배의 문제들과 직면하기 시작한다. 예전에는 이해할 수 없던 것이 이해될 때 우리의 정신적인 처리는 놀라울 수 있다. 에너지가 둘째 짜끄라에서 올라올 때, 셋째 짜끄라에 저장되어 있던 까르마가 해소되어 마음과 힘이 결합한다. 이 모든 것을 어떻게 다룰 것인가는 다시 선택의 문제가 된다. 그리고 이 선택들은 다시 다른 까르마의 물결을 창조하며, 우리는 미래의 어느 때에 그것을 헤쳐 갈 것이다.

만뜨라

하누만 만뜨라가 있다. 이 만뜨라는 긍정적인 쁘라나가 엄청나게 담겨 있으며, 결국 성스러운 능력들과 진동들을 일으킨다. 하누만은 인도 서사시 라마야나Ramayana에 나오는 인물이며, 의식적으로 깨어 있는, 신성한 쁘라나 즉 생명 에너지의 상징이다.

옴 훔 하누마떼 나마하
[옴 훔 하―누―마―떼 나―마―하]
Om Hum Hanumate Namaha
[Om Hoom Hah―noo―mah―teh Nah―mah―hah]

라마의 위대한 따라까Taraka 만뜨라 역시, 여기에 축적되어 있을지 모르는 모든 부정적인 경향성들을 긍정적인 에너지로 변화시키는 데 도움을 준다. 이것은 또한 해방의 만뜨라이다. 즉, 우리의 까르마에 작용하여 재탄생의 필요성에서 해방시킨다. 마하뜨마 간디는 소년 시절부터 이 만뜨라를 암송했다.

옴 슈리 라마 자야 라마 자야 자야 라마
[옴 슈리 라마 자―야 라―마 자―야 자―야 라―마]

Om Sri Rama Jaya Rama Jaya Jaya Rama

[Om Shree Rah-mah Jah-yah Rah-mah Jah-yah Jah-yah Rah-mah]

다음으로는 샥띠 만뜨라가 있다. 이 만뜨라는 에너지를 왕관 짜끄라로 움직이게 한다. 그것은 셋째 짜끄라에 있는 어려움들이 풀려가도록 돕는 스와하Swaha라는 말을 사용하여 끝맺는다. 이것은 샥띠가 머리로 이동하여, 무한한 의식을 지닌 존재인 쉬바와 하나 되도록 요청하는 딴뜨릭Tantric 만뜨라이다. 그것은 씨앗 음절 흐림Hrim으로 시작한다. 흐림은 흐릿 빠드마의 씨앗 소리인데, 흐릿 빠드마는 영혼의 진정한 자리인 신비한 짜끄라이다.

흐림 슈림 끌림 빠람 이슈와리 스와하

[흐림 슈림 끌림 빠―람 이슈―와―리 스와―하]

Hrim Shrim Klim Param Eshwari Swaha

[Hreem Shreem Kleem Pah-rahm Esh-wah-ree Swah-hah]

태양 만뜨라

태양이 주는 12가지 영적 선물이 있는데, 소망하는 성질들을 불러내는 만뜨라들을 암송하면 그 선물들을 얻을 수 있다. 이 만뜨라들은 (점성학에서 말하듯이) 각 행성을 '지배'한다. 각 행성을 위해 적어도 100개의 만뜨라가 있지만, 그 만뜨라들 밑에는 기초가 되는 만뜨라들이 있다고 여겨진다. 각 행성이 몸의 특정 부위에 강한 영향을 미친다는 것을 알게 될 것이다. 그러므로 만약 몸의 어떤 부위에 문제가 있다면, 그것과 상응하는 행성 만뜨라를 사용함으로써 몸의 그 부위에 있는 까르마의 어려움들을 경감시킬 수 있다.

태양

물질적 결과 태양(수리야Surya) 만뜨라들은 명성과 용기를 증가시키기 위하여 암송된다. 만뜨라를 암송하면 시간이 흐름에 따라 제시된 결실을 오게 하는 12개의 태양 만뜨라가 있다.

신비한 결과 깨달음. 힐링 능력. 영적 자기력(磁氣力).

생리적 관계 심장과 순환계(구심성 순환), 흉선, 등의 윗부분.

태양 만뜨라:

옴 흐람 흐림 흐롬 소 수리야야 나마하
[옴 흐람 흐림 흐롬 소 수리−야−야 나−마−하]
Om Hram Hrim Hraum Sau Suryaya Namaha
[*Om Hrahm Hreem Hrowm Saw Soor−yah−yah Nah−mah−hah*]

옴 수리야야 나마하
[옴 수리−야−야 나−마−하]
Om Suryaya Namaha
[*Om Soor−yah−yah Nah−mah−hah*]

다음은 태양의 12가지 선물과, 각각 그 결실을 맺게 하는 12가지 만뜨라들이다.

만뜨라   결실

옴 흐람 미뜨라야 나마하   보편적 우정
[옴 흐람 미-뜨라-야 나-마-하]
Om Hram Mitraya Namaha
[Om Hrahm Mee-trah-yah Nah-mah-hah]

옴 흐림 라봐예 나마하   광휘
[옴 흐림 라-봐-예 나-마-하]
Om Hrim Ravaye Namaha
[Om Hreem Rah-vah-yea Nah-mah-hah]

옴 흐룸 수리야야 나마하   어둠을 쫓아냄
[옴 흐룸 수리-야-야 나-마-하]
Om Hroom Suryaya Namaha
[Om Hroom Soor-yah-yah Nah-mah-hah]

옴 흐레인 바나붸 나마하   눈부시게 빛나는 원리
[옴 흐-레인 바나-붸 나-마-하]
Om Hrain Bhanave Namaha

[Om Hr—eyem Bhah—nah—vey Nah—mah—hah]

옴 흐롬 *까가야 나마하*   하늘을 통해 널리 퍼짐
[옴 흐로움 까—가—야 나—마—하]
Om Hraum Khagaya Namaha
[Om Hrowm Kha—gah—yah Nah—mah—hah]

옴 흐라 *뿌슈네 나마하*   힘을 주는 신비한 불
[옴 흐라 뿌슈—네 나—마—하]
Om Hrah Pooshne Namaha
[Om Hrah Poosh—ney Bah—mah—hah]

옴 흐람 *히란야가르바야 나마하*   황금빛 존재
[옴 흐람 히—란—야—가르—바—야 나—마—하]   *(힐링하는 황금)*
Om Hram Hiranyagarbhaya Namaha
[Om Hram Hee—rahn—yah—ghahr—bah—yah Nah—mah—hah]

옴 흐림 *마르짜예 나마하*   동틀 녘의 순수한 빛,
[옴 흐림 마—르—짜—예 나—마—하]   세상들 사이의 틈에 비치는
Om Hrim Marchaye Namaha
[Om Hreem Mah—ree—chah—yea Nah—mah—hah]

194

옴 흐룸 아디뜨야야 나마하　　　　　　현자의 빛:
[옴 흐룸 아—디뜨—야—야 나—마—하]　　비슈누의 한 측면

Om Hroom Adityaya Namaha
[Om Hroom Ah—deet—yah—yah Nah—mah—hah]

옴 흐라임 사뷔뜨레 나마하　　　　　　깨달음의 빛
[옴 흐라—임 사—뷔—뜨레 나—마—하]

Om Hraim Savitre Namaha
[Om Hra—eyem Sah—vee—trey Nah—mah—hah]

옴 흐룸 아르까야 나마하　　　　　　　고통의 제거자,
[옴 흐로움 아르—까야 나—마—하　　　에너지를 주는 자

Om Hraum Arkaya Namaha
[Om Hrowm Ahr—kah—yah Nah—mah—hah]

옴 흐라 바스까라야 나마하　　　　　　지성의 영롱한 빛
[옴 흐라 바스—까라—야 나—마—하]

Om Hrah Bhaskaraya Namaha
[Om Hrah Bhahs—kah—rah—yah Nah—mah—hah]

달

물질적 결과 달(짠드라) 만뜨라들은 마음의 건강과 평화를 증진하기 위해 암송된다.

신비한 결과 직관, 영적 예민함, 기후 현상의 이해, 꿈 이해.

생리적 관계 체액과 분비 기능, 소화계, 췌장, 여성 생식계, 교감신경계 (배설, 영양의 흡수, 유기체의 보호를 담당).

달 만뜨라:

옴 슈람 슈림 슈롬 소 짠드라야 나마하

[옴 슈람 슈림 슈로옴 소 짠―드라―야 나―마―하

Om Shram Shrim Shraum Sau Chandraya Namaha

[Om Shrahm Shreem Shrowm Saw Chahn-drah-yah Nah-mah-hah]

옴 짠드라야 나마하

[옴 짠―드라―야 나―마―하]

Om Chandraya Namaha

[Om Chan-drah-yah Nah-mah-hah]

화성

물질적 결과 화성(안가라까Angaraka) 만뜨라들은 결단력과 추진력을 증가시

196

키고, 폭력으로부터 개인을 보호하기 위해 암송된다.

신비한 결과 영적 힘과 꿰뚫어 보는 에너지. 갈등의 진정한 본성을 이해.

생리적 관계 근육계, 비뇨생식계, 생식선, 부신, 교감신경계(태양과 함께), 붉은 혈액 세포, 콩팥

화성 만뜨라:

옴 끄람 끄림 끄롬 소 끄롬 소 보마야 나마하
[옴 끄람 끄림 끄롬 소 끄롬 소 보우—마—야 나—마—하]
Om Kram Krim Kraum Sau Kraum Sau Bhaumaya Namaha
[Om Krahm Kreem Krawm Saw Bhow—mah—yah Nah—mah—hah]

옴 안가라 까야 나마하
[옴 안—가—라 까—야 나—마—하]
Om Angara kaya Namaha
[Om Ahn—gah—rah—kah—yah Nah—mah—hah]

목성

물질적 결과 목성(구루 즉 브리하스빠띠Brihaspati) 만뜨라들은 결혼과 아이의 탄생을 촉진하거나 그 과정의 만족을 증가시키기 위해 암송된다.

신비한 결과 다양한 종류의 영적 선물. 신의 은총.

생리적 관계 간, 쓸개, 뇌하수체의 후엽.

목성 만뜨라:

옴 그람 그림 그롬 소 구라붸 나마하
[옴 그람 그림 그롬 소 구−라−붸 나−마−하]
Om Gram Grim Graum Sau Gurave Namaha
[Om Grahm Greem Grawm Saw Goo−rah−vey Nan−mah−hah]

옴 구라붸 나마하
[옴 구−라−베 나−마−하]
Om Gurave Namaha
[Om Goo−rah−vey Nah−mah−hah]

옴 브리하스빠따예 나마하
[옴 브리−하스−빠−따−예 나−마−하]
Om Brihaspatayei Namaha
[Om Bree−has−pah−tah−yei Nah−mah−hah]

금성

물질적 결과 금성(슈끄라Shukra) 만뜨라들은 부유함과 부부 간의 행복을 증가시키기 위해 암송된다.

신비한 결과 경전의 이해. 단순한 정보가 아닌 진정한 지식.

생리적 관계 정맥 순환(원심 순환), 부갑상선, 콩팥(화성과 함께), 목구멍, 생식기 영역(화성과 함께), 턱, 볼, 유스타키오관, 입술, 배꼽, 목, 후각신경, 정낭, 흉선(태양과 함께).

금성 만뜨라:

옴 드람 드림 드롬 소 슈끄라야 나마하
[옴 드람 드림 드롬 소 슈–끄라–야 나–마–하]
Om Dram Drim Draum Sau Shukraya Namaha
[Om Drahm Dreem Drawm Saw Shoo–krah–yah Nah–mah–yah]

수성

물질적 결과   수성(부다Budha) 만뜨라들은 건강을 돕고 지성을 증가시키기 위하여 암송된다.
신비한 결과   더 높은 영역들에 있는 존재들과의 교감.
생리적 관계   중추신경계, 감각계, 갑상선, 호흡기계, 팔, 쓸개, 시력, 혀, 성대.

수성 만뜨라:

옴 브람 브림 브롬 소 부다야 나마하
[옴 브람 브림 브롬 소 부–다–야 나–마–하]
Om Bram Brim Braum Sau Budhaya Namaha

[Om Brahm Breem Brawm Saw Bood—hah—yah Nah—mah—hah]

옴 부다야 나마하

[옴 부—다—야 나—마—하]

Om Budhaya Namaha

[Om Bood—hah—yah Nah—mah—hah]

토성

물질적 결과   토성(샤니Shani) 만뜨라들은 분쟁에서의 승리를 촉진하고, 만성통증을 극복하고, 철이나 금속 관련 직업에 성공을 가져오기 위해 암송된다.

신비한 결과   배움을 끝마쳤을 때 더 높은 영역들로 들어가는 것이 허락됨. 적절한 이해가 동반된 싯디siddhi(신비한 능력)들이 온다.

생리적 관계   뼈 체계, 피부, 뇌하수체 전엽, 귀, 인대, 말초신경, 비장, 치아, 힘줄.

토성 만뜨라:

옴 쁘람 쁘림 쁘롬 소 샨에슈짜라야 나마하

[옴 쁘람 쁘림 쁘롬 소 샨—에슈—짜—라—야 나—마—하]

Om Pram Prim Praum Sau Shanaishcharaya Namaha

[Om Prahm Preem Prawm Saw Shahn—esh—cha—rah—yah Nah—mah—hah]

옴 샨에슈-짜라야 나마하

[옴 샨-에슈 -짜-라-야 나-마-하]

Om Shanaish-charaya Namaha

[Om Shahn-esh-chah-rah-yah Nah-mah-hah]

옴 슈리 샨에슈-와라야 스와하

[옴 슈리 샨-에슈-와-라-야 스와-하]

Om Sri Shanaish-waraya Swaha

[Om Shree Shahn-esh-wah-rah-yah Swah-hah]

달의 상승 교점

물질적 결과 달의 상승 교점(라후Rahu) 만뜨라들은 적들에 대한 지배력을 얻고, 왕(또는 여왕)이나 정부(기업)로부터 지원이나 허락을 얻기 위해, 그리고 라후에 의해 생기는 상황들을 감소시키기 위해 암송된다.

신비한 결과 장애들이 제거됨. 긴장의 이완. 노력이 효과를 봄.

라후 만뜨라:

옴 브람 브림 브롬 소 라후붸 나마하

[옴 브람 브림 브롬 소 라-후-붸 나-마-하]

Om Brahm Bhrim Bhraum Sau Rahuve Namaha

[Om Brahm Breem Brawm Saw Rah-hoo-vey Nah-mah-hah]

옴 라후붸 나마하

[옴 라–후–베 나–마–하]

Om Rahuve Namaha

[Om Rah–hoo–vey Nah–mah–hah]

달의 하강 교점

물질적 결과 달의 하강 교점(께뚜Ketu) 만뜨라들은 적들에 대한 지배력을 얻고, 왕(또는 여왕)이나 정부(기업)로부터 지원이나 허락을 얻기 위해, 그리고 께뚜에 의해 생기는 상황들을 감소시키기 위해 암송된다.

신비한 결과 장애들이 제거됨. 긴장의 이완. 노력이 효과를 봄.

께뚜 만뜨라:

옴 슈람 슈림 슈롬 소 께–뚜–붸 나마하

[옴 슈람 슈림 슈롬 소 께–뚜–붸 나–마–하]

Om Shram Shrim Shraum Sau Ketuve Namaha

[Om Shrahm Shreem Shrawm Saw Keh–too–vey Nah–mah–hah]

옴 께뚜붸 나마하

[옴 께–뚜–붸 나–마–하]

Om Ketuve Namaha

[Om Keh–too–vey Nah–mah–hah]

17

넷째 짜끄라

아나하따 짜끄라와 흐릿 빠드마

흐릿 빠드마

지배 원리 신성

이슈 영혼의 운명(위대한 결정의 지점에서 결정된), 그리고 신성한 연인의 형상(또는 형상 없음)의 결정

씨앗 소리 흐림Hrim(Hreem)

위치 가슴에서 2개 손가락 너비 아래

나라야나가 그의 에센스의 공ball으로 이 우주의 팽창하는 거품을 꿰뚫을 때, 그는 브람마가 창조한 창조물들을 살게 하고 있다. 그 물질의 공이 수백만 개의 조각으로 폭발하면, 새로운 우주에 거주할 영혼들이 창조된다. 우리 모두는 즉시 존재하게 된다.

　우리 몸들이 연속적으로 창조될 때, 영혼 즉 아뜨만은 처음에는 비신

체적 차원들에서, 다음에는 신체적인 차원들에서, 전개되는 드라마를 볼 수 있는 자리를 마련할 것이다. 그 자리는 흐릿 빠드마 즉 신성한 가슴에 있다.

우리의 영적 메커니즘, 우리 몸의 퇴화는 계속된다. 짜끄라마다 우리의 이동수단 구축은 계속되어, 우리는 마침내 지구에 이른다. 자아―마음―성격이 척추의 밑바닥에 자리를 잡을 때, 가네샤―가나빠띠가 창조되고 드라마는 시작된다.

영감과 혼란

우리의 자아―마음―성격은 진심 어린 헌신과 하나로 집중된 정신적인 의도의 결합을 통해 영혼, 참나, 또는 아뜨만이라 불리는 신성의 조각과 의미 있게 접촉할 수 있다. 힌두이즘에는 접촉의 목적으로 특별히 행해지는 의식인 사띠야 나라야나 뿌자Satya Narayana Puja가 있다. 그러나 접촉은 집중된 헌신이 있을 때만 가능하며, 의식儀式만으로는 전혀 가능하지 않다. 의미 있는 접촉이 이루어질 때, 우리는 때때로 신 또는 신성으로 여겨지는 존재와 깊은 만남을 갖거나 황홀한 경험을 한다. 바가바드 기따에서, 크리슈나는 이 현상을 "사랑으로 나에게 다가오는 자에게, 나는 그러한 방식으로 나타나 헌신자에게 응답한다."라는 구절로 설명하고 있다. 비록 굉장한 것이기는 하지만, 그런 경험은 또한 광신으로 흐를 수도 있다.

만약 어떤 사람이 진지한 의도와 헌신으로 자신의 신성한 가슴과 접촉하여 진정한 경험을 하게 되면, (적어도 스스로에게) "알았다!"라고 말하는 경향이 있다. 이제 그 사람은 신 혹은 진리를 이해한다. 대개 이 이해는 너무나 강력해서, 그 사람은 그러한 계시가 유일한 진실이라고 생각한다. 만약 이러한 사람이 그 경험을 바탕으로 적극적으로 전파하려고 나서면, 문제가 시작된다. 그는 신과 신성에 관한 자신의 경험과 결론에 부응하지 않는 것은 거짓이라는 꼬리표를 붙이게 된다. 편협성이 즉각적으로 자라난다.

신은 무슨 색깔인가?

많은 침실이 있는 매우 큰 저택에 들어간 한 무리의 사람들에 관한 인도의 고전적인 이야기가 있다. 그들은 그 저택의 한 구역에 모여, 공손하게 파란색 전구를 꺼낸 뒤 공단 천으로 된 베개에 정중하게 올려놓았다. 일제히 큰 소리로 기도와 찬송을 하면서, 그들은 전구를 소켓에 꽂았다. 불이 켜졌다! 이제야 그들은 의심할 여지 없이 알게 되었다. "신은 푸른색이다!"

그러나 그 저택의 다른 구역에서는 다른 무리의 사람들이 초록색 전구에 관해 비슷한 과정을 거치고 있었다. 그들도 기도하고 명상하고 노래를 부른 뒤 초록색 전구를 소켓에 끼우자 불이 켜졌다! 이제야 그들은 아무 의심할 여지 없이 알게 되었다. "신은 초록색이다!"

그 저택의 다른 모든 곳에서, 다른 무리의 사람들이 빨간색 전구와 노란색 전구, 다른 전구들로 같은 과정을 거쳤다. 그리고 마침내 모든 무리의 사람들이 저택의 홀에서 만났다. 자연스럽게 그들은 서로를 죽일 준비가 되어 있었다. 각 무리의 사람들은 신에 관한 진실에 대해 논란의 여지가 없는 자기들만의 모서리를 가지고 있었다.

그들이 간과하여 보지 못한 것은 신은 모든 전구에 힘과 빛을 주는 전류였다는 사실이다. 그들은 전류를 전구와 혼동했다. 이와 마찬가지로 세상에서는 다양한 종교적 파벌들이 서로 전쟁을 벌이려 한다. 그들은 전류를 전구와 혼동하고 있다. 신은 세상의 위대한 종교들 뒤에서 생명을 불어넣는 힘이다. 그러한 종교들의 핵심에 있는 관념, 이상, 생명을 위한 규칙, 그리고 영적 성취를 위한 목표는 놀랍도록 비슷하다.

신성한 가슴, 즉 흐릿 빠드마 안에서, 신은 우리 자신의 영원한 존재의 정수이다. 신은 항상 신성한 진리 가까이로 인도하는 모든 종교들의 원천이다. 외적 상황은 항상 변하기 마련이다. 어느 누구도 절대적인 진리에 모서리를 갖지 않는다. 만약 그들이 그런 모서리를 갖는다 해도, 그들은 그것에 대해 말하지 않는다. 왜냐하면 그들은 자신만의 한정된 마음의 렌즈를 통해서 그것을 본다는 것을 알기 때문이다.

신성한 자아—마음—성격

모든 위대한 입문들과 단계들을 통하여 자아—마음—성격이 척추 위로 올라가게 되면, 통합의 원리인 가네샤—가나빠띠는 마침내 자아—마음—성격이 흐릿 빠드마에 도달하는 것을 보게 된다. 여기에서 첫 번째 위대한 변형이 일어난다. 자아—마음—성격은 영혼, 참나, 아뜨만과 합쳐짐으로써 그것의 선택과 연속적인 노력에 대한 보답을 받게 된다. 그것은 불멸이 된다.

이제 투명하며, 부정적인 성질이 없으며, 평온하고, 고요한 자아—마음—성격은 앞으로 다가올 것을 직감하며 심오한 기쁨을 경험한다. 척추 위로 올라가는 나머지 여행은 더 쉽다. 견뎌야 할 경험들과 이해해야 할 것들이 있다. 그러나 어려운 부분은 끝났다. 다음의 중요한 선택은 다소 나중에 올 위대한 결정의 지점일 것이다.

아나하따 짜끄라

주요 원리 공기
이슈 신의 사랑이 분명히 나타남
씨앗 소리 얌Yam〔Yahm〕
위치 가슴

아나하따 짜끄라는 인류가 영적으로 하나가 될 곳이다. 그리고 궁극적으로 매일의 삶 속에서 하나가 될 곳이다. 이곳은 우리가 하나로 있는 장소이다. 이곳은 사랑이 나타나는 곳이다. 만약 우리가 하나의 종種으로 여기에서 삶을 영위한다면, 배고픔도 없고, 결핍도 없고, 박탈도 없고, 어떤 경제적 이유로든 이기적인 이유로든 필요로 하는 것을 주지 않지도 않을 것이다.

내적으로, 이것은 소위 비슈누 그란띠Vishnu Granthi〔매듭〕의 자리이다. 척추를 따라 세 장소에는 꾼달리니가 미묘한 몸과 신체적 몸에게 안전하지 않으면 통과하지 않을 장벽들이 있다. 꾼달리니와 같은 위대한 에너지는 앞으로 나아가는 것이 안전한지를 알려 주는 자신의 지성을 지니고 있다. 비유하자면, 100와트 전구에 500와트 전류를 보내는 것은 좋지 않다. 전구만 폭발시킬 뿐이다. 이와 마찬가지로, 꾼달리니는 그 에너지를 다루고 이용할 능력이 우리에게 생기기 전까지는 올라가지 말 아야 한다. 이 과정을 돕기 위하여 세 개의 매듭이 척추를 따라 놓여 있 다. 결국 꾼달리니는 적절한 때에 각 매듭을 관통할 것이고, 자아—마 음—성격은 계속 진화해 나갈 것이다.

이곳에 있는 매듭을 비슈누의 매듭 즉 비슈누 그란띠라고 부른다. 이 지점을 통과하면 위대한 존재들과 영들을 접촉할 수 있다. 그들은 인류 의 종과 다른 곳에 있는 지각 있는 존재들의 진화를 도와주는 존재들이 다. 그것은 모든 곳에 있는 지각 있는 존재들을 보호하는 원리이자 영인 비슈누이다. 비슈누는 구원자, 선생들, 다양한 부류의 아봐따르들, 그리 고 진정한 구루들로 환생한다. 그들 대부분은 개인적으로 그리고 전체 적으로 쉬바를 의식의 정점으로 숭배한다.

자아—마음—성격이 아나하따 짜끄라에 도달하면, 락슈미로 알려진 샥 띠가 그녀의 더 높은 모습을 보여 주기 시작한다. 더 낮은 수준들에서 그 녀는 물질적으로, 때로는 영적으로 모든 종류의 풍요로움을 충족시켜 주는 존재였다. 여기에서 그녀는 자신을 사랑의 힘 그 자체로 드러낸다. 여정은 가네샤와 협력하며 그녀의 명령 하에 계속된다.

샥띠—최고의 가르침

내가 가르침을 받을 기회가 있었던 스승이나 내가 공부했던 모든 동양 의 전통에서, 위대한 여성인 샥띠의 신비들은 더욱 높은 수준의 입문 과 가르침을 위하여 남겨 두고 있었다. 그가 자신의 구루 하야그리바

Hayagriva에게 더 높은 입문을 요청하는 딴뜨라의 비범한 제자 아가스띠야Agastya든지, 혹은 아봐따르 빠라수라마Avatar Parasurama를 가르치는 닷따뜨레야든지 간에, 똑같은 아이디어가 계속 반복된다. 가장 높은 입문 중의 하나는 우주의 힘과 우리 내면의 힘인 샥띠에 관한 지식의 전수이다. 위대한 브람마리쉬Brahmrishi 바시슈따Vasistha가 전력을 다해 노력하는 비슈와미뜨라Vishwamitra를 브람마리쉬(최고의 영적 깨달음을 지닌 현자)로 만들 준비가 되었을 때조차, 마침내 비슈와미뜨라의 가슴을 녹인 것은 바시슈따의 배우자인 아룬다띠Arundhatti였다. 샥띠의 신비함을 분명히 보여 주는 표시들, 징후들, 경전들, 그리고 숨겨진 가르침들은 인도에서 전승된 힌두이즘의 여러 분파들에서 여기 저기 발견된다.

샥띠 만뜨라

첫째 만뜨라는 꾼달리니 샥띠로 하여금 척추를 따라 올라오도록 간청한다.

흐림 슈림 끌림 빠람 이슈와리 스와하
[흐림 슈림 끌림 빠ー람 이슈ー와ー리 스와ー하]
Hrim Shrim Klim Param Eshwari Swaha
[Hreem Shreem Kleem Pah-rahm Esh-wah-ree Swah-hah]

다음 만뜨라는 극복하기 어려워 보이는 것으로부터 보호를 요청하는 것이다. 어떤 외적 어려움에 처했을 때도 요청할 수 있을 것이다. 지난 몇 년 동안 나에게 보고된, 이 만뜨라를 반복함으로써 얻어진 부가적인 효과는 자신감의 증가이다.

옴 아임 흐림 끌림 짜문다예 뷔쩨 나마하
[옴 아임 흐림 끌림 짜─문─다─예 뷔─쩨 나─마─하]
Om Eim Hrim Klim Chanmundayei Vichhe Namaha
[Om I'm Hreem Kleem Chah─moon─dah─yeh Vee─cheh Nah─mah─hah]

셋째 만뜨라는 띠베뜨 전통에서 가장 강력하고 자비로운 어머니인 따라Tara를 부른다. 이 만뜨라에는 특별한 목적을 위해 사용할 수 있는 다양한 변형들이 있다. 그러나 이것은 헤아릴 수 없는 축복을 가져다주는 그녀의 우주적 만뜨라이다.

옴 따레 뚯따레 뚜레 스와하
[옴 따─레 뚯─따─레 뚜─레 스와─하]
Om Tare Tuttare Ture Swahaha
[Om Tah─reh Too─tah─reh Too─reh Swah─hah]

마지막으로, 락슈미는 락슈미 딴뜨라에서 그녀에게 도달하기 위한 수많은 만뜨라를 주고 있다. 그러나 가장 간단하면서도 강력한 것들 중 하나는 정수리 짜끄라의 힘과 의식이 땅으로 오도록 간청하는 것이다.

사하스라라 임

[사—하스—라—라 임]

Sahasrara Im

[Sah—has—rah—rah Eem]

꾼달리니와 관련된 어떤 지식과 힘이 우리가 성장하는 다양한 단계들에서 주어질 수 있지만, 가르침이 본격적으로 시작되는 곳은 아나하따 짜끄라의 가슴 중심과 흐릿 빠드마이다. 그것은 당연하다. 위대한 힘은 위대한 사랑에 의해 다스려져야 한다. 사랑이 하려 하는 첫째 일들 중 하나는 우리에게서 어려움과 고통을 치유하는 것이다.

18

손과 발에 있는 짜끄라

힐링과 변형의 에너지들

자아—마음—성격은 척추 위로 계속 여행하여 심장 근처의 척추에 이르는데, 여기는 에너지가 회전하여 손으로 가는 곳이다. 어떤 사람들에게는 이 때문에 그들의 삶에 새로운 장이 시작되는데, 이곳에서 자신에게 힐링을 위한 재능이 있음을 발견하게 되기 때문이다.

양손에는 짜끄라가 있는데, 대부분의 사람들에게는 잠재되어 있다. 몸을 다루는 진정한 힐러들에게는 그 짜끄라들이 열려 있으며 움직이고 있다. 쁘라나의 형태로든 감지할 수 있는 전기적 에너지로든 간에 샥띠는 손 안에 있는 그런 짜끄라들 밖으로 나와서, 에너지를 받는 사람에게 놀라운 효과들을 낳는다.

두 명의 힐러

나의 친구 페기 로드리게스는 홀리스틱 건강 시술자이다. 그녀는 온갖 종류의 문제를 호소하는 다양한 고객들을 돌보는 건강 마사지 분야에서 일하고 있다. 그녀는 거의 모든 종류의 힐링 마사지를 부지런히 배우고 있다. 수년 전 우리와 토론을 하면서, 그녀는 행성들이 건강을 포함하여 우리 삶의 수많은 측면들에 미묘하면서도 광범위한 영향을 미친다는 것을 알게 되었다. 오랫동안 만뜨라를 수행해 온 그녀는 각 행성을 위한 만뜨라가 있으며, 이 만뜨라들이 그녀의 고객들에게 혜택을 줄 것이라고 판단했다. 그래서 각 행성으로부터 에너지를 불러일으키는 기본 만뜨라들을 배웠다. 그리고 고객들의 유익을 위하여 그녀의 내면에 있는 각 만뜨라의 힘을 풀어내는 것을 목표로 엄격히 만뜨라를 암송했다.

고전적인 점성학은 우리 몸의 각 부위가 하나 또는 그 이상의 행성들에 의하여 어떻게 강한 영향을 받는지 설명하고 있다. 특정한 몸의 부위에 영향을 미치는 행성을 위한 만뜨라들을 암송하면, 그러한 몸의 부위에 있는 문제들이 경감되거나 해결될 수 있다. 수년간 나 자신에게 실험을 해 본 결과, 이것은 사실이었다. 페기는 이 점을 이해했다. 그리고 그녀가 내면에 있는 만뜨라의 힘을 풀어낼수록, 각 행성의 만뜨라로 자신을 조화롭게 할수록, 고객들에게 더 좋은 효과를 미칠 것이라고 판단했다. 그녀는 마음속에 계획을 품었다.

드디어 준비되었다고 느꼈을 때, 그녀는 다루고자 하는 신체 부위를 위한 만뜨라를 조용히 암송하기 시작하였다. 목성—간, 토성—비장과 무릎 등등. 그녀는 기관, 분비선, 또는 팔다리 안으로 긍정적인 행성의 에너지를 불어넣기 위해 암송을 하면서 각 신체 부위를 다루었다. 이처럼 만뜨라들을 고객들에게 적용하기 전에 스스로 다양한 자가실험을 한 덕분에 그녀는 고객들의 행성에 유익한 에너지를 주고 힐링을 할 수 있는 큰 재능을 발전시켰다. 페기는 그녀의 힐링 기술에 더하여, 근면함과 성실함으로 나의 존경을 받는 위대한 힐러이다. 페기의 손 짜끄라들은 열려 있으며, 그녀는 도움을 원하는 사람들의 유익을 위해 사용하는 법을 알고 있다.

마릴린 쇼는 페기와 함께 공부했던 힐러 중 한 명이다. 마릴린은 수년 전에 극적인 열림을 경험했다고 나에게 말했다. 그 당시 그녀는 명상을 하는 동안, 내면의 푸른 하늘에서 빛나고 있던 한 무리의 별들이 모여서 빛의 거대한 회오리바람을 이룬 뒤 그녀의 가슴으로 들어오는 경험을 했다. 그녀는 온몸에 쏟아지는 빛을 보았다. 다량의 빛 에너지는 두 달 동안 계속 들어왔고, 닿으면 아픈 붉은 반점을 남겼다. 그녀는 무슨 일을 하고 어떻게 해야 하는지를 안내받았다. 그녀의 삶은 눈 깜짝할 사이에 변했다. 세월이 흐르면서 많은 사람들은 그녀에게 다양한 힐링 능력이 있음을 믿게 되었다. 그러나 마릴린은 겸손하며, 언제나 그녀를 축복한 천상의 힘들을 통해 작용하는 신성 덕분으로 돌린다.

마릴린은 교육자인 까닭에 힐링 능력을 인간에게 주어진 능력들의 일부라는 맥락에서 보았다. 그래서 자신에게 이 선물이 주어졌다면, 다른 문화권과 사회권에도 동등한 능력이 주어졌을 것이라고 유추하였다. 그래서 그녀는 극동 아시아, 아프리카, 남아메리카, 호주 및 미국 남서부의 나라들을 여행하면서 샤먼들과 힐러들을 찾아가 최대한 많은 것을 배웠다. 그녀는 힐링 분야에서 내가 아는 어느 누구보다도 많은 지식과 정보를 쌓았다. 나는 언젠가 그녀가 배운 것의 일부를 우리와 나누는 책을 저술하기를 바란다. 그러면 많은 혜택을 주게 될 것이다.

　나의 아내 마갈로 또한 비록 힐링이 직업은 아니지만 타고난 재능이 있는 힐러이다. 2004년 중반, 나는 오른쪽 아래 복부에 욱신거리는 심한 통증으로 한밤중에 잠에서 깼다. 나는 젊은 시절에 맹장 수술을 받았기 때문에 맹장 문제는 아님을 알았다. 나는 마갈로를 깨운 뒤 격렬한 통증 때문에 응급실에 가야 한다고 말했다. 그녀는 "내가 뭘 할 수 있는지 한번 보죠."라고 말하고는 아픈 부위에 손을 얹고 눈을 감았다. 15초 후 통증이 사라졌다. 나는 깜짝 놀랐다. 어떻게 했는지 묻자, 그녀는 단지 어깨를 으쓱하면서 "황금색 빛을 가져와서 통증을 제거했어요."라고 말했다.

　마갈로는 로잘린 브루이어에 의해 창시된, 캘리포니아 글렌데일에 있는 힐링 라이트 센터 교회Healing Light Center Church에서 1979년−1980년에 힐링을 배웠다. 그곳에서 배우는 동안, 그녀의 선생님인 레일라 빌리라는 힐러는 사람들을 데려와서 학생들에게 힐링 연습을 시켰다. 그녀가 연습하던 마갈로에게 다가와서 진행 상황을 물었을 때, 마갈로는 황금색 빛이 힐링하도록 놓아두었을 뿐이라고 말했다. 레일라 빌리는 마갈로가 마스터 힐러라고 말했다. 마스터 힐러들은 황금색으로 힐링하는 사람들이기 때문이다.

　이러한 힐러들 모두는 그들 손에 있는 짜끄라를 사용한다. 발에도 짜끄라가 있다. 사실 발에 있는 것들은 미묘한 몸에 있는 가장 큰 짜끄라들이라고 여겨진다. 신비주의 문헌과 문화적 전통에는 이를 암시하는 내용들이 있다.

　대부분의 동양, 특히 인도에서는 사람들이 스승에게 절하고 그의 발을 만짐으로써 존경을 표하는, 수천 년에 걸쳐 내려오는 전통이 있다. 여러분도 아마 어딘가에서 그런 모습을 보았을 것이다. 이 관습을 실천하는 많은 사람들이 모르고 있는 사실은 이렇게 하는 데는 특정한 이유가 있다는 점이다.

거의 모든 사람들의 발에 있는 짜끄라들은 대지에서 에너지를 받아들이는 기능을 한다. 대지의 영적인 자기磁氣 에너지는 건강에 좋다. 때로는 맨발로 걷고, 맨발로 모래사장을 걷는 것이 건강에 좋은 것은 이런 이유 때문이다. 우리가 맨발로 걸을 때, 발에 있는 짜끄라들은 어떤 방해도 받지 않으면서 유익한 에너지를 많이 받아들일 수 있다. 발의 짜끄라들의 본래 기능은 에너지를 받아들이는 것이다.

고도의 숙련자에게는 이 짜끄라들이 완전히 다른 기능을 한다. 발의 짜끄라들은 손의 짜끄라들과 마찬가지로, 빛과 쁘라나의 형태로 에너지를 보낼 수 있다. 그러나 더 많은 에너지, 더 강한 에너지를 내보낼 수 있다. 이 짜끄라들은 또한 감지할 수 있는 강력한 영적 전기를 전달할 수 있다. 이 전기는 힐링할 수 있고, 변형시킬 수 있다. 만약 에너지를 전하고 있는 숙련자가 의도한다면, 영적 진화에서 거대한 도약이 일어날 수도 있다.

영적 전기의 예들

빠라마한사 라마크리슈나Paramahansa Ramakrishna는 비베까난다Vivekananda의 발을 끌어당겨 그의 발에 갖다 댄 뒤 에너지를 전달하였는데, 그 에너지가 너무 강력해서 그 젊은 청년은 자신이 죽을 것이라고 생각했다고 전해진다. 죽는 대신에 그는 영적으로 변형되었고, 영적인 일을 하기 시작했다. 베단따 센터들을 위한 기초를 닦는 것도 그 중 하나였는데, 그가 죽은 뒤 긴 세월이 지났음에도 그 센터들은 여전히 세계 도처에 남아 운영되고 있다.

1974년, 내가 내 구루의 단체에서 막 성직자가 되었을 때, 지방 교구의 성직자가 "전기가 나의 발에서 나오고 있어요!"라고 외치며 숨 가쁘게 방에서 뛰어나왔다. 나는 그녀가 제정신이 아니라고 생각했지만, 내가 허리를 굽혀 그녀의 발에 내 머리를 갖다 댔을 때, 나는 강력한 전류에 의해 충격을 받았다. 내가 머리를 들었을 때 기분 좋은 미소가 나를 기다리고 있었다. 그날 이후, 나는 세계 3대 종교의 영적 숙련자들로부터 같은 전기를 경험해 오고 있다. 내가 보기에 이 사실은 전기가 모든 종교의 숙련자들을 통하여 확실히 작용한다는 것을 의미한다. 전기는 인간 잠재력의 일부이지, 어느 한 종교의 전유물이 아니다.

예수가 제자들의 발을 씻겨 주기 위해 준비하는 신약 성서의 부분에 이 전기에 관한 암시가 있다. 제자들은 반대하지만, 예수는 "나는 이 일을 해야 합니다."라고 대답한다. 그 후 그는 "지금 내가 하는 일을 여러분은 이해하지 못하지만, 내가 성령을 보낼 때 이해하게 될 것입니다."라고 언급한다. 발을 씻으면서 예수는 강력한 전기 에너지를 전달할 수 있도록 그들의 발 짜끄라들을 준비하고 있었다는 것이 나의 판단이다. 나는 성령을 그 전기로 이해한다. 그것은 오늘날에는 우리 주변 어디에서나 사용되고 있지만 당시에는 이해할 준비가 되지 않은 것, 즉 전기를 시적으로 표현하는 방식인 것으로 보인다.

인간의 잠재력

손과 발에 있는 짜끄라들의 높은 능력들은 수많은 진지한 구도자들에게 조만간 활성화될 것이다. 이 능력을 이용하여 큰 봉사를 하면 전생들로부터 온 까르마를 근절할 기회를 갖게 된다. 그것은 또한 우리가 더 많은 능력으로 할 수 있는 일들을 보여 주는 수단을 제공한다. 우리는 새로운 능력을 어떻게 사용할 것인가? 많은 돈에 대해서는 어떻게 생각하는가? 새롭게 나타난 능력들을 통해 얻을 수 있는 명성과 평판에 대해서는 어떻게 생각하는가? 새로운 능력들을 갖게 되면 나타나는 이런 질문들과 내적 동기들에 대한 대답은 문제들을 일으키지 않고 더 높은 의식 상태들로 안전하게 나아가는 자격을 결정할 수 있다. 옳거나 그른 대답은 없다. 우리의 내적 존재의 진실에 공명하는 대답들만이 있을 뿐이다.

힐링을 위한 만뜨라

에너지를 불러내는 만뜨라가 있다. 어떤 사람들에 따르면, 이 만뜨라는 인도에서 단완따리Dhanvantari로 알려진 천상의 힐러의 의식적인 도움도 받을 수 있게 한다고 한다. 그의 만뜨라는 전통적이든 비전통적이든 적절하고 알맞은 힐러의 보살핌 아래 힐링으로 가는 올바른 길을 찾기 위해 암송된다. 또 그의 만뜨라는 힐러가 우리의 상태를 치유하는 데 최선의 통찰력을 갖도록 돕기 위해 암송된다.

옴 슈리 단완뜨레 나마하

[옴 슈리 단-완-뜨레 나-마-하]

Om Sri Dhanvantre Namaha

[Om Shree Dhahn-vahn-treh Nah-mah-hah]

강력한 힐링 에너지들을 불러내는 2개의 태양 만뜨라가 있다. 첫째 만뜨라는 고통을 치유하는 힐링을 부른다,

옴 아르까야 나마하

[옴 아르-까-야 나-마-하]

Om Arkaya Namaha

[Om Ahr-kah-yah Nah-mah-hah]

다음의 만뜨라는 황금색 힐링의 빛을 부른다.

옴 바스까라야 나마하

[옴 바스-까-라-야 나-마-하]

Om Bhaskaraya Namaha

[Om Bhahs-kah-rah-yah Nah-mah-hah]

눈의 고통을 힐링하는 데 사용되는 또 하나의 태양 만뜨라가 있다. 비록 창문 앞의 태양빛이라 할지라도, 태양 아래 다소의 시간을 보내면서 이 만뜨라를 암송하는 것이 가장 좋다.

옴 그리니히 수리야야 아디띠얌

[옴 그리─니히 수리─야─야 아─디띠얌]

Om Grinihi Suryaya Adityam

[Om Gree─nee─hee Soor─yah─yah Ah─deet ㅗohm]

일반적인 목적의 힐링 만뜨라

매우 강력하며 일반적인 목적으로 이용되는 두 가지 전통적인 힐링 만뜨라가 있다. 이 만뜨라들은 다소 길기 때문에 나는 '화물 기차' 만뜨라라고 부른다.

첫째 만뜨라는 현자 마르깐데야Markandeya의 마하 므리뜌자야Maha Mrityunjaya 만뜨라이다. 만뜨라의 이름은 '죽음과 질병을 물리치는 위대한 만뜨라'로 번역된다.

옴 뜨라얌─바깜 야잠마헤 수간─딤 뿌슈띠 봐르다남

우르봐─우까미봐 반다난 므리뚀르 묵쉬야 마므리땃

[옴 뜨라─얌─바─깜 야─잠─마─헤 수─간─딤 뿌슈─띠─봐르다남

우르봐─우까미봐 반─단─안 므리─뚀르 묵─쉬─야 마므─리─땃]

Om Trayam─bakam Yajamahe Sughan─dhim Pushti Vardanam

Urva─ukamiva Bandhanan Mrityor Mukshiya Mamritat

[Om Trah─yum─bah─kum Yah─jahm─mah─heh Soo─gahn─dim Poosh─tee Vahr─dah─nahm Oor─vahr Oo─kuh─mee─vah Bahn─dahn─ahn Mrit─your Mook─shee─yah Mahm─ree─that]

둘째 위대한 힐링 만뜨라는 아봐따르 라마의 아빠다마빠Apadamapa이다. 이 만뜨라는 힐링 에너지가 암송하는 자리인 바로 여기로, 즉 '대지로, 대지로'(부요bhuyo, 부요bhuyo), 또는 암송하는 목적을 위해 보내지기를 요청한다.

옴 아빠—다마빠 하르따람 다따람

사르봐 삼빠담

로까 비 라맘 슈리 라맘

부요 부요 나맘—야함

[옴 아—빠—다—마—빠 하르—따—람 다—따—람

사르—봐 삼—빠담

로—까 비 라—맘 슈리 라—맘

부—요 부—요 나—맘—야—함]

Om Apa—damapa Hartaram Dataram

Sarva Sampadam

Loka Bhi Ramam Sri Ramam

Bhuyo Bhuyo Namam—yaham

[Ohm Ah—pah—dah—mah—pah Hahr—tah—rahm Dah—tah—rahm

Sahr—vah Sahm—pah dahm

Loh—kah Bee Rah—mahm Shree Rah—mahm

Boo—yoh Boo—yoh Nah—mahm—yah—hahm]

　　힐링을 위한 만뜨라 사용에 관하여 마지막 하나를 특별히 언급하고자 한다. 만뜨라는 힐링의 길을 가로막고 있는 까르마에 작용한다. 만뜨라는 직접적으로 힐링을 오게 할 수도 있고 그렇지 못할 수도 있다. 힐링을 위하여 만뜨라를 암송하는 고전적 방법은 이전에 알려지지 않았거나 시도되지 않은 힐링 방법을 고려하거나 사용해 보도록 제시하기 위한 것이다. 당신은 이전에는 그것들에 대해 들어 본 적도 없을지 모른다. 비록 당신이 이 방법을 알았더라면 효과를 볼 수 있었을지 모르지만, 당신의 까르마는 그것이 당신의 삶에 존재하도록 허용하지 않았을 것이다. 힐링 훈련을 마치면, 하나 또는 그 이상의 길이나 힐링법이 갑자기 나타날 수도 있다. 모든 안내를, 모든 새로운 가능성을 따르라. '기적을 기다리면서' 빈둥빈둥 시간을 보내지 말라. 40일 힐링 훈련을 마친 뒤 막 알게 된, 건너편 마을에 사는 허브 연구가가 기적일지도 모른다.

40일 수련

40일 수련은 인도에서 주요한 주제이다. 수련은 40일간 실패 없이 매일 이행되어야만 한다. 만약 하루를 놓친다면, 수련은 다시 시작해야 한다. 개인적으로 나는 당신이 아침에 일어나는 시간부터 밤에 잠자러 가는 시간까지를 하루로 규정한다. 비록 자정 이후는 공식적으로는 다음 날로 넘어가지만. 낮잠은 하루와 하루 사이의 잠으로 간주하지 않는다.

당신은 밤에 잠자러 가서도 깨어 있으면서 생각할 수 있다. "이런, 오늘 수련을 아직 못 했네!" 아직 괜찮다. 아직 잠을 자지 않고 있다. 그러니 여전히 일어나서 수련을 할 수 있다. 그러나 만약 당신이 몇 분간이라도 잠들어 버린다면…… 안타깝지만, 처음부터 다시 시작해야만 한다.

그러나 당신은 한 번의 전투에서 졌을 뿐 전쟁에서 진 것은 아니다.

나는 40일 수련을 수십 번 했고, 이 문제에 관해 다른 사람들에게 수십 번 상담해 주었다. 대체로 30일과 38일 사이에 격동의 날이 온다. 자동차 고장, 가정 문제, 직장에서의 대변동 등등. 이런 사건들은 상황을 너무 뒤흔드는 바람에 수련에 대해서는 완전히 잊어버릴 수 있다. 그것은 고전적인 시나리오이다.

비록 그런 사건들과 현실세계의 상관관계를 추적할 수는 없지만, 그것들은 항상 자신의 마음과 연결되어 있다. 우리가 극복하려고 애쓰는 습관과 관행들은 스스로를 방어하는 것으로 보인다. 가네샤와 자아—마음—성격에 관한 장에서 논의한 대로, 우리는 내적으로 통합되어 있지 않다. 스스로 작용하는 듯한 장소들이 있다. 만약 당신이 과체중이어서 체중을 줄이려고 애쓴다면, 당신은 즉시 내가 말하는 의미를 이해할 수 있다. 체중을 줄이고 싶은 장소가 있고, 원할 때마다 먹고 싶은 또 다른 장소가 있다. 두 장소는 충돌한다. 먹는 것에 관한 내적 통합이 없다.

우리 내면의 습관들은 너무나 집요하게 자기를 방어한다. 그래서 진행 중인 (그리고 성공할 것 같아 위협을 느끼는) 투쟁으로부터 우리의 관심을 분산시키기 위해 소란스러운 외부 사건들을 창조할 수도 있다. 우리는 우리 대부분이 진지하게 생각하는 것보다 훨씬 더 강력하다. 그러니 일단 만뜨라 수련을 하겠다고 결심했다면, 흔들리지 말고 포기하지 말라.

마지막으로, 우리 각자의 까르마가 다르기 때문에 결과들은 광범위하게 다르다. 어떤 사람이 여러 번 수련을 한 뒤에야 좋은 결과를 얻는 반면에, 다른 사람들은 첫 시도에서 좋은 결과를 얻을 수도 있다. 우리에게는 까르마에 대한 충분한 정보가 없다. 우리는 우리의 까르마적 곤경이 무엇인지 모른다. 그러나 우리는 인내하며 계속해야 한다. 우리는 극복할 것이다.

19

다섯째 짜끄라

비슷다 짜끄라

주요 원리 에테르

주제 의지와 영적 권위

씨앗 소리 훔Hum〔Hoom〕

위치 목구멍

앞서 언급한 대로, 구약 성서에 보면, 신이 "빛이 있으라."고 말씀하심으로 창조하였다는 기록이 있다. 신약 성서의 요한복음은 "천지가 창조되기 전에 말씀이 계셨다."라고 시작한다. 우리가 "신의 이미지로 만들어졌기 때문에" 목구멍 짜끄라가 우리 안에 있는 의지의 중심이라는 것은 놀라운 일이 아니다. 어떤 말을 하고 그렇게 되도록 하는 것은 이 짜끄라와 직접적으로 관련이 있다.

우리는 어렸을 때 "막대기와 돌은 우리의 뼈를 부러뜨리지만, 말은 결코 우리를 해치지 않는다."라고 배웠다. 그렇지 않다. 화가 난 상태에서

하는 말은 우정과 감정적 유대감을 파괴할 수 있다. 알맞은 때에 하는 격려의 말 한마디는 삶을 심오한 방식으로 더 낫게 변화시킬 수 있다.

영적인 접근에서, 말의 힘은 우리가 더 진보할수록 대단히 강력해진다. 발전 단계가 높을수록 말의 힘은 더욱 강력해진다. 사실, 높은 짜끄라들에서는 어떤 것을 생각하거나 말하기만 해도 그것이 나타날 것이다.

까우스뚜바 보석

비슈누 화신들의 신화를 보면, 그들은 가슴 바로 위 목구멍 짜끄라 아래에 마법적인 보석을 지니고 있다. 까우스뚜바Kaustubha 보석이라고 불리는 이 장소는 락슈미의 샥띠에 의해 힘이 부여된다. 이 장소는 큰 소리로든 작은 소리로든 무엇을 말하기만 하면 그것을 생겨나게 할 것이다. 상당히 앞선 숙련자들은 삿구루, 자가드 구루, 또는 마하 싯다와 같은 권위 있는 영적인 존재에게 이 힘을 받을 수도 있다. 이런 일은 주로 숙련자가 스승의 일을 계속 수행할 때 일어난다. 뛰어난 숙련자가 된 제자는 이 힘을 오용하지 않고 지닐 수 있을 만큼 믿음직스럽다는 것을 보여 주어야 할 것이다. 그것이 숙련된 학생에게 주어질 때, 그것은 모든 사람을 위한 선물이 될 것이다. 그는 접촉하는 사람들의 발전을 위하여 이 힘을 사용할 것이다. 그리고 이 힘을 사용하는 사람은 다음 단계의 진보와 봉사에 사용할 수 있는 많은 것을 배우게 될 것이다. 우리 모두의 안에 있는 이러한 중심을 직접적으로 활성화시키는 만뜨라는 없다. 그러나 화신들조차도 미묘한 인간의 몸 안에 내재해 있는 것들을 사용한다는 점을 알아야 한다. 만약 당신이 진정으로 봉사하는 길에 있다면, 언젠가는 이 책임을 받을지도 모른다. 비슷다 짜끄라와 연관하여 작용하는 이 선물이 당신에게 주어지면, 우리 모두가 혜택을 입을 것이다.

파장 맞추기

사이킥적인 선물들 또한 이 짜끄라와 연결되어 있다. 에드가 케이시는 내담자들의 건강이나 다른 문제를 위한 유용한 정보를 얻으려 할 때, 무의식적인 상태에 들어가서 말을 하기 시작했다. 그러나 그는 깨어나면 자신이 말한 것을 전혀 기억하지 못했다. 그의 무의식의 상태에서, 그의 자아—마음—성격이 일시적으로 아까샤에 접근했을 것이다.

그것의 원소인 에테르 원리의 지배를 받고 있는 이 짜끄라는 아까식 기록Akashic Records으로 들어가는 문이다. 모든 것이 여기에 저장되어 있지만, 통상적인 의미의 시간은 존재하지 않는다. 시간은 창조의 특정한 주기의 모든 사건들이 기록된, 둘둘 말린 캔버스와 같다. 신약 성서의 요한계시록에는 '종말'과 다른 예언들이 기록되어 있다. 어떤 것들은 봉해져 있으며 공개하지 말라는 지시가 내려진다. 우리는 그것들이 주어졌다는 것을 알지만, 드러내지 말라는 말도 들었다. 이런 종류의 정보는 모든 것이 기록된 아까식 기록을 통하여 얻어질 수 있다.

다른 모든 분야의 노력이 그러하듯이, 이 짜끄라에 통달하는 성취에도 여러 수준이 있다. 초보 수준의 사이킥들은 이 정보의 초보적인 내용에 접근한다. 그들은 단지 짜끄라의 어떤 주파수들만 얻을 수 있을 뿐이다. 더 뛰어난 영적인 사람들은 더 많고 더 높은 정보의 주파수들을 얻을 수 있다. 그리고 진정한 영적 수련은 대개 이 짜끄라와 투시 능력으로 안내하는 문을 열어 줄 것이다.

1973년, 처음 영적인 훈련을 시작했을 때, 나는 사이킥이 무슨 말인지 몰랐다. 시간이 지나면서 나는 직관이 점점 더 좋아지는 것을 알게 되었다. 마침내, 아내는 내가 전혀 알지 못했던 것들에 대하여 구체적인 질문을 하기 시작했다. 나는 일종의 주파수를 맞춘 뒤, 나에게 주어지는 것들을 말하기 시작했다. 그런 뒤 멈추고 그 말이 타당한지를 물었다. 최대한 빨리 글을 쓰고 있던 마갈로는 "물론이에요!"라고 말하고는 계속해서 기록했다. 누가 알겠는가?

나의 멋진 친구인 리나 엘리엇 추는 매우 뛰어난 사이킥 전문가이다. 사실, 그녀는 내가 만났던 사람들 중 최고의 사이킥이다. 그녀는 자신의 능력에 대해 겸손해서 누구나 자신처럼 할 수 있다고 진지하게 말한다. 어느 정도까지는 확실히 맞는 말이다. 그러나 누구나 백 미터 경주를 할 수 있지만, 매우 유능한 사람만이 10초라는 벽을 깨뜨릴 수 있다. 리나는 매우 유능한 사람이다.

그러나 그녀의 말 또한 옳다. 결국에는 누구든지 감수성을 향상시키면 결국에는 아까샤의 기록에 접근할 수 있다. 가장 높은 수준에서는, 힌두이즘의 기본 경전인 베다에 주파수를 맞추어 베다를 이해할 수 있게 될 것이다.

여기에 비슷다 짜끄라(목구멍)의 씨앗 소리인 훔Hum을 사용하는 만뜨라들이 있다. 그것들은 당신이 영적으로 진보할 때 이 짜끄라의 어튠을 발달시키는 데 도움이 될 것이다. 앞의 두 가지 만뜨라는 힌두 고전 서사시인 라마야나에 나오는 하누만이라는 인물과 관련이 있다. 하누만은 신성한 참나의 으뜸가는 하인인, 의식을 지닌 쁘라나이다. 그는 진보하는 자아—마음—성격이다. 이 만뜨라는 의식을 지닌 쁘라나에 경의를 표한다.

옴 훔 하누마떼 나마하
[옴 훔 하ㅡ누ㅡ마ㅡ떼 나ㅡ마ㅡ하]
Om Hum Hanumate Namaha
[Om Hoom Hah-noo-mah-teh Nah-mah-hah]

다음의 하누만 만뜨라는 진보하면서 만나는 모든 장애들을 쁘라나가 이길 것임을 선언한다.

옴 훔 하누마떼 뷔자얌
[옴 훔 하ㅡ누ㅡ마ㅡ떼 뷔ㅡ자ㅡ얌]
Om Hum Hanumate Vijayam
[Om Hoom Hah-noo-mah-teh Vee-jay-yam]

띠베뜨 전통의 위대한 마니Great Mani 또한 비슷다 짜끄라의 능력들로 가는 길을 열어 준다.

옴 마니 빠드메 훔
[옴 마니 빠드메 훔]
Om Mani Padme Hum
[Om Mah-nee-pahd-meh Hoom]

많은 띠베뜨의 스승들은 "옴 마니 뻬이 메이 훙Om Mah-nee Pay-may Hoong"이라고 발음한다. 그들은 이 발음을 사용하여 높은 영적 경지에 이르렀다. 그러나 고전적인 산스끄리뜨 발음은 위에서 제시한 바와 같다. 나는 위대한 스승인 제14대 걀와 까르마빠Gyalwa Karmapa에 의해 이 만뜨라에 입문하였다. 그는 나에게 고전적인 산스끄리뜨의 발음을 주었다. 그래서 나는 그 발음으로 훈련을 했으며 그 발음으로 가르치고 있다.

위대한 가야뜨리 만뜨라 또한 이 짜끄라와의 어튠먼트를 향상시킬 것이다.

20

가야뜨리 만뜨라
마스터 만뜨라

모든 만뜨라들 가운데에서도 가야뜨리는 에센스라 불린다. 모든 영적인 힘과 잠재 능력들은 가야뜨리 만뜨라 안에 내재되어 있다. 가야뜨리는 영적인 빛에 대한 명상이다. 모든 가르침들과 경전들에서 가야뜨리는 깨달음을 주는 데 최고라고 한다. 이 만뜨라는 힌두인들도 불교인들도 암송한다. 최고의 영적 빛을 축적하는 순수한 영적 힘으로 인해 가야뜨리 만뜨라와 비교될 만한 것은 없다. 다른 만뜨라들이 그 목적을 이루는 데 위대하다면, 이 만뜨라는 특히 지성의 일깨움을 목적으로 한다. 일단 지성이 깨달음의 에너지로 넘쳐흐르면, 지성은 마음에게 초월적인 생각들을 전해 준다. 마나스Manas 짜끄라의 활동을 통해 작동하는 반투명의 마음과 지성의 관계는 나중에 다루도록 하겠다. 가야뜨리 만뜨라는 네 가지 베다 경전 중 세 곳에서 보인다.

가야뜨리 만뜨라는 빛을 발하는 상위 일곱 로까loka들의 진동을 요약하는 소리들을 포함하고 있다. 이들은 의식의 영역들 또는 존재의 차원들이다. 단 처음 세 가지 차원은 신체적인 것이다. 나머지는 비신체적인 것이며, 현인, 성인, 마스터, 마하 싯다들, 림뽀쩨Rimpoche, 그리고 고도로 진화한 존재들이 거주하는 장소를 포함한다. 이 만뜨라의 힘을 풀어내면 그 사람은 자리에 앉아 명상하면서 이러한 영역들에 있는 존재들과 소통할 수가 있다. 깊은 수면 상태에서 사람들은 영적인 몸으로 이 영역들을 여행할 수 있다. 이 책을 읽는 여러분 중 일부는 내가 슈퍼드림이라고 부르는 꿈을 경험했을 것이다. 이러한 꿈들은 매우 다채롭고 역동적이며, 자체만의 범주를 요구하는 일반적인 꿈들과는 다르다.

자신의 의식을 더 높은 영역들로 조율하는 열쇠들을 미묘한 몸으로 가져오는 능력 때문에 가야뜨리를 마스터 만뜨라라고 부른다.

가야뜨리의 그림과 상像들은 다섯 개의 머리, 즉 락슈미Lakshmi, 사라스와띠Saraswati, 두르가Durga, 라다Radha 그리고 부 데비Bhu Devi의 머리를 가지고 있다. 그 머리들은 각각 현현의 근원적인 힘을 나타낸다. 즉 지식의 힘, 신성한 권능을 지닌 언어, 보호의 힘, 황홀한 희열의 힘, 지구의 힘이다.

저자의 개인 노트

나는 1974년 이후로 가야뜨리 만뜨라를 암송해 왔다. 이 만뜨라는 나의 영적 수행들을 위한 기초 가운데 하나였으며, 나는 이 만뜨라를 더할 나위 없이 추천한다. 이 만뜨라를 암송하면, 쁘라나에 에너지가 충전된다. 당신을 통해 유익한 에너지가 들어와서 가까이에 있는 모든 사람에게 도움을 준다. 이 만뜨라를 암송하다가 세상을 떠난 마스터들과 주파수를 더 잘 맞출 수 있다. 말로 표현할 수 없는 고요가 마음속에 스며들기 시작한다. 이 위대한 만뜨라를 암송하면서 내가 초기에 경험했던 두 가지 작은 사건을 들려주고 싶다. 나는 매우 일찍 이 만뜨라의 가치를 배웠다.

나는 아주 짧은 기간 동안만 가야뜨리 만뜨라를 암송했다. 물론 영적 능력을 개발하기에는 충분하지 않았다. 워싱턴 DC에서 필라델피아로 가는 여행 중에 나는 어느 도시에 있는 아쉬람에 머무르게 되었다. 그곳에도 이 만뜨라를 하는 영적인 사람들이 있었다. 첫 날 밤 저녁식사를 마친 후, 그 집의 주인은 저녁 설거지를 하러 싱크대로 가면서 내 바로 옆을 지나갔는데, 그때 나는 "옴 부…… 옴 부…… 옴 부봐하…… 옴 부봐하……" 하는 만뜨라 소리를 들었다. 그것은 내 능력을 넘어서는 기이한 의사소통이었다. 나는 그녀의 영적 수행을 듣고 있었다고 판단했다. 나는 그 짧은 순간을 결코 잊어버리지 않았다. 긴 세월이 지난 뒤에도 그 일은 아직도 내 마음속에 생생하게 간직되어 있다.

두 번째 사건이 일어난 것은, 사나따나 비슈와 다르마Satana Vishwa Dharma, 즉 보편적 종교의 사원이라 불리는 내 스승의 단체에서 내가 사제로 있을 때였다. 나는 가야뜨리 만뜨라를 열심히 암송하고 있었다. 매일 최소한 천 번 이상을 반복했다. 나는 더 많이 하고자 대부분의 시간을 만뜨라 암송으로 보냈다. 그 만뜨라는 나와 잘 맞았다. 마치 맛있는 음식을 먹을 때를 아는 것처럼.

4년 동안 그곳에 머무른 뒤 어느 날, 한 방문자가 초인종을 눌렀다. 이것은 평범한 일이었다. 하지만 초인종을 누르고 있는 그 사람은 평범한 사람이 아니었다. 그는 비하라Vihara라는 사원에서 온 젊은 불교승려였다. 그는 나이가 35세를 넘지 않아 보였으며, 전염성 있는 웃음을 가지고 있었다.

나는 그를 안으로 들어오게 한 뒤, 차 한 잔 하겠느냐고 제안하였다. 그가 동의하자 나는 물을 올려놓고서, 그에게 우리가 사용하는 경내를 구경시켜 주었다. 잠시 후, 그는 나를 뚫어지게 바라보면서 말했다. "당신도 그 신비한 문구를 암송하고 있군요." 나는 그가 무슨 얘기를 하는지 몰라서, 무슨 말이냐고 물었다. 그는 미소를 지으며 가야뜨리 만뜨라를 암송하기 시작했다. 내가 깜짝 놀라자, 그는 다정하게 웃으면서 자신도 그 만뜨라를 암송한다고 말했다. 차를 마시며 영적인 주제로 즐거운 대화를 나눈 뒤, 그는 길을 떠났다.

세월이 흐른 뒤, 나는 영적인 안목을 지닌 사람들이 특정 만뜨라를 반복함으로 오는 다양한 성질의 영적인 빛을 볼 수 있다는 것을 알게 되었다. 그런 사람은 내 오라의 빛의 양과 성질을 보고 내가 어떤 만뜨라를 암송하고 있는지 알 수 있었다.

가야뜨리 만뜨라는 지성의 깨달음을 위한 것이다.

긴 형태

옴 부르 옴 부봐하 옴 스와하
옴 마하 옴 자나하 옴 따빠하 옴 사띠얌
옴 땃 사뷔뚜르 봐렌얌
바르고 데봐시야 디마히
디요 요나하 쁘라죠다얏

[옴 부르 옴 부–봐–하 옴 스와–하

옴 마–하 옴 자–나–하 옴 따–빠–하 옴 삿–띠얌

옴 땃 사–뷔–뚜르 봐–렌–얌

바르–고 데–봐시–야 디–마–히

디–요 요–나–하 쁘라–쬬–다–얏]

Om Bhur Om Bhuvaha Om Swaha

OM Maha Om Janaha Om Tapaha Om Satyam

Om Tat Savitur Varenyam

Bhargo Devasya Dhimahi

Dhiyo Yonaha Prachodayat

[Om Bhoor Om Bhoo–vah–hah Om Swah–hah

Om Mah–hah Om Jah–nah–hah Om Tah–pah–hah Om Saht–yahm

Om Taht Sah–vee–toor Vah–rehn–yahm

Bhahr–goh Deh–vahs–yah Dee–mah–hee

Dhee–yoh Yoh–nah–hah Prah–choh–dah–yaht]

　오, 스스로 찬란히 빛나는 빛이시여, 모든 로까(의식의 영역)를 태어나게 하셨으며, 숭배를 받을 만한 분이시며, 태양의 궤도를 통해 나타나시는 분이시여, 우리의 지성을 밝혀 주소서.

개별적 문구들의 개략적 내용

옴 부르Bhur

옴, 땅의 차원(첫째 짜끄라)에 인사드립니다

옴 부봐하Bhuvaha

옴, 대기의 차원(둘째 짜끄라)에 인사드립니다

옴 스와하Swaha

옴, 태양의 영역(셋째 짜끄라)에 인사드립니다

옴 마하Maha

옴, 태양 너머의 첫째 영적 영역(넷째 짜끄라)에 인사드립니다.

옴 자나하Janaha

옴, 태양 너머의 둘째 영적 영역(다섯째 짜끄라)에 인사드립니다.

옴 따빠하Tapaha

옴, 태양 너머의 셋째 영적 영역, 선조들의 영역(여섯째 짜끄라)에 인사드립니다.

옴 사띠얌Satyam

옴, 지고의 진리의 거처(일곱째 짜끄라)에 인사드립니다.

옴 땃 사뷔뚜르 봐렌얌Tat Savitur Varenyam

옴, 인간의 이해를 초월한 영역에 인사드립니다.

바르고 데봐시야 디마히Bhargo Devasya Dhimahi

그곳에서 모든 영역에 있는 천상의 존재들이

디요 요나 쁘라쪼다얏Dhiyo Yonaha Prachodayat

깨달음을 받았습니다. 부디 우리의 지성을 일깨워 주소서.

짧은 형태

옴 부르 부봐하 스와하
옴 땃 사뷔뚜르 봐렌얌
바르고 데봐시야 디마히
디요 요나하 쁘라쪼다얏
Om Bhur Bhuvaha Swaha
Om Tat Savitur Varenyam
Bhargo Devasya Dhimahi
Dhiyo Yonaha Prachodayat

일반적으로는 짧은 형태가 긴 형태보다 훨씬 더 많이 암송되고 있다. 나에게 긴 형태의 만뜨라를 전해 준 나의 스승을 제외하면, 내가 알기로 긴 형태를 가르치는 유일한 단체 혹은 스승은 인도에 있는 아리야 사마지*Arya Samaj* 단체가 유일하다.

빛의 영역들과 동조同調되고, 지성이 깨달음을 받아들일 능력을 갖추도록 준비하고, 영적 지식을 받아 처리하는 지적-정신적 능력을 준비하는 데는 가야뜨리 만뜨라만큼 좋은 것이 없다.

21

아갸 짜끄라,
그리고 머리에 있는 다른 짜끄라들

아갸 짜끄라

지배 원리 마음

이슈 신성한 의지로 가는 적절한 개별적 수단

씨앗 소리 옴Om

위치 눈썹 사이

눈썹 사이에 있는 아갸 짜끄라는 두 개의 꽃잎을 가지고 있다. 그 짜끄라
의 씨앗 소리는 '옴'이다. 이 소리는 우리 대중문화의 거의 일부분이 되
고 있다. 이 소리는 우주적으로 하나 된 마음의 장소를 위한 씨앗 소리이
며, 우주 창조의 소리다. 빠라마한사 요가난다는 《요가난다Authobiograpay
of a Yogi》에서 명상을 하던 중 360도 전체를 볼 수 있었다고 말한다. 그
때 그의 의식은 이 짜끄라에 자리 잡고 있었다. 자아—마음—성격이 가네

샤–가나빠띠와의 관계를 끝내는 곳이 바로 이곳이다. 가네샤–가나빠띠의 일은 이제 끝난다. 자아–마음–성격은 수브라만야에게 안내되며, 수브라만야는 이제 반투명하며 신성해진 자아–마음–성격을 데리고 머리에 있는 중심들을 통과한다. 그것이 사하스라라 짜끄라의 아래에 있는 구루 짜끄라에 도달하면, 그것은 위대한 결정의 지점에 도달하게 될 것이다.

만뜨라: 옴Om

마나스 짜끄라

머리 뒤쪽에는 마음의 더 높은 기능들의 자리인 이 짜끄라가 있다. 이곳은 깨달음이 실제로 지원되는 곳이다. 마나스 짜끄라는 밝은 지성에서 나오는 빛을 받아들이며 신성한 방식으로 작동된다.

마음은 분석자이다. 마음은 저울질하고 생각하며, 비교하고 대조하며, 바라보며, 정신의 과정을 평가하고 지휘하여 결론으로 나아가게 한다. 그러나 그것은 아이디어들을 만들어 내지는 않는다. 그것의 임무는 마음에 자양분을 공급하는 지성의 기능이다. 지성이 깨닫게 되면, 그것은 더 높은 차원의 아이디어들을 자동적으로 마음에게 보내는데, 마음은 그것들을 수용할 수 있어야만 한다. 마음을 그처럼 강력한 신성의 도구로 변형시키는 만뜨라가 있다. 그것의 진동들은 우리가 살고 있는 행성을 변화시킬 수 있다. 그것은 위대한 마니Great Mani 만뜨라이다.

옴 마니 빠드메 훔

[옴 마-니 빠드-메 훔]

Om Mani Padme Hum

[O Mah-nee Pahd-meh Hoom]

　다음의 만뜨라는 보디찟따Bodhicitta, 즉 더 높은 지식과 깨달음을 받아들이고자 하는 정신적 소망과 준비 상태를 향상시킨다고 한다. 나는 오랫동안 이 만뜨라를 정기적으로 암송했다. 그래서 이 만뜨라는 대단하고 역동적인 고요함을 가져온다고 여러분에게 말할 수 있다. 마음은 예리하지만 고요하다.

가떼 가떼 빠라 가떼 빠라 삼-가떼 보디 스와하

[가-떼 가-떼 빠-라 가-떼 빠-라 삼 가-떼 보-디 스와-하]

Gate Gate Para Gate Para Sam-gate Bodhi Swaha

[Gah-teh Gah-teh Pah-rah Gah-teh Pah-rah Sahm Gah-teh Bod-dee Swah-hah]

　만주슈리Manjushri 만뜨라는 기쁨의 느낌을 가져올 수 있으며, 심지어 집중력과 직관을 예리하게 할 때도 그렇다. 띠베뜨 전통에서 만주슈리의 아내 즉 샥띠는 사라스와띠이다. 힌두교에서 사라스와띠는 창조주 브람마의 배우자이다.

　만주슈리의 그림이나 상像을 보면 검을 들고 있다. 이것은 그가 검을 무기로 사용한다는 의미가 아니다. 오히려, 그것은 '식별의 검'이라 불린다. 검은 마음의 혼동을 없애고, 비실재와 실재를 구분할 수 있게 해 준다.

옴 아 라 빳 짜 나 디 디 디

[옴 아 라 빳 짜 나 디 디 디]

Om Ah Ra Pat Tsa Na Dhi Dhi Dhi

[Om Ah Rah Paht Tsah Nah Dhee Dhee Dhee]

소마 짜끄라

소마 짜끄라는 머리 안에서 아갸 짜끄라보다 위에 있으며, 입천장 바로 위에 위치하고 있다. 완전히 활성화될 때 보름달처럼 보이는 이 짜끄라는 우리가 왔던 곳으로 되돌아가는 여정을 빠르게 하는 기능을 가지고 있다. 그것은 자아–마음–성격이 불멸을 이룰 때 주요한 역할을 한다.

이 짜끄라에는 암리따amrita 즉 불멸의 감로라 불리는 에테릭 액체가 담겨 있다. 활동적인 상태에 있을 때 이 짜끄라는 그 액체를 척추 속으로 똑똑 떨어뜨리며, 그 뒤 그 액체는 미묘한 몸의 정맥과 동맥이라고 할 수 있는 나디 시스템으로 운반된다. 미묘한 몸 안에는 72,000개의 나디들 즉 아스트랄 신경 튜브들이 있다. 소마 짜끄라에서 떨어지는 액체를 받는 곳은 어디든지, 즉 그런 나디 혹은 부분은 다시는 까르마를 축적하지 않을 것이다. 이 액체는 어떠한 까르마도 달라붙는 것을 허용하지 않는 우주적 테플론Teflon(합성수지)으로 작용한다. 그 액체의 활동은 도저히 마음으로는 이해할 수 없다. 까르마는 외부 상황에 의해 촉발될 수 있는 진동들과 에너지 패턴들로 몸에 저장되어 있다. 개인의 생각, 감정, 행위, 선천적인 기질들은 모두 까르마의 영향을 받으며, 수많은 생애를 거치면서 발달된 특성들과 경향성들에도 영향을 받는다. 하지만 우리가 태어난 국가와 가족, 우리가 갖고 싶은 부富의 종류, 교육, 인간관계, 그리고 삶의 조건들과 같은 다른 환경들도 있다. 이 모두는 미세한 몸 안에 저장되어 있다. 왜냐하면 그것은 우리가 지금 살고 있는 삶에 관계가 있기 때문이다.

"지금부터, 이 특정한 환경 안에서, 당신이 무엇을 하든 까르마가 축적되지 않을 것이다."라고 말하는 힘이 당신의 삶 속에 들어온다고 상상해 보라. 이것이 이 액체가 할 수 있는 일이다. 이 힘은 강력하기 때문에 언제든 소량만이 방출된다. 그리고 오직 은총을 통해서만 활성화된다. 왜냐하면 대개 방법을 알고 있는 진보된 존재만이 입문에 의해 활성화되기 때문이다. 이 활성화는 꿈속에서, 혹은 신체를 가지고 있는 살아 있는 스승을 통해 일어날 수 있다.

의식을 상징하는 인물인 쉬바의 그림을 보면 그의 이마에 초승달이 있다. 이 달이 소마 짜끄라이다. 하지만 쉬바의 경우 그것은 더 이상 활동하지 않고 있다. 쉬바는 불멸을 성취한 지 오래되었으므로 더 이상 그 기능을 필요로 하지 않는다. 그래서 수축된 모습으로 보이며, 보름달은 이제 초승달 모양으로 축소되어 있다. 그것의 기능이 끝났기 때문이다. 우리가 불멸의 상태에 도달할 때 똑같은 일이 우리에게도 일어날 것이다. 이 짜끄라의 기능은 더 이상 필요치 않게 되며, 그래서 작동이 중지될 것이다.

히말라야의 어떤 하따 요가 수행자들은 특정한 수행으로 이 불멸의 넥타의 흐름을 증가시키려고 노력한다. 만약 서양인들이 그들의 모습을 보았다면 기괴하다고 여겼을 것이다. 이 요기들은 손을 이용해 혀를 길게 뽑아 늘이곤 한다. 시간이 지남에 따라 혀를 길어지게 만든 뒤, 혀를 공처럼 말아 올려 혀뿌리의 반대쪽으로 밀어넣을 수 있도록 하려는 것이다. 이 움직임은 에테릭 액체의 생산을 자극하여 나디들 속으로 들어가는 흐름을 촉진한다. 혀를 늘이는 데 도움이 되도록, 혀 중앙 부위의 밑에 있는 조직의 작은 조각을 몇 주마다 조금씩 자른다. 조직이 완전히 사라지면, 혀를 뒤쪽으로 더 멀리 감아올릴 수 있게 되어 소마 짜끄라를 더 잘 자극할 수 있다. 이 혀를 말아 올리는 것을 께짜리 무드라Kechari mudra라고 한다.

이 수행은 그 방법을 아는 요기에 의해 감독되는데, 그 요기는 그 과정을 배우는 사람들에게 선생의 역할을 한다. 이 모든 과정이 혐오스럽게 보일 수도 있겠지만, 그것은 효과가 있다. 이 요기들은 그들이 무엇을 하고 있는지 알고 있으며, 액체가 자신의 일정에 따라 흘러내리게 하는 것보다 훨씬 빠른 결과를 얻는다.

이 과정을 읽고 있는 많은 독자들은 자각하지는 못할지라도 활동적인 소마 짜끄라를 가지고 있다. 어떻게 알 수 있는지 설명할 것이다. 에테릭 액체 방울들이 나디들 속으로 떨어질 때, 당신은 촉촉한 서늘함이 내부 어디에서 3–6인치 정도 이동하는 것을 느낄 수 있다. 예를 들어, 다리가 젖어 있다는 느낌이 들어서 다리에 어떤 액체를 엎질렀다고 느낄 수 있는데, 하지만 확인해 보니 말라 있다. 이것은 액체 방울이 바깥쪽이 아니라 안쪽으로 떨어지기 때문이다.

똑똑 떨어지는 과정은 나디들이 막히지 않고 열려 있을 때는 언제든지 계속될 것이다. 거의 모든 사람들은 어딘가에 막힌 나디들을 가지고 있다. 나디들의 막힌 부분을 없애는 다양한 방법들이 있는데, 하따요가, 쁘라나야마, 그리고 자기실현 협회Self Realization Fellowship의 에너지 충전 운동, 몇몇 필라테스Pilates 운동, 그리고 나디들의 막힘을 정화하기 위한 찬팅 작업 등이 그것들이다. 내가 말하는 찬팅이란 뿌자(산스끄리뜨로 예배의식), 끼르딴kirtan(산스끄리뜨로 헌신의 노래), 만뜨라 연습을 의미한다. 당신은 이 짜끄라의 활동을 자극할 수 있는 만뜨라가 있는지 알고 싶을 것이다. 이것은 당신이 혀를 잘라서 말아 올리지 않아도 된다는 것을 의미한다. 얼마나 다행한 일인가.

그 짜끄라를 자극하기 위한 만뜨라는 께짜리Kechari 만뜨라인데, 그것은 일곱 가지 씨앗 음절을 가지고 있다.

흐림 밤 삼 빰 빰 삼 끄샴
[흐림 밤 삼 빰 쁘함 삼 끄샴]
Hrim Bham Sam Pam Pham Sam Ksham
[Hreem Bhahm Sahm Pahm P-ham Sahm Kshahm]

《꾼달리니 요가》에서 스와미 쉬바난다는 이 만뜨라를 500,000회 반복하면 흰머리와 주름살이 사라질 것이라고 말한다.

깔라 짜끄라

띠베뜨인들은 이 짜끄라를 깔라 짜끄라Kala Chakra(Kalachakra)라고 한다.

힌두이즘에서는 그것을 종종 랄라니Lalani 짜끄라라고 한다. 뭐라고 부르든 간에 그것의 기능은 동일하다. 깔라는 산스끄리뜨로 '시간'을 의미하며, 짜끄라는 '바퀴'를 의미한다. 그러므로 이 짜끄라를 내면의 '시간의 바퀴'라 부르는 것도 당연한 일이다.

이 짜끄라와 관계된 수련들은 붓다가 가르친 마지막의 수련들이다. 붓다가 죽음에 임박하여 혼수상태로 있을 때, 곁에는 12명 정도의 사람들만이 있었다. 거기에 있던 모든 사람들은 붓다가 깨어날 것이라고 생각했다. 그 대신, 붓다는 혼수상태에서 깨어나 그의 마지막 가르침인 깔라 짜끄라 딴뜨라Tantra를 주었다.

그와 함께 있던 사람들은 대부분 인도의 북부와 중부 출신이었으며, 띠베뜨의 왕 수짠드라Suchandra가 외국인 대표로 함께 있었다. 모두가 가르침을 펼 수 있을 정도의 완전한 기록을 가져갔다. 붓다가 입적한 후 그들은 모두 집으로 돌아갔다. 얼마 후, 서쪽으로부터 다른 나라가 침략하여 많은 것을 파괴했다. 띠베뜨의 왕 수짠드라의 기록 하나만 제외하고, 깔라 짜끄라 딴뜨라의 정보를 포함하고 있는 모든 기록이 파괴되었다. 그래서 오늘날 붓다의 마지막 가르침을 받을 수 있는 유일한 곳은 띠베뜨이다. 달라이 라마와 제프리 홉킨스Jeffery Hopkins가 쓴《깔라짜끄라 딴뜨라The Kalachakra Tantra》는 가장 완벽한 정보를 담고 있으며, 내가 익히 알고 있는 정보들이 담겨 있다.

깔라짜끄라 딴뜨라의 수행은 매우 복잡하다. 그리고 붓다의 입적 얼마 후, 승단에서는 그 수행에 대한 가르침을 완전히 중단하기로 하였다. 대신에, 어느 정도 단순화하였으며, 그래서 기법들과 철학에 대한 가르침은 계속 이어질 수 있게 되었다.

나와 내 아내, 그리고 영적 아들인 마크 베넷은 1982년 까르마 까규 Karma Kagyu 계보의 깔루 림포체Kalu Rimpoche를 통해 깔라짜끄라 딴뜨라에 정식 입문을 받았다. 나는 다음 페이지에 있는 만뜨라를 수년 동안 매우 열심히 암송했다. 앞서 언급하였던 홀리스틱 건강 치료사인 내 친구 페기 로드리게스도 암송에 전념했다. 진지하게 수행한 지 몇 년이 지난 뒤, 그녀는 나에게 재미있는 방식으로 효과가 나타나기 시작했다고 말했다. 그녀가 마사지 치료를 하기 위해 로스엔젤레스 주변을 간다는 것은 끔찍한 교통 혼잡을 자주 경험한다는 것을 의미했다. 고속도로는 대부분의 시간 동안 혼잡하다. 그런 어느 날 그녀는 깔라짜끄라 만뜨라를 암송하기 시작했다. 그 당시에 그녀는 약속 시간에 다소 늦어질 것이라는 것을 예상했는데, 그 순간 시간이 천천히 가고 있다는 것을 알아차렸다. 그녀는 약속 시간에 맞춰 도착하였다. 그 후 그녀는 늦을 때마다 만뜨라를 암송하곤 했다. 그 이후로 그녀는 좀처럼 늦지 않는다.

나는 그녀보다 적어도 두 배 이상 되는 기간 동안을 그녀 못지않게 열심히 암송했고 정식 입문까지 받았기 때문에, 그녀의 결과에 대해 약간은 질투하는 마음이 들었다는 것을 고백한다. 그때까지 나에게는 그와 같은 일이 일어나지 않았기 때문이다. 그러던 어느 날 내가 사띠야 나라야나 뿌자Satya Narayana Puja(힌두 전통의 우주적 진리 숭배)라는 의식을 행하고 있을 때, 어떤 일이 일어났다.

나는 뿌루샤 숙땀Purusha Suktam을 막 찬팅하기 시작했다. 내가 두 연을 찬팅했을 때 내 마음속에 구멍이 열렸다. 나는 우주 창조 직후의 시간과 공간으로 이동하였다. 현자들과 마하 싯다들이 이 우주의 근원을 달래고 그 위대한 존재의 현존을 불러내기 위해 마음으로 불 의식을 행하고

246

있었다. 갑자기 그곳에 내가 있었다. 그들은, 아마도 이 사람이 누구인가 의아해하면서, 멍하니 나를 바라보았다. 나는 놀라운 황홀경의 상태에 있었다. 나는 몇 분 동안 이 과정을 지켜보았고, 그 뒤 내 마음속 구멍이 닫히면서 나는 찬팅하던 곳으로 되돌아왔다. 시간은 흐르지 않았다. 나는 한 연의 찬팅을 마치고 다음 연의 찬팅을 준비하기 위해 숨을 들이쉬었을 뿐이었다.

옴 하 끄사 마 라 봐 라 얌 스와하
[옴 하 끄사 마 라 봐 라 얌 스와―하]
Om Ha Ksa Ma La Va Ra Yam Swaha
[Om Hah Ksah Mah Lha Vah Rah Yahm Swah-hah]

음절들은 이러한 방식으로 시작이 된다. 옴Om은 아갸 짜끄라의 씨앗 소리이다. 하Ha와 끄사Ksa는 아갸 짜끄라의 꽃잎에 있는 에너지를 활성화시킨다. 마Ma는 에너지를 몸의 왼쪽 아래로 가져온다. 다음 세 음절인 라La 봐Va 라Ra는 기저로부터 시작하는 처음 세 짜끄라(물라다라, 스와디스따나, 마니뿌라)의 씨앗 소리로 'm'을 뺀 것이다. 'm' 소리는 소리들에 지구 차원에 현현하는 원리를 소리에 더한다. 그래서 이 만뜨라는 지구 차원의 에너지 나타남을 포함하지 않으면서 짜끄라들의 에너지를 불러낸다. 그 다음 얌Yam은 가슴 짜끄라를 위한 씨앗 소리로 온전한 'm'으로 찬팅된다. 이 만뜨라는 가슴 연꽃의 에너지가 지구 차원에 현현하는 방식으로 도달하게 하려는 의도를 갖는다.

구루 짜끄라

머리 꼭대기에 있는 사하스라라 짜끄라 아래에는, 진화적으로 말하자면, 비교적 새로운 작은 짜끄라가 있다. 그것이 구루 짜끄라Guru Chakra이다. 우리 각자 모두에게 구루가 존재한다는 것에 대한 논쟁이 늘 있다. 이 짜끄라는 구루가 있다는 것에 대한 증거이다.

한 해에 계절들이 있는 것과 마찬가지로 의식에도 계절들이 있다는 것은 고대 신비주의뿐만 아니라 현대의 신비주의 영성에 있는 보편적인 생각이다. 영적 여름(사띠야 유가Satya Yuga)에는 이 행성 인구의 90% 이상이 깨닫게 된다. 지구는 존재하기에 좋은 장소이다. 현재, 우리는 5,000년 이상을 영적 겨울(깔리 유가Kali Yuga)을 나고 있는데, 지구는 존재하기에 그리 좋은 장소는 아니다. 그래도 이점은 있다.

영적 여름에는 영적인 진보를 하기가 어렵다. 앞으로 나아가기 위해 하는 영적 수행들은 주목할 만한 결과들을 얻는 데 오랜 시간이 걸린다. 하지만 영적 겨울에는 그 반대가 진실이다. 적은 노력에도 즉각적으로 실질적인 발전이 온다. 자주 사용되는 비유로, 만약 공중에서 보트를 저으려고 한다면, 아무리 힘써 노력해도 아주 멀리도 아주 빨리도 갈 수 없을 것이다. 그러나 물 속에서 노를 저으면 빨리 나아갈 것이다. 앞으로 나아가게 하는 것은 바로 저항 자체이며, 물의 밀도 자체이다. 영적인 수련들은 노이다. 영적인 겨울은 밀도가 매우 높기 때문에 수련이 꽤 빠르게 진전되고 매우 빨리 진보할 수 있다. 겨울은 우리가 영적 여름(사띠야 유가Satya Yuga)으로 되돌아가기 이전에 42만 7천년을 더 지속하게 될 것이다.

248

우리가 현재의 영적 겨울에 가까워짐에 따라, 10만 년 또는 그 이상의 기간에 걸쳐, 우리는 (아마도 어떤 신성한 존재 또는 대리인의 도움으로) 사하스라라 짜끄라 아래에 있는 작은 짜끄라를 진화시켰다. 이 짜끄라의 목적은 자아—마음—성격이 거주하고 있는 척추 아래로 에너지를 보내는 것이었다. 영적 겨울에는 너무나 적은 사람들이 구도자가 되기를 선택하거나, 심지어 영적 주제에 대하여 생각해 볼 의향을 갖게 된다. 그러므로 구루 짜끄라가 이런 상태를 위한 해결책이다.

구루 짜끄라로부터 오는 에너지는 자아—마음—성격에 상당한 영향을 미친다. 이 짜끄라는 자아—마음—성격을 어느 정도 깨어나게 하며, 그것에 중요한 질문들을 보내기 시작한다. 이 질문들에 대한 대답은 영적 발전의 길로 나아가도록 촉진할 것이다. 이 행성과 나의 관계는 무엇일까? 다른 사람들과는? 내가 알고 있는 것 이외에 삶에 무엇이 더 있는가? 만약 있다면 그것은 무엇인가? 왜 어떤 이들은 원하거나 필요로 하는 것을 모두 얻는 것처럼 보이는 반면에, 어떤 이들은 힘들게 고생해야 하는가? 사람들이 특정 국가에 태어나는 이유가 있는가? 만약 신이 있다면, 그것은 정말 무엇인가? 그리고 신이 있다면, 세상은 왜 이렇게 엉망인가?

삿구루, 자가드 구루와 마하 싯다와 같은 영적으로 매우 앞선 스승들은 개인이나 집단 속에서 구루 짜그라를 자유로이 활성화시킬 수 있다. 그들은 가끔 자신만이 이해하는 이유로 이렇게 한다.

이 짜끄라를 직접적으로든 간접적으로든 자극하고 활성화시킬 수 있는 만뜨라들이 있다. 만약 당신이 지식과 지혜를 겸비한 진정한 스승이 되길 원한다면, 첫째 만뜨라를 찬팅하라. 지식은 마음에 있고, 지혜는 가슴에 있다. 또한 일반적으로 구루의 원리와 더 잘 조율되고 싶다면 이 만뜨라를 찬팅하라.

구루 옴
[구—루—옴]
Guru Om
[Goo—roo—Om]

특정한 구루와 더 잘 조율되기를 원한다면, 앞의 만뜨라나 이 만뜨라를 찬팅할 수 있다. 26장의 끝부분에는 구루와 관련된 만뜨라가 두 개 더 있다.

옴 슈리 구루뵤 나마하
[옴 슈리 구—루—뵤 나—마—하]
Om Sri Gurubhyo Namaha
[Om Shree Goo—roo—Byoh Nah—mah—hah]

자아—마음—성격이 이곳에 도달하면, 이제 선택을 해야 할 것이다. 계속 나아가 사하스라라 짜끄라 안으로 들어갈 것인지, 아니면 그러한 결정을 미룰 것인지를 선택해야 할 것이다. 나는 그것을 위대한 결정의 장소라고 부르며, 다음 장에서 논했다.

사하스라라 짜끄라

엄밀히 말하면, 머리의 왕관에 천 개의 꽃잎을 가진 연꽃으로 묘사되는 사하스라라 짜끄라Sahasrara Chakra는 특정 만뜨라를 가지고 있지 않다. 그것은 모든 만뜨라를 포함한다. 이제 그 사람은 빠람마쉬바Paramashiva가 된다. 완수해야 할 더 이상의 단계는 없다. 해야 할 것도 없고, 알아야 할 것도 없다. 그는 여전히 하나의 '나'와 동일시하고 있는 개인들은 이해할 수 없는 존재의 다른 상태에 도달한다.

하지만 락슈미가 락슈미 딴뜨라에서 가르치는 하나의 만뜨라가 있다. 이 만뜨라는 이 짜끄라의 에너지를 곧장 지구 차원으로 가져온다. 나는 이 만뜨라로 40일간의 수련을 했는데, 그 에너지는 말로 형언할 수 없는 경이로움을 가져다주었다. 이 만뜨라는 짧지만 강력하며 매우 고양시킨다.

사하스라라 임

[사―하스―라―라 임]

Sahasrara Im

[Sah-has-rah-rah Im]

22

위대한 결정

결국 여정은 임계점에 도달할 것이다. 자아—마음—성격이 흐릿 빠드마에 도달하면 신성을 얻는다. 그것은 계속 지식을 축적하고, 신성한 사랑에 바탕을 둔 힘의 적용이 어떻게 우주의 거대한 계획 안에서 작용하는지를 알게 된다. 구루 짜끄라에서 새로운 선택이 나타나기 시작한다. 그것은 옳은 것도 그른 것도 없는 선택이다. 그것은 그냥 결정일 뿐이다.

   때가 될 때, 만약 우리가 사하스라라 짜끄라 안으로 이동하기를 선택한다면, 우리가 알던 우리의 개별적 존재는 사라질 것이다. 자아—마음—성격은 영혼에게 지식과 경험을 주려는 목적을 이룰 것이다. 영혼 그 자체는 본성에 티끌만큼의 변화도 없겠지만, 그럼에도 불구하고 무엇인가가 더해졌을 것이다. 더해진 그것은 영혼이 우선 물질과 진화 안으로 하강하는 목적이었다. 자아—마음—성격은 이 상태에 도달하기 위해 열심히 노력하였기에, 그것의 어떤 부분은 또한 영혼과 더불어 사하스라라 짜끄라 안으로 들어가 마침내 하나로 합일된다. 그러나 합일되겠다는 결정을 하면 개별성의 느낌이 확실히 사라질 것이다. 그러면 거기에는 오로지 모든 것이 있을 뿐이다. 과거, 현재, 미래가 모두 동시에 공존하는 영원한 우주적 순간 안에서 모든 것이 존재할 것이다. 이 상태는 시간 너머에 존재하며, 어떤 의미에서 시간은 우주적 의지에 의하여 그것으로부터 생겨난 것이다.

어떤 사람들은 우주적 전체 안으로의 최종적인 합일을 연기하는 것을 선택한다. 대신에 그들은 이미 성취한 상태를 유지하는 것을 선택하고, 척추, 즉 생명과 진화의 나무 아래로 돌아가서, 의식 있는 다른 존재들의 구원을 위해 일한다. 우리는 이 아이디어가 세상의 몇몇 위대한 종교에서 다양한 사람들에 의해 표현되고 있음을 본다.

힌두이즘에서는 봉사의 정신과 결합되고 신성한 사랑에 의해 지도된 놀라운 영적 성취를 지칭하는 명칭이 있다. 이것은 다사Dasa이며, 신에게 받아들여진 하인이라는 것을 의미한다. '받아들여진'이라는 말은 그들이 도달한 진화의 상태가 너무나 높아서, 마치 신이 하인의 하인이 된 것과 같은 것을 의미한다. 이렇게 말해지는 이유는 다사가 개인적인 계획을 전혀 가지고 있지 않기 때문이다. 인류를 고양시키는 것이 그들의 유일한 의도이다. 목적의 순수함이 너무나 밝게 빛나서, 그 어떤 다른 동기들이 의식 안에 그림자로 나타나지 않는다. 이것은 주로 바이슈나바이뜨Vaishnavite(비슈누를 따르는 사람들)의 호칭이다. 그래서 이름 뒤에 다사Dasa나 다스Das가 붙은 사람들은 우리 모두에게 봉사하는 길을 가는 사람들이다. '다스'라는 이름를 가진 모든 사람이 '받아들여진' 하인의 위치에 오른 것은 아니다. 그러나 그들은 우리에게 이것이 그들의 목표라고 말한다. 그들은 우리 모두에게 지금이나 나중에 축복이 될 것이다.

샤이바이뜨들Shaivites(쉬바를 따르는 사람들. 그들 중 많은 이들이 의식의 확장을 위한 길을 따르고 가르친다) 또한 봉사에 헌신할 수 있다. 샹까라짜리야Shankacharya 전통의 위대한 자가드 구루Jagad Guru(우주적 스승)들과 마하 싯다들Maha Siddhas(위대한 달인)은 엄청나게 신성한 사람들이다. 이들은 봉사하기 위하여 인간의 모습을 취하였다. 그들은 또한 다른 많은 선생님들을 진정한 구루들로 훈련시키고, 그들 역시 차례가 되면 인류에게 봉사한다.

기독교에서 목자의 개념은 이런 아이디어를 표현하고 있다. 우주 의식을 얻은 뒤, 우리 또한 그 의식을 얻도록 도와주고자 돌아오는 사람들은 목자에 비유된다. 우리는 그들의 양에 비유된다. 목자들은 그들의 성품에 따라 여러 모습들로 작용한다. 목자의 한 유형은 신성한 리더십을 체현하며, 자신이 먼저 의식을 높은 상태들로 가는 문을 통과한 뒤, 우리에게 자신을 따르라고 말한다. 이것은 본보기를 통한 리더십이며, 때로는 왕 같은 목자라 불린다. 다른 유형의 리더십은 모든 양을 인도하면서 자신은 맨 뒤에서 따라갈 것이다. 이러한 보호적 리더십 유형은 어떤 양도 더 높은 의식으로 가는 문을 통과하지 못하는 일이 없도록 확실히 보살핀다. 이런 유형은 선한 목자라고 한다.

가장 감동적인 봉사 서약은 불교에서 보인다. 그것은 보디삿뜨바Bodhisattva 맹세라 한다. 아발로끼떼슈와라Avalokiteshwara의 이야기는 결국 높은 수준의 영적 성취에 도달하는 위대한 존재의 초인적인 노력을 전한다. 그가 한 노력은 종종 매우 높은 산의 정상에 오르는 것에 비교된다. 산꼭대기에 도달한 아발로끼떼슈와라는 그 너머를 볼 수 없는 높은 돌담을 보게 된다. 아발로끼떼슈와라는 돌들을 쌓고 그 위로 올라가서 마침내 돌담 너머를 볼 수 있게 되었다. 너머의 세계는 놀라웠다. 건너편으로 뛰어내리기 위해 그는 울타리 꼭대기로 뛰어올랐다. 그는 뛰어내리기로 결심했다. 만약 그때 뛰어내렸다면, 그는 완전히 새로운 단계의 존재로 들어가서 인류를 영원히 떠났을 것이다.

그 순간, 그의 뒤쪽에서 커다란 신음소리를 들었다. 주위를 둘러본 그는 그를 잃는 것을 비통해하는 인류의 집단 무의식을 보았다. 연민에 휩싸인 그는 모든 곳에 있는 지각 있는 존재들을 위해서 그의 마지막 희열, 즉 깨달음의 마지막 단계를 연기하기로 결정했다. 그러한 결정은 보디삿뜨바 맹세로 알려졌으며, 이것은 모든 곳에 있는 지각 있는 생명에게 봉사하겠다는 서약이다.

오늘날 많은 진지한 불교도들은 그 맹세를 따르고 있다. 맹세를 받아들인 사람들의 진지함에는 깊이의 차이가 있을지라도, 이 점에 대해 한번 생각해 본다면, 인류의 모든 위대한 스승들은 이와 비슷한 맹세를 했거나 결정을 내렸음에 틀림없다. 그렇지 않다면 왜 그들이 우리를 돕기 위해 돌아오겠는가?

내가 지금까지 운 좋게 만난 가장 놀라운 분들 중 한 분은 16대 갈와 까르마빠Gyalwa Karmapa였다. 나는 그분에게 보디삿뜨바 계를 받았다. 나는 세상에 나의 도움이 필요하고 나의 할 일이 있는 한, 나의 구루인 삿구루 샨뜨 께샤바다스의 인도를 받아 (샨뜨 께샤바다스와 그의 부인 구루 마따와 함께) 사람들에게 봉사하기 위해 돌아올 것이다.

당신 역시 위대한 결정을 해야 하는 순간이 오게 될 것이다. 당신은 여정을 완성하고 사하스라라 짜끄라 안으로, 형상이 없으며 모두를 포함하고 있는 진리 안으로 합일되기를 선택할 수도 있다. 혹은 각자의 여정을 가는 사람들을 돕기 위해 자유롭고 깨달은 존재로서 이 영역에 머물겠다고 결정할 수도 있다. 평화롭기를 바란다. 옳은 결정도 그른 결정도 없다. 당신의 본성에 맞는 결정만이 있을 뿐이다.

제4부

신성한 존재들과
신성한 우리

23

자아─마음─성격

1980년대 이후로 사람들은 그들의 몸에 점점 더 많은 관심을 기울이고 있다. 수많은 사람들이 조깅을 하고, 헬스 스파를 다니고, 에어로빅 강좌에 등록하고, 여러 가지 방법으로 운동을 하고 있다. 하따 요가, 기공, 태극권을 통해 우리는 이런 운동 패턴에는 신체단련 운동과 더불어 영적인 차원도 있다는 것을 알 수 있다. 이러한 명백한 사례들 외에도, 구르지예프Gurdjieff 단체가 가르치는 신비한 운동들, 요가난다의 영적 에너지 운동들, 그리고 몇몇 불교 단체에서 가르치는 명상으로서의 신체적인 노동과 같은 다른 사례들이 있다. 적어도 지난 20년 동안 신체를 통해 표현되는 의식적인 자각의 흐름이 분명히 점점 더 증가하였다.

영적으로는 이러한 흐름이 훨씬 오래 전부터 진행되고 있었다. 심지어 거의 100년 전에 시작된 운동들도 신체를 이용하여 의식을 고양시키고 신체와 자아의 관계를 이해하는 방법을 보여 준다. 그러나 11장에서 논의했던 것처럼, 자아─마음─성격은 움직이는 중심이다. 그것은 내면의 여러 장소에 거주한다. 따라서 그것은 다른 장소에 있는 동안 느꼈거나 결정한 것에 동의하지 않을 수도 있다. 심리학자들은 분열된 자아에 대해 말하는 반면, 오우스펜스키Ouspensky는 자신의 책《네 번째 길The Fourth Way》에서 자아는 여기저기 돌아다니며, 그것이 그 순간에 어디에 머무르느냐에 따라 다른 방식으로 나타난다고 하였다.

예를 들어, 간, 위, 대장 등 여러 기관으로 구성된 소화기관은 고환, 난소, 난관, 음경 등과 같은 생식기 기관들과는 다른 속성의 기관들이다. 자아가 우리 안에서 돌아다닌다는 구르지예프의 견해를 이용하자면, 자아는 대장의 근처에 있으면서 '나'라는 하나의 생각을 표현할 수 있는데, 그것은 동일한 '나'가 생식기 영역의 쾌감 신경 부위에 있을 때 표현되는 다른 생각과는 상당히 모순될 수 있다. 어떤 성적 파트너가 상대방에게 "체중을 줄이면 섹스가 더 좋아질 거예요. 그러니 이번에는 정말 체중을 줄이겠어요."라고 말하는 것을 우리는 본 적 있지 않은가? 물론 이것은 자아가 이 부위를 벗어날 때 변할 수 있다. 대장은 그 생각에 동의하지 않으면서 초콜릿 케이크 두 조각을 원하기로 결정할 수 있다. 자아가 대장 근처에 있는 동안에는 대장이 왕이다.

기본적으로 이 의식(자아)의 중심이 어디에 거주하느냐에 따라, 그리고 어느 한 부분의 욕망들이 다른 부위의 욕망들과 얼마나 많이 충돌하느냐에 따라 내적 갈등이 증가한다. 전체 유기체가 우선적으로 필요하다고 느끼는 것이 항상 혹은 대부분의 시간 동안 얼마나 잘 표현되도록 할 수 있느냐에 따라 질서가 유지된다.

예를 들어, 알코올에 대한 욕망은 긴장을 해소하기 위한 몸의 하위 기관들의 욕망의 표현이다. 알코올은 쁘라나가 재분배되도록 하는데, 이를테면 생식 부위와 내장에 집중되어 있는 에너지를 몸의 높은 부위인 태양 신경총, 팔, 때로는 목 안으로 재분배하는 것이다. 쁘라나가 이러한 부위들로 들어갈 때, 성적인 부위는 잠시 휴식을 경험한다. 과도한 알코올의 소비는 에너지가 하위 중심들을 전적으로 떠나게 한다. 그러면 기반이 상실되어 무의식 상태를 초래하게 된다. 그러면 신체 내 어떤 기관들의 긴장을 해소하고자 하는 욕망이 몸 전체의 필요를 대체해 버리고, 몸은 정상적으로 기능하지 못하게 된다.

긴장을 해소하는 다른 방법들이 있지만, 긴장을 해소하고 싶어 하는 기관들은 그런 다른 방법들에 대하여 전적으로 무지하다. 하나의 갈망이 모든 조화로운 메커니즘을 파괴하고 전체 기관에 해를 준다는 것을 우리는 알 수 있다. 만약 알코올에 관한 욕망을 통제할 수 없거나 되풀이해서 일어나게 한다면, 조화로운 메커니즘들은 아마도 영원히 손상을 입게 될 것이다. 유기체의 모든 다른 행위들은 이 하나의 욕망에 복종하게 될 것이다.

알코올은 하나의 예일 뿐이다. 모든 종류의 욕망들이 있다. 알코올이 어떤 소비 수준까지는 사회적으로 받아들여지는 것처럼, 더 쉽게 변장하는 더 미묘한 많은 욕망들이 사회적으로 받아들여지고 있다. 예를 들어, 힘에 대한 갈망들은 사람들이 건강한 심리적 기질에 꼭 필요한 자양분의 필요성을 회피하게 만든다. 이러한 갈망들은 유기체에 평생 지속될 영구적인 불균형을 초래한다. 성관계에 대한 갈망을 제어하지 않고 내버려두면, 다른 내적 시스템의 정상적이고 균형적인 성장이 불가능해질 정도로 신체 내의 에너지 분배를 왜곡시킨다.

기억해야 할 중요한 점은, 우리가 지금 유기체의 의사 결정 기능을 지배해 버리는 자아의 표현(욕망)들에 대해 이야기한다는 것이다. 자아는 거짓된 중심이다. 이 거짓 중심은 때로는 긴장 해소의 경우처럼 실제적인 필요를 표현하며, 유기체를 완전히 점령해 버린다.

자아는 필요하며 중요한 기능을 가지고 있다. 사실, 자아가 없으면 영혼은 신체에 머물 수가 없다. 그러나 자아는 길들여져야 하며, 통제되어야 하며, 영의 더 높은 필요성에 봉사하도록 배워야 한다. 그것에 대한 보상은 불멸의 상태로 진화할 수 있다는 것이다.

영혼이 환생할 때마다 자아—마음—성격은 의식의 표현이다. 때가 되면 그것은 순수해지며 신체에 해를 끼치지 않으면서 영혼의 성질들을 직접적으로 표현할 수 있을 만큼 진보한다. 여기에서 말하는 순수함이란 영적인 능력과 힘을 보유하면서도 자기중심적으로 사용하지 않는 능력을 말한다.

그러므로 자아—마음—성격은 직접적으로 신체와 연관된 진화적 과정에 꼭 필요한 자연스런 부분이다. 그러나 그것을 적절히 발달시키기 위해서는 욕구와 갈망 사이의 균형을 이루는 것이 필수적이다. 자아—마음—성격은 진화하는 의식의 입문 수준과 연관하여 그 자신을 표현하는 움직이는 중심이라는 점을 명심하면 도움이 된다.

다양한 구도의 길과 분파들에서 영적 성장의 기본 수칙으로 표현되는 발전 과정에는 전통적 종교에 있는 행동 계율이 포함된다. 영적 진보의 길의 다양한 갈래를 걷는 구도자들은 이 계율을 지켜야 한다. 모든 길과 모든 수행은 궁극적으로 내적인 일치로 나아가게 하며, 그 결과로 마음의 두 가지 중요한 속성이 얻어진다.

1. 선명한 사고 욕구와 욕망들은 균형 잡혀 있고, 유기체의 전반적인

목적에 종속된다. 그러므로 왜곡이 최소화되고, 자아를 통해 표현되는 의식이 사물의 원인, 결과, 함축적 의미, 관계들을 더 선명하고 자세하게 볼 수 있게 된다.

2. 명확한 의지력 이것으로 우리는 전체 유기체에게 좋은 조화로운 결정을 할 수 있다. 우리는 심지어 그러한 결정이 더 위대한 결과에 이르도록 어떤 종류의 내적 합의를 이룰 수 있다.

자아–마음–성격의 성장이란 영성에 바탕을 둔 진정한 의지력에 의한 성격의 통합이다. 이것이 바로 앞서 논의한, 행동하는 가네샤–가나빠띠 원리이다.

입문

각 짜끄라는 진화의 길을 따라 있는 위대한 입문을 나타낸다. 입문들에 대한 모든 생각은 앨리스 베일리, H.P. 블라바츠키, 루돌프 스타이너, 얼레인Earlene과 아스타라Astara의 로버트 체니Robert Chaney 같은 현대의 신비주의 저술가들의 작품에서 폭넓고 깊게 논의되고 있다.

첫째 위대한 입문을 받은 사람은 둘째 위대한 입문과 셋째 입문을 받은 사람과는 전적으로 다른 방식으로 움직인다. 그러나 같은 이동하는 '나'를 가지고 있다. 이동하는 '나'는 다양한 이슈들을 오갈 수 있지만, 특히 신체가 관련되어 있는 한, 그 현상은 동일하다. 예를 들어, 첫째 입문을 받은 사람은 성적 활동을 몸의 다른 부분들과 균형을 맞추려는 바람에 의해 촉진된 강한 성적 욕망을 갖게 될 수 있다. 여기에서의 이슈는 신체적 현상으로서의 성, 그리고 이 발달 단계에서 자연스럽게 나타나는 오컬트 능력들의 조절이다.

둘째 위대한 입문을 받고 셋째 짜끄라로 나아가는 사람은 개인적인 힘의 표현을 위한 욕구들을 가질 수도 있다. 그러면 사랑이 아니라 힘을 표현하기 위해 능력을 과시하는 쪽으로 흐를 수 있다. 힘의 표현은 괜찮은 것이지만, 그것들은 사랑과 이해에서 나와야만 한다. 그것은 "당신 자신을 위하여" 혹은 "당신은 내가 누구인지 모른다."라는 형태의, 종종 사랑으로 가장하는 미숙한 힘의 충동에서 나와서는 안 된다. 셋째 입문을 받은 사람은 진정한 힘은 사랑 안에 있는 것이지, 많은 외적인 환경들을 변화시킬 수 있는 의지의 행사에 있지 않음을 배워야 한다. 이 개념의 이해는 그들로 하여금 아나하따 짜끄라에 있는 넷째 위대한 입문을 위하여 준비시켜 줄 것이다.

첫째 입문을 한 사람은 첫째 짜끄라 안에 중심적인 위치를 가지고 있다. 그들은 생존의 문제들에 정통하여 그들의 에너지를 그곳에 성공적으로 자리 잡게 했다. 그들은 먹는 것, 자는 것, 결혼하는 것, 욕망을 채우는 것 이상의 것들이 삶에 있다는 것을 깨닫게 된다. 그들은 지금보다 더 나은 존재가 되고 더 잘 이해하려는 열망을 갖는다. 그들의 직관은 삶에는 그들이 현재 알고 있는 것보다 훨씬 많은 것들이 있음을 이미 알려 주었다. 그들은 그들과 공명하는 것을 찾을 때까지 다양한 길을 시험하면서 찾는다. 어떤 수련을 받아들인 뒤, 그들은 둘째 짜끄라 입문에 받아들일 수 있게 된다.

이제 그들은 성의 즐거움, 가능성, 사용법의 전 범위를 이해하고 연구하고 탐색하기 시작한다. 힘으로서의, 황홀한 사랑의 행위로서의, 힐링 에너지로서의, 열정적인 열의로서의 성적 에너지를 알아간다. 첫째 짜끄라에 있는 홈 베이스로부터 둘째 짜끄라를 거쳐, 작은 점들로 이루어진 동그라미가 놓인 대장까지 위로 뻗은 상상의 직선을 상상해 보라. 이 점선으로 된 원이 항상 첫째 짜끄라의 기저와 연결되어 있으면서 몸 전체로 자유롭게 움직인다고 상상하라. 입문 수준의 '에너지'는 그 점으로 된 원의 자아 자리를 통해 표현된다. 그것은 자기를 '나'로서 동일시하는 점으로 된 원이다. 비록 거짓 자아는 둘째 입문의 때 이후로 더 잘 알지만, 이 거짓 동일시는 넷째 입문을 통하여 일어난다. 일단 넷째 입문에 이르면 영혼의 에너지는 신성한 가슴에 닻을 내리고, 입문들을 거친 의식의 중심인 진화하는 자아—마음—성격과 더불어 신성한 가슴으로 몰입된다. 거짓 자아는 영원히 '죽는다.'

각각의 위대한 입문의 때에 각기 다른 죽음들이 있었다. 그러나 자아 의식의 중심이 다음 수준으로 나아간 뒤, 자아는 자기의 권리를 다시 주장하고, '나'로서 동일시하는 과정을 다시 시작한다. '나'는 위대한 경험을 했다. '나'는 나의 다음 단계로 나아갔다. '나'는 신에 의해 선택되어…… 빈 공간을 채운다. 당신은 이런 생각을 가진다.

각각의 수준에서, 자아—마음—성격은 새로운 가르침들을 배우고 소화해야만 한다. 자아—마음—성격이 아나하따 짜끄라 바로 아래에 있는 신성한 가슴에 도달하여 빛나는 자기와 하나가 될 때, '나'와의 거짓된 동일시는 그친다. 이제는 오로지 신성한 기쁨과 이해를 증가시키면서 척추를 타고 올라가는 신성한 '나'만이 있다. 자기와 그것의 이동수단인 자아—마음—성격, 즉 이제는 황금빛 신성한 존재로 변한 가네샤의 쥐가 이마 중심인 아갸 짜끄라에 도달하면, 가네샤—가나빠띠의 임무는 끝을 맺는다. 투명하며 불멸의 자아—마음—성격은 의식의 높은 상태인 수브라만야에게 '소개'된다. 그 상태로부터 척추 아래로 내려가는 여정이 아주 오래 전에 시작되었다. 자아-마음-성격이 머리의 중심들을 통과해 위대한 결정의 자리로 나아갈 때, 수브라만야의 의식 상태는 그를 손짓하여 부른다.

24

수브라만야

쉬바와 빠르바띠의 장남

그날, 추위는 살을 에는 듯했고 바람은 고드름처럼 매서웠다. 그러나 쉬바와 빠르바띠는 개의치 않았다. 그들은 결혼식을 마친 뒤 까일라사 Kailasa 산으로 가서, 빠르바띠가 기쁨으로 끓인 차를 함께 마셨다. 그녀의 차는 너무도 훌륭했으므로 천인天人들은 종종 쉬바의 관심을 끌 만한 위기나 문젯거리를 궁리해 내곤 했다. 쉬바를 만나기 위해 까일라사로 가야 한다는 구실을 만들기 위해서였다. 그들은 빠르바띠가 당연히 차를 대접해 줄 것이라는 점을 알았다. 이것은 지위를 막론하고 천인들에게 널리 알려진 사실이었다.

물론 쉬바와 늘 하나로 있는, 우주의 모든 곳에 있는 의식과 하나로 있는 빠르바띠는 이 모든 것을 알고 있었다. 그녀는 의식과 생각 자체의 힘일 뿐 아니라, 우주의 다른 모든 것의 힘이다. 그래서 그녀는 대표단이 어떤 어려운 문제를 가지고 쉬바의 조언을 구하기 위해 그들의 집 앞에 나타나도 전혀 놀라지 않았다.

그러나 오늘, 결혼식을 마치고 돌아온 첫날, 빠르바띠는 마음에 다른 것들을 품고 있었다. 쉬바와 빠르바띠가 함께 한 명상은 어느 누구도 짐작할 수 없는 경이로움이었다. 결혼식을 하기 전, 빠르바띠는 쉬바의 고독한 명상에 참여하여, 그의 흥미롭지만 정적인 묵상을 수시로 바뀌는 색상들과 형상들의 팔레트로 변화시켰다. 그것은 역동적이고, 늘 새로우며, 경이로움으로 가득했다. 그들이 지금 함께 하는 명상에 빠르바띠가 준 변화들은 심지어 쉬바조차도 예상하지 못한 것이었다. 그녀의 현존으로 만들어진 변화에 그는 감탄하고 기뻐하였다. 공식적인 결혼식은 그 시대의 일반적인 의식과 관습에 따라 적절히 행해졌으므로, 쉬바는 이제 영광스러운 명상 수행을 함께 재개해야겠다고 생각했다. 그래서 그는 빠르바띠에게 "자, 이제 차와 저녁식사를 하기 전에 몇 시간 더 명상을 합시다."라고 말했을 때, 빠르바띠가 하는 말을 듣고 살짝 놀랐다.

"우리는 이제 결혼했어요. 그래서 저는 다른 종류의 명상을 생각하고 있어요." 그녀는 수줍어하며 곁눈을 주었고, 그는 그 말의 의미를 즉시 알아차렸다.

"오, 알겠어요. 우리의 영광스러운 합일을 완성하는 것이 적절합니다." 그가 말했다.

"예." 빠르바띠가 대답했다.

곧 다른 종류의 명상이 시작되었다. 황홀한 포옹 속에서 그들은 사랑과 합일의 차원들을 탐구하기 시작하였다. 쉬바와 샥띠의 춤은 우주를 데우기 시작하였다. 금세 바람은 잠잠해졌고 얼음은 녹기 시작하였다. 까일라사 산에서는 그러했지만, 천인들이 대부분 거주하는 우주의 다른 지역들에서는 견딜 수 없을 만큼 열이 달아오르고 있었다. 그러나 쉬바와 빠르바띠는 전혀 관심을 기울이지 않고 있었다. 천인들은 하나 이상의 이유로 몹시 염려하게 되었다.

홀로 깊이 묵상하고 있던 쉬바를 만뜨라 화살로 깨운 천인 까마Kama와 관련된 사건에 앞서, 데바deva들의 적인 악마 아수라asura들은 천인들에게 완전히 패배한 적이 있었다. 패배한 아수라의 왕들 중 하나인 아끼르센Akhirsen에게는 강력한 능력들을 지닌 여자 마법사로 태어난 마야Maya라는 이름의 사랑스러운 딸이 있었다. 어느 날 그녀와 이야기하고 있던 왕은 머리를 절레절레 흔들면서 불평하기를, 싸우기만 하면 늘 데바들이 이기는 것 같다면서 이젠 진절머리가 난다고 했다. 아버지에게 연민을 느낀 마야는 자신이 천인들의 군대에게 복수하는 수단이 되겠노라고 아버지에게 맹세하였다. 그녀는 상상하는 것보다 더 나은 결실을 맺게 될 계획을 마음속에 품고 있었다.

그녀의 계획은 단순한 것이었다. 위대한 성자를 찾아내어 그와의 사이에서 아들을 낳은 뒤, 자신이 그 아들을 전사와 마법사로 훈련시키겠다는 것이었다. 그녀의 마법과 성자의 위대한 힘이 결합하면, 데바들에게 복수할 수 있는 강력한 자식을 낳게 될 것이다.

그녀는 명상에 잠겨서 적당한 후보를 물색하였다. 그녀의 의식은 우주의 영적 차원들을 여행했으며 얼마 후, 오랫동안 깊은 명상에 잠겨 앉아 있는 위대한 성자 까슈야빠Kashyapa를 보았다.

성자 까슈야빠는 브람마의 마음에서 태어난 쁘라자빠띠Prajapati 존재들 중 하나였다. 상상할 수 없이 거대한 힘을 가지고 있으며 샌들을 신듯이 쉽게 그 힘을 사용할 수 있는 까슈야빠는 수많은 종족의 존재들을 기른 역사도 가지고 있다. 그는 행위를 즐겼기 때문에 자식들이 많았을 것이라 짐작이 된다. 긍정적인 세력 집단과 부정적인 세력 집단 출신의 어여쁜 천상의 처녀들과 까슈야빠의 관계를 통해서 악마 전사들, 인간이 아닌 지각력 있는 종족들뿐만 아니라 천상의 음악가들, 영웅의 종족들이 태어났다. 그에게는 높은 지성, 봉사의 정신, 뛰어난 영적 예술 능력과 결합된 아름다움과 매력이, 그들이 긍정적인 길을 따랐는지 부정적인 길을 따랐는지 여부보다 더 중요하였다. 그는 공평했다고 말할 수도 있다.

마야에게 까슈야빠는 그녀의 계획들을 위한 완벽한 후보자였다. 가장 아름답고 이국적인 모습을 취한 뒤 그녀는 까슈야빠가 깊은 명상에 잠겨 앉아 있는 비밀의 장소로 갔다. 그의 앞에 앉아서 그녀는 자신에게 뿌려 놓은 마법의 향수 내음을 그에게 풍기려고 부채질을 하였다. 그에게 미세한 움직임이 일어나자 그녀는 일어나서 춤을 추고 부드러운 목소리로 노래를 불렀다. 그녀의 부드러운 음색과 절묘한 목소리는 그의 움직임 없는 형상에 감미롭게 와 닿았다. 잠시 후 위대한 성자는 눈을 뜨고 그녀의 아름다움을 바라보았다. 그는 그녀가 편안하게 부르는 부드럽고 매혹적인 노래를 들었고, 노래와 어울리는 우아한 몸짓을 보았다. 노래를 마치자, 그녀는 그의 앞에 앉아 겸손하게 고개를 숙였다.

"젊은 여인이여, 그대는 뛰어난 재능과 매력을 지닌 더없이 아름다운 여인이오. 그런데 그대는 왜 여기에서 그러고 있는 것이오? 감각적인 것에 흥미가 없는 나 같은 성자 앞에서 말이오." 그는 물었다.

"오, 위대한 분이시여! 저는 당신을 섬기고 싶고 당신의 아내가 되기를 원합니다. 인생에서 어떤 것이 당신 같은 분을 섬기는 것보다 더 의미 있을 수 있을까요? 모든 경전이 다 그렇게 선언합니다. 그렇지 않나요?"

마야는 그의 눈을 바라보지 않은 채 여전히 고개를 숙이고 있었다.

"오, 매혹적인 여인이여, 당신의 말은 사실이오. 그러나 하필이면 왜 나 같이 주름살이 느는 사람에게 관심을 갖는 것이오?" 까슈야빠는 이제 그녀를 시험하고 있었다.

"당신은 영적인 힘을 가지고 있습니다. 그러니 당신이 원하는 바에 따라 그 주름살들은 즉시 사라질 수도 있고, 10,000년 동안 지속될 수도 있습니다. 하지만 저는 우리의 합일로 생길 아이의 어머니가 되고 싶습니다. 제가 원하는 것은 고결하고 진실한 것이 아닙니까?" 마야는 까슈야빠가 거짓을 알아차릴 것임을 알고서 진실한 부분만을 말하였다.

"젊고 아름다운 그대의 용기는 그대가 한 말의 분명한 진실성과 어울리는구려. 나는 모든 면에서 그대를 받아들이겠소." 까슈야빠는 손을 내밀어 마야의 손을 잡았고, 펼쳐지는 우주의 거대한 드라마의 다음 막이 시작되었다.

마야와 성자 까슈야빠는 숲에서 행복하게 살았고, 때가 되자 그들에게 아기가 태어났다. 그녀는 그 아기에게 수라빠드만Surapadman이라는 이름을 붙여 주었다. 얼마 후에는 심하무까Simhamukha와 따라까Taraka라는 이름의 두 아들도 태어났다. 소년들이 자라 성년이 되자, 성자 까슈야빠는 다시 한 번 은둔 명상을 하고 싶어졌다. 그는 그들에 대한 자신의 모든 의무가 끝났음을 보았고, 숲 속에서 명상하는 삶으로 돌아가기를 갈망하였다. 그래서 이제는 어른이 된 아들들을 불러 말하였다. "아들들아, 나는 너희들을 떠날 것이다. 사랑스러운 어머니 마야를 잘 돌보아라. 신에 대한 알맞은 헌신으로 선하고 진실한 삶을 살아가거라." 아들들에게 그렇게 당부한 뒤 그는 손을 모아 인사를 하고 난 뒤 숲으로 들어갔다.

마야는 이런 변화에 기뻐하였다. 그녀의 눈에 이것은 하나의 징조였다. 이것은 이제 행동할 시기이며, 그녀의 계획이 열매를 맺을 시기라는 것을 의미했다. 모든 곳에 있는 의식의 상징인 쉬바 신이 헌신과 탄원에 쉽게 기뻐한다는 것을 알고서 그녀는 쉬바 신에게 순종하는 명상을 계속 반복하라고 젊은 아들들에게 말했다. 쉬바 신이 나타나서 원하는 것을 물을 때까지 계속 쉬바의 비위를 맞추다가, 쉬바가 나타나 물어보면 무적의 은총을 달라 하라고 지시하였다.

세 젊은이는 어머니에게 완전히 복종하였다. 그들은 어린 시절부터 그녀의 계획을 들었는데, 그 계획은 그들의 내적 성향에 잘 맞았다. 그래서 이제 다음 단계를 위한 때가 왔다는 말을 듣자, 수라빠드만과 그의 형제들은 숲 속으로 들어가서 적절한 은둔 장소를 발견했으며, 커다란 나무 아래에 사슴 가죽을 깔고 그 위에 앉아 깊은 명상에 들어갔다. 오랫동안 그들은 모든 곳에 있는 의식의 신의 위대함을 찬양하면서 깊은 명상의 상태에 머물렀다. 그러나 쉬바는 그들에게 나타나지 않았다.

아마 그분은 다른 일을 하고 있을 것이다. 하지만 그렇다면 왜 하던 일을 마친 뒤에도 오지 않는가? 그들은 기도하고 탄원하고 명상을 하며 집중을 하였다. 여전히 그는 오지 않았다. 마침내 그들은 내적인 상태에서 나온 노력을 하는 데 지쳤다. 그래서 그들은 큰 불을 피웠다. 불이 활활 타오르자 수라빠드만은 쉬바에게 지고의 희생을 하기로 결심하였다. 그는 어머니와 형제들에게 마음으로 작별인사를 하고 화염 속으로 뛰어들었다.

즉시 쉬바가 나타나 화염에서 수라빠드만을 구했다. 쉬바가 물었다.

"왜 너는 자신을 희생하려 하는가?"

수라빠드만은 즉시 대답하였다. "모든 곳에 계신 의식의 신이시여, 저는 당신을 기쁘게 해 드리는 최선의 방법인 기도와 명상, 금욕을 행했습니다. 그러한 행위들을 통해 당신을 쉽사리 기쁘게 해 드릴 수 있다는 말을 들었습니다. 하지만 당신이 응답하지 않으시자, 저는 이 불꽃 속에서 저의 불완전함을 파괴하고자 하였습니다. 그러나 지금 이렇게 당신께서 나타나셨으니, 당신께서 은총을 주시기를 감히 요청하고 싶습니다. 저에게 어떤 조건에서도 소멸되지 않는 몸을 주십시오. 저는 이 창조물의 주인이 되기를 원합니다."

쉬바가 말하였다. "네가 요청한 것과 같은 불멸의 몸은 아무도 가질 수 없지만, 다른 방법으로 그대를 도와주겠다. 이로써 나는 그대에게 무적이라는 은총을 내린다. 그대는 나의 힘 이외에는 우주의 어떤 힘에게도 패하지 않을 것이다. 따따스뚜Tatastu. 그렇게 될지어다."

수라빠드만은 형제들을 소리쳐 불렀다. 가까운 곳에 있다가 금세 달려온 세 명의 청년은 쉬바 신에게 인사한 뒤, 집에 돌아와서 어머니에게 소식을 전했다. 이제 그녀의 계획은 결실을 맺었다.

이제 청년들은 병사들을 모집하여 군대를 만들었고, 수라빠드만을 최고 사령관으로 추대하였다. 따라까와 심하무까는 그의 군대에서 장군이 되었다. 대열을 정비한 뒤 그들의 군대는 신속히 데바들이 지배하는 영토로 진군하였다.

천인들과 그들의 부관들은 하나씩 패하였고, 그들의 임무는 아수라들인 수라빠드만과 동생들, 그들의 군대에게 넘어갔다. 그들은 심지어 천인들의 거처인 데바로까devaloka까지 점령하여 그곳에 수라빠드만을 위한 왕좌를 설치하였다. 호화로운 새 거처가 완성되자 수라빠드만은 사악하게 비웃었다. 천인들의 우두머리인 인드라가 사로잡히자, 수라빠드만은 그를 자신 앞으로 끌고 오게 하여 조롱하고 비웃었다. 바람의 신인 바유Vayu도 그의 앞으로 끌고 오게 한 뒤, 속에 바람이 하나도 없이 다 빠져 버린 것 같다면서 신랄하게 조롱했다. 그러고는 그의 군대를 위해 쉬지 않고 부드러운 산들바람을 보내라고 바유에게 명령하였다. 태양의 신인 수리야Surya를 잡아와서는 그와 그의 군대가 머무는 곳이 항상 적당히 따뜻하도록 햇볕을 보내라고 명령하였다. 그러나 붙잡힌 천인들이 수용된 곳에는 타는 듯이 뜨거운 열을 내보내도록 했다. 훗날 꾸베라 Kubera를 위한 천상의 도시를 스리랑카에 세울 건축의 신 비슈와까르마 Vishwakarma까지 잡혀왔다. 수라빠드만은 그에게 거대한 도시를 세우라고 명령하였다. 완성된 도시는 마헨드라 뿌리Mahendra Puri라는 이름으로 불렸으며 수라빠드만의 본부가 되었다.

몇 명의 천인들은 잡히지 않고 피할 수 있었다. 인드라의 아들 자얀따 Jayanta는 달아나지 못하였다. 그러나 그는 달아나는 천인들에게, 지금 벌어지고 있는 상황을 쉬바에게 알려야 한다고 속삭였다. 이 요청은 천인들 사이에 논란을 불러일으켰다.

나머지 천인들뿐만 아니라 자얀따도 천인 까마의 사건에 대해 알고 있었다. 까마가 까일라스Kailas에 도착한 시간은 쉬바가 명상하고 있던 시간이었다. 쉬바는 호흡도 없이 근원 의식에 잠겨 있던 상태를 방해한 죄로 까마를 잿더미로 만들어 버렸다. 비록 까마는 미래에 쉬바의 아내가 될 운명이었던 빠르바띠의 요청에 따라 그렇게 한 것이지만, 쉬바는 무자비했다. 그러나 다른 이들은 쉬바가 빠르바띠의 요청으로 까마를

274

다시 살릴 것이라는 것을 알았다. 그래서 난상토론을 벌이며 모든 문제를 논의한 뒤, 대표단이 쉬바의 집인 까일라스 산으로 찾아갔다.

천인들은 도착하였지만 빠르바띠의 차 대접을 받지 못하였다. 쉬바도 그들을 환영하지 않았다. 그들이 도착했을 때, 쉬바와 빠르바띠는 서로 포옹한 채 부부 간의 사랑을 나누느라 여념이 없었다. 천인들은 조심조심 움직였다. 어떻게 해야 할까? 마침내 그들은 행동을 취하기로 결정하였다. 대표단 중 한 사람이 대변인 역할을 하도록 선택되었다. 그는 살금살금 앞으로 나아갔고, 마침내 부부에게서 몇 피트 떨어진 지점까지 다가가자 큰 소리로 헛기침을 했다. 이것은 쉬바와 샥띠의 천둥 같은 포옹을 방해하여 잠시 멈추게 했다.

황홀경에서 잠시 멈추었을 때, 남성과 여성의 점액 한 방울이 그들의 합일에서 빠져나가 시공 연속체의 틈으로 떨어졌다. 미래에 대지가 될 영은 재빨리 입을 열어 단호하게 말하기를, 그녀는 아직 대지를 이루지 못한 상태라서 파괴되지 않으려면 이 강력한 점액을 품을 수 없다고 하였다. 거의 모든 것을 소멸시킬 수 있는 불의 신 아그니Agni는 자신이 이 방울에 의해 소멸되지 않으려면 아주 짧은 순간만 가지고 있을 수 있다고 말하였다. 심지어 그에게조차 그 방울은 영적으로 너무 강력하였다. 수많은 천인들과 지고한 영靈들이 하나같이 이 방울의 정수를 가지고 있을 수 없다고 말하였다.

이 방울의 힘을 수용할 수 있는 영이나 원소는 아무도 없는 것 같았다. 그때 성스러운 강가(갠지스) 강의 영이 앞으로 나서며 말하였다. "저는 경건한 구도자들로부터 수백만 개의 기도들을 받아들일 것입니다. 그들의 힘으로 저는 이 방울을 수용할 수 있을 것입니다. 그러니 제가 그를 나르겠습니다." 그러자 그 방울은 갠지스 강 속으로 들어갔고, 샤라바나Sharavana 숲으로 옮겨진 뒤 화살 모양을 한 갈대들의 밭에 놓였다. 그때 강가의 영은 떠났다.

그 방울은 충분히 식고 나서 신성한 불의 7가지 불꽃으로 그 자신을 드러냈다. 그리고 하나로서 말하였다. "우리 불의 힘은 빠르바띠이지만, 우리의 정수는 쉬바이다. 우리가 조금만 더 자라면 거만한 수라빠드만과 다른 아수라들을 죽일 것이다." 그리고 난 뒤 불꽃들은 일곱 명의 아기로 변해서 연꽃들 위를 즐겁게 떠다녔다.

바로 그때, 7명의 천상의 처녀들이 우연히 지나가다가 아기들을 발견하였다. 즉시 그 아기들에게 끌린 그녀들은 저마다 한 아기씩 품에 안고 젖을 먹이며 사랑해 주었다. 그녀들은 일곱 명의 소년들이 자라는 동안 그들과 놀아 주고 노래를 불러 주었다. 처녀들은 소년들이 십대가 될 때까지 그들에게 사랑을 주며 보냈다. 멀리서 이 모든 일을 보고 있던 빠르바띠는 그들이 '미래에 강가가 되는' 강을 따라 놀고 있는 곳으로 와서 그녀의 아들들을 불렀다. "우리는 너희들의 아버지께로 가야 한단다. 아버지께서 너희들을 위해 하실 일이 있어." 그러자 소년들은 하나의 모습으로 합쳐져서 7명의 처녀들에게 작별 인사를 하였다.

진리를 구하는 자들에게 그들의 애정을 표시하는 그는 수브라만야(브람민들을 사랑하는 자)라고 불린다. 7명의 처녀인 끄릿띠까Krittika에게 보호를 받았으므로 그는 까르띳께야Karttikeya라고 불린다. 스깐다Skanda, 마하세나Mahasena, 구하Guha와 다른 이름들로도 알려져 있다. 쉬바와 빠르바띠의 장남인 수브라만야는 임무를 맡기 위해 어머니와 함께 까일라사로 돌아왔다.

빠르바띠와 수브라만야가 까일라사로 이어지는 작은 산비탈을 오르고 있을 때, 쉬바는 그들을 맞기 위해 내려왔다. 쉬바는 호수를 가리키며 말하였다. "보라, 나의 아들아. 여기에 너의 하인들, 너의 가나gana(힘)들이 있다. 그들의 우두머리를 소개하마. 수브라만야는 비라바후Virabahu을 만나라."

그러자 비라바후와 그가 이끄는 백 명의 가나들이 수브라만야를 찬양하고 숭배하였다. 찬양이 끝나자 쉬바는 모두를 불러 모으고는 말하였다. "얼마 전에 청년 수라빠드만이 나의 축복을 받았다. 그 후로 그는 오만과 자만으로 부풀어 올랐다. 너는 어머니인 빠르바띠의 초월적인 힘뿐만 아니라 나의 힘까지 가지고 있다. 그러므로 나는 너와 너의 가나들에게 수라빠드만과 그의 형제들 및 그의 악마의 군대들을 정복할 것을 명한다. 천인들을 강철 같은 그의 손아귀에 더 이상 두지 않을 것이다. 나의 축복과 어머니 빠르바띠의 힘을 사용하면 너는 패하지 않을 것이다. 어서 가서, 우리와 천상의 데바들이 모두 너의 승리를 축하할 수 있도록 끝마치고 돌아오너라." 그리고 쉬바는 수브라만야에게 한번 시작하면 결코 멈출 수 없고, 패배할 수 없으며, 어떻게도 변경할 수 없는 창을 주었다.

즉시 수브라만야와 그의 군대는 수라빠드만을 찾아 파괴하기 위하여 출발하였다. 도중에 그들은 큰 산을 만났는데, 그 산은 실제로는 산의 모습을 하고 있는 악마였다. 악마는 그들의 길을 막고는 말하였다. "멈추어라. 이 길은 수라빠드만의 거처로 이어진다. 그의 초대를 받지 않고는 들어갈 수 없다."

수브라만야는 응답하였다. "여기 나의 초대장이 있다." 그가 창을 휘

두르자 산은 두 조각으로 갈라졌다. 그 형상으로 나타난 아수라는 파괴되었다. 갈라진 산의 두 절반 사이로 난 길은 이후, 길을 막았던 아수라의 이름을 따서 끄라운짜 패스Krauncha Pass라고 알려지게 되었다.

수브라만야가 끄라운짜를 패배시켰다는 소식은 아수라 악마 군단의 본부까지 신속히 퍼졌다. 수라빠드만의 도시와 권좌가 있는 곳으로 가는 도중, 마야의 막내아들인 따라까가 수브라만야를 만나기 위해 왔다. 의례적인 인사를 한 후, 그 둘은 전쟁터에서 홀로 만났다. 수브라만야는 진심으로 적을 존경하며 말하였다. "당신은 죽을 필요가 없습니다. 무기들을 내려놓고 뉘우친다면 살려 주겠습니다."

따라까는 웃고는 등에 멘 화살통에서 화살 하나를 꺼냈다. "이 화살은 쉬바 자신이 나에게 준 것이다. 나는 지금 너를 죽이겠다." 그는 화살을 당겼다.

수브라만야는 고개를 가로젓고는 창을 던졌다. 창은 따라까가 쏜 화살을 쳐서 부셔 버렸다. "당신은 나와 대적할 수 없습니다. 당신의 적대감을 계속 고집하니 이제 나는 당신을 당신의 다음 거처로 보내겠습니다." 그는 스스로 자신에게 되돌아온 창을 다시 던졌고, 정말 놀랍게도 따라까는 죽어 버렸다.

모든 가나들이 기뻐하였고, 수브라만야는 이제 그의 우두머리 가나인 비라바후에게 말하였다. "따라까의 죽음으로 인해 그의 형제들이 이성과 분별을 회복할지도 모른다. 그대는 이제 나의 사신이 되어, 수라빠드만의 도성인 마헨드라 뿌리로 가서 그를 만나라. 만약 그가 데바들에 대한 괴롭힘을 멈추고 그들에게 올바른 임무를 회복시키는 데 동의한다면, 그는 목숨을 구하게 될 것이다."

비라바후는 주인에게 인사한 뒤 마헨드라 뿌리로 갔다. 그 도시에 들어선 그는 공식적인 임무들을 하다가는 한정된 시간이 다 가 버릴 것임을 알고서, 감금되어 있는 인드라의 아들 자얀따가 어떻게 지내고 있는지를 보기 원하였다. 그는 작은 곤충의 모습을 취하고는 젊은이가 감금된 감옥으로 눈에 띄지 않게 날아 들어갔다. 안에 들어간 그는 감방을 찾아내 자얀따의 귀 가까이에서 윙윙거렸다. 작은 곤충의 모습을 하고 있던 비라바후가 말했다. "고귀한 자얀따시여! 당신은 곧 쉬바와 빠르바띠의 아들 수브라만야에 의해 구출될 것입니다." 자얀따는 그의 가족들을 다시 볼 생각에 기쁨으로 충만하였다.

여전히 곤충의 형상을 한 비라바후는 일이 어떻게 진행되는지 몰래 보기 위해 수라빠드만의 왕궁으로 날아갔다. 그가 도착하자, 호화로운 빈 왕좌가 아수라의 통치자인 수라빠드만의 왕좌 옆에 나타났다. 비라바후는 놀랐는데, 곧 그의 직관이 작용하였다. 그는 수브라만야가 이미 일을 하고 있다는 것을 알아차렸다. 평소의 모습으로 돌아온 비라바후는 왕좌에 앉았고, 놀란 수라빠드만에게 말했다. "나는 수브라만야의 사신입니다."

수라빠드만은 크게 동요하며 말했다. "그 자가 나의 형제를 죽인 자인가?"

"그렇습니다." 비라바후는 간단히 대답하고는 말을 이었다. "그분은 당신이 데바들에 대한 적대감을 멈추고, 그들을 각자의 활동 영역으로 보내 주기를 희망합니다. 이를 따르면 당신은 살게 될 것입니다. 하지만 만약 그렇지 않다면……." 그는 말꼬리를 흐렸다.

"어린 꼬맹이가 나를 협박하는 거냐?" 수라빠드만은 격노하였다. 자기의 길을 고수하겠다는 수라빠드만의 확고한 결심을 보고서, 비라바후는 마법적인 능력으로 그 자신을 숨기고 그 도시를 떠났다.

모든 것을 지켜본 수라빠드만의 형제 심하묵까는 말했다. "나는 우리에게 대리인을 보낸 그 아이가 평범한 아이는 아니라고 생각합니다. 끄라운짜에게 일어난 일을 기억하십니까? 저는 우리가 수브라만야의 제안을 고려해야 한다고 생각합니다."

"심하묵까!" 수라빠드만은 소리쳤다. "너는 겁쟁이가 되었느냐?"

심하묵까는 대답했다. "형님, 자신을 강하게 여기는 사람들에게 때로는 지혜가 사라진다는 것은 애석한 일입니다. 합리적인 제안을 하는 것으로 저는 의무를 다했습니다. 이 모든 문제에 관한 마지막 결정은 형님의 것입니다."

수라빠드만은 빠르게 말하였다. "이것은 풋내기를 상대로 한 전쟁이다."

이 논쟁이 진행되는 동안, 비라바후는 수브라만야가 기다리는 곳으로 돌아가서 말했다. "소용없습니다. 수라빠드만은 오직 저를 잡아 감금하기를 원했을 뿐입니다."

수브라만야는 대답했다. "그렇다면 우리는 전쟁을 위해 행군하는 수밖에 없다."

다음 날, 수브라만야와 그의 군대는 마헨드라 뿌리의 변두리에 도착했으며, 그곳에서 수라빠드만의 아들 바누뽀깐Banupokan을 만났다. 바누뽀깐이 도전하자 비라바후가 즉시 그를 죽였다. 바누뽀깐과 같이 있던 악마의 사자가 수라빠드만에게 이 소식을 전하기 위해 달려갔다. 나쁜 소식에 수라빠드만은 동요하였지만 주장을 굽히지 않았고, 그의 동생인

심하묵까를 보내 수브라만야와 전투를 벌이게 하였다.

심하묵까는 교활하여 그를 속이려 했다. 양쪽에서 막 전투를 시작하려고 할 때, 심하묵까는 만뜨라 미사일을 발사하였는데, 이 미사일은 긴 밧줄로 수브라만야의 군대를 완전히 에워싸 꽁꽁 묶은 뒤 공중으로 들어 올려 하늘 높이 치솟아 올랐다. 그것은 멀리 떨어진 곳에서 땅으로 내려왔고, 그의 군대는 꼼짝 못한 채 붙들려 있었다. 이 광경을 지켜보던 수브라만야가 자신의 만뜨라들을 보내자, 묶여 있던 군대가 땅에 내려서자마자 밧줄이 느슨하게 풀렸다. 심하묵까와 맞서면서 수브라만야가 그를 질책하였다. "당신이 축적한 힘들을 그와 같은 사소한 행위에 사용하지 말아야 합니다." 그러나 심하묵까는 그저 돌진할 뿐이었다. 그러자 수브라만야는 인드라에게 받은 바즈라vajra(벼락)를 발사하여 그를 그 자리에 고꾸라지게 하였다.

죽어가면서 심하묵까는 말하였다. "오, 위대한 분이시여, 저는 저를 속박하고 있던 부정적인 자아와 함께 살았습니다. 저는 이제 당신의 신성한 영광을 보며, 당신과 당신의 부모님을 찬양합니다."

심하묵까의 뉘우침을 보자, 수브라만야는 미소를 지으며 그를 축복하였다. "그대의 뉘우침과, 어머니에 대한 그대의 헌신은 순수하고 위대합니다. 그러므로 나는 이제 그대에게 어머니 깔리Kali의 이동수단이 되어 영원히 그녀를 섬길 수 있도록 축복합니다."

심하묵까는 그러한 축복에 크게 기뻐하면서 숨을 거두었다.

수라빠드만은 동생이 죽어가면서 한 고백을 명상 중에 보고 분노했으며, 다른 방법이 없음을 알고 자신이 직접 수브라만야와 싸우기 위하여 나갔다. 그들이 전쟁터에서 만났을 때, 수라빠드만은 소년이 행한 방법이 풋내기의 것이 아니라 경험 많은 전사의 것임을 알아차렸다. 전투만으로는 수브라만야를 패배시키기 힘들다는 것을 알고서 수라빠드만은 형제가 했듯이 마법을 사용하기로 결심하였다.

죽은 자들에게 생명을 다시 불어넣는 산지바니Sanjivani 만뜨라를 찬팅하여 그는 그의 죽은 병사들을 되살아나게 하였다. 그는 수브라만야를 비웃었다. "아이야, 너는 나의 군대를 죽일 수 없다. 보이느냐? 그들은 여전히 살아 있다." 그 뒤 그는 전차를 타고 하늘로 솟아올랐다. 이를 본 수브라만야는 창을 던져 수라빠드만을 떨어뜨렸다. 땅으로 떨어진 수라빠드만은 그의 전차가 수브라만야에게로 날아가더니 나중에는 속도를 늦추어 어린 소년이 타도록 하는 것을 보았다.

수브라만야는 소리쳤다. "여보세요, 그대가 타던 멋진 전차로군요. 고맙습니다!"

그러나 수라빠드만은 쉽게 패하지 않았다. 그는 먹이를 찾는 거대한 새로 변하여 가나들을 공격하기 시작했다. 그러나 그는 비라바후와 가나들의 힘들을 오산하였다. 그들은 그에게 돌진하였고, 어린 가나들이 내리치는 검에 날개가 손상되어 그는 땅으로 추락하기 시작했다. 다시 한 번 마법을 사용하여 그는 거대한 나무로 변신하였다.

수브라만야는 속지 않았으며 멈추지도 않았다. 그가 날카로운 창으로 내리치자 나무는 큰 힘의 일격에 쓰러지면서 두 개로 쪼개졌다. 이제 수라빠드만은 평소 모습으로 돌아와서 주먹을 들어 수브라만야를 위협하였다.

그가 할 수 있는 것은 거기까지였다. 수브라만야가 수라빠드만에게 창을 던지자, 창은 그의 가슴에 완전히 꽂혔다. 수라빠드만은 쓰러져 죽어가면서, 수브라만야를 둘러싸고 있는 천상의 빛과 그의 얼굴에 어린 타고난 자비심을 볼 수 있었다. 그의 자아는 녹았고, 그는 쉬바와 빠르바띠의 아들의 타고난 신성을 알아보았다. 그는 참회를 하면서 수브라만야를 찬양하였다. "오, 위대한 분이시여, 부디 저의 악한 행위들을 용서하소서. 이 악마의 몸을 입고 있는 동안, 저는 당신의 영광스러운 신성을 볼 수 없었고, 당신의 사지에 가득한 정의도, 그 본성에서 솟아나는 무한한 자비심도 보지 못했습니다. 저는 저의 모든 악한 행위들을 고백하고 참회하며, 제가 죽는 순간에 당신의 축복을 받기를 기원합니다. 당신의 얼굴에서 빛나는 그 자비심을 저에게 보여 주소서."

죽어가는 순간에 보이는 수라빠드만의 참된 겸손이 수브라만야를 감동시켰다. 그래서 그는 그에게 축복을 주었다. "수라빠드만이여, 참된 참회는 존재들의 가장 사악한 죄까지도 씻기어 나가게 합니다. 이제 나는 당신을 나의 이동수단으로 삼겠습니다. 이제 나는 당신을 두 부분으로 나누겠습니다. 큰 부분은 내가 항상 타고 다니는 성스러운 공작이 될 것이며, 작은 부분은 나의 깃발을 장식하는 수탉이 될 것입니다. 따따스뚜. 그렇게 될지어다."

그리하여 수브라만야는 수탉이 그려진 깃발을 지닌 공작을 타게 되었다.

상징에 관한 몇 가지 설명

이 책의 제1부에서 나는 공작이 수브라만야의 이동수단이라고 설명하였다. 공작이 그것의 다채로운 날개를 펼칠 때, 완전히 새로우며 이전에는 숨겨져 있던 차원의 아름다움이 보인다. 무엇으로도 상상할 수 없었던 색상과 디자인의 영역이 갑자기 우리의 시야 안으로 들어온다.

이와 마찬가지로, 우리 안에 있는 초월적이고 초의식적인 상태는 머리 꼭대기에 있는 왕관 짜끄라로부터 뇌의 나머지 부분으로 내려온다. 머리 꼭대기에 있는 사하스라라 짜끄라에서 내려옴으로, 완전한 단일성으로부터 개별성으로의 여행이 시작된다. 후에 이 의식은 몸 안으로 움직이기 시작할 것이다.

우리의 두뇌 속에서, 의식은 신체적 형상을 가지고 있는 분리된 의식적 존재로서 그 자신을 이해한다. 바로 이것이 수브라만야 의식의 공작인 개인적인 자아—마음—성격이다. 우리의 개별적인 의식이 전 우주의 의식과 완전히 일치된 상태에 있을 때, 우리는 바다에 부어진 컵과 같았다. 왕관 짜끄라에 있는 존재의 바다로부터 의식의 하강은 우리의 개인적 의식의 컵을 채웠다. 우리는 숭고한 상태에 있지만, 이제는 신성한 자아를 가진다. 그 신성한 자아는 자신이 광대한 의식의 바다에 참여하고 있음에도, 그 의식의 바다로부터 분리되어 있는 것으로 인식한다.

우리의 개인적인 자기의 의식이 왕관 짜끄라에서 쉬고 있을 때, 우리는 자기와 다른 것에 대하여 아무것도 알지 못한다. 오직 의식만이 있으며, 그 안에 완전히 몰입된 희열만이 있다. 우리는 쉬바이다. 우주적인 의식의 한 부분이 뇌의 나머지 부분 속에 잠시 잠길 때, 우리는 개별적인 존재를 자각하게 된다. 그때 우리는 개별적인 존재에 의하여 주어진 새로운 가능성을 지각하고 이해하게 된다. 그 과정의 자연스러운 부분으로, 새로운 신성한 자아가 만들어지며, 우리는 이제 수브라만야의 의식 속에 있다. 곧 우리는 역시 자기를 자각하고 있는 타인들을 인식하게 된다.

의식이 머리에서 척추 속으로 더 내려갈 때, 짜끄라들의 완전한 가능성이 전부 보이게 된다. 우리 짜끄라들의 능력들은 스스로 명백해진다. 각 짜끄라 내에 존재하는 거대한 영적 능력들을 마스터하는 것은 각 짜끄라를 지배하는 원소들, 즉 흙, 물, 불, 에테르 또는 아까샤를 통하여 접근될 수 있다.

짜끄라들의 놀라운 힘들이 막 시작된 척추를 밝히면, 척추는 활짝 펼쳐진 공작 꼬리의 아름다운 디자인처럼 변한다. 의식의 공작이 꼬리를 활짝 펴면 숨겨져 있던 것이 분명히 드러난다. 수탉은 끊임없이 경계하며, 항상 자아―마음―성격이 이해할 수 있는 가장 높은 단계에서 신성한 이해가 동트는 것을 알린다.

하나의 상징으로서 수브라만야는 쉬바와 빠르바띠의 첫째 신성한 아이다. 의식의 쉬바는 힘의 빠르바띠와 결합하며, 그러면 개별적이고 자기를 자각하며 강력하지만 아직은 육체적이지 않은 마음 상태가 창조된다.

수브라만야의 배우자는 자연의 여신인 발리Valli이다. 물론 흙, 물, 불, 공기와 에테르 등 모든 원소는 자연에서 발견된다. 그러므로 발리는 원소들 간의 다양성 속에 있는 현상계의 의식적인 힘을 나타낸다.

의식은 척추로 내려가면서 팔에 이르는데, 팔은 비슈누가 개인적 의식을 위해 위대한 보호의 원리로서 지배하는 곳이다. 비슈누와 창조의 풍요로움인 락슈미는 그들의 의식을 끊없는 인내심으로 다른 영역들에 퍼뜨린다. 또한 개인적인 영혼들을 가르치고 안내하여 위에 있는 영역들과 다시 하나가 되도록 한다. 더 내려가면 태양신경총에 있는 태양의 수준이 나타나며, 물질적 우주가 이제 나타나게 된다. 물질성이 나타난다. 그러고 나서 재빨리 의식은 척추를 계속 내려가서 대지에 도달한다. 우리의 자아-마음-성격은 여기에 거주한다. 우리가 수업을 배우기로 선택한 곳은 바로 여기이기 때문이다.

그 모든 것의 토대에는 샥띠가 있다. 그것은 척추 기저부에 자리하게 되는 근원적인 여성 원리이다. 그 에너지는 개인적 존재들로서의 우리에게 힘을 주며, 전 우주를 위한 에너지를 제공한다. 물리학을 통해 알듯이, 우리가 물질의 근원을 찾아 더 아래로 내려가면, 점점 더 미묘해지는 형태의 에너지에 도달한다. 분자, 원자, 전자, 중성미자, 중간자…… 거기에는 에너지만 있을 뿐이다. 어떤 물질도 보이지 않는다. 모든 것은 환영, 즉 마야maya이다. 그것은 겉으로는 존재하는 듯하여 마음은 혼동케 한다. 왜냐하면 여기에서 우리가 발견하는 모든 것은 오로지 광대하게 펼쳐진 아원자적 공간과, 강력하게 충전된 에너지 패턴들이기 때문이다. 어디에서도 '물질'의 근원적인 본질은 발견되지 않는다. 하지만 여전히 실재는 있다. 심지어 환영 속에서도 그렇다. 그럴 수밖에 없다. 그렇지 않으면 우리는 매일 존재하지도 못할 것이기 때문이다. 가족도, 배우자도, 직업도, 즐거움도, 고통도, 기쁨도, 절망도 없다.

그러나 개별적 존재들로서 우리는 이 모든 것을 다 가지고 있다. 왜냐하면 우리는 개별적 의식 안으로, 개별적 존재 안으로 내려갔기 때문이다.

수브라만야 의식은 여전히 개별적으로 존재하면서 달성할 수 있는 가장 높은 단계이다. 공작은 척추이며, 여기에는 그들의 모든 능력과 힘을 지니고 다채로운 색깔들을 한 짜끄라들이 있다.

수라빠드만과 그의 형제들은 부정적인 성질들로서 행동 방식과 행위

패턴들을 지닌다. 이것들은 자아—마음—성격이 신성한 합일의 상태에서 멀리 내려올 때 생긴다. 우리가 여행하는 동안 많은 힘과 능력들이 주어진다. 이것은 11장에 열거되어 있다. 활동적이고 지성적인 꾼달리니 샥띠가 신성한 자기와 결탁하여 망상 즉 마야로, 수라빠드만의 어머니로 나타난다.

산스끄리뜨 언어가 마뜨리까Matrika로서 언급된다는 것을 상기해 보라. 그녀는 묶고, 해방시킨다. 만약 우리가 그녀의 방식을 이해하지 못하면, 그녀는 쉬바 수뜨라들과 락슈미 딴뜨라에 따라 묶는다. 그러나 만약 우리가 이해하면, 그녀는 은총의 수단이며 영적 자유로 가는 길이다. 우리의 이야기에서, 마야는 마뜨리까를 철저히 이해한 대현자 까슈야빠와 상호작용한다. 그러나 그들의 자식은 그렇지 않다. 그들 중 어느 하나도 적절한 가르침을 받지 않았다.

진화하는 자아—마음—성격에게 지워지지 않는 가르침을 주기 위하여, 샥띠는 힘과, 제한적이지만 환영적인 지식을 둘 다 제공했을 것이다. 자아에 바탕을 둔 발달의 한계들을 이해하는 것은 진화의 길에서 배워야 하는 가장 중요한 과제 중 하나이다. 마야, 망상은 우리의 가장 위대한 스승 중 하나이다.

마침내, 자아—마음—성격은 자기 방식의 어리석음을 이해하고 신에게 복종한다. 수브라만야 의식 상태는 사라지지 않으며, 우리 존재의 높은 곳에서 우리를 기다린다. 그의 동생인 가네샤가 자아—마음—성격을 그에게 다시 데려올 때까지.

일단 우리의 의식이 대지의 차원에 도달하면, 빠르바띠와 쉬바는 가네샤—가나빠띠를 창조함으로 드라마를 완성한다. 의식과 힘의 다른 자식인 이 존재는, 이미 언급하였듯이, 이동수단으로 쥐를 사용하여 눈썹 중심에 이를 때까지 척추를 타고 올라갈 것이다. 여기에서 우리는 우주 의식이라 부르는 단일성의 형태에 도달한다. 이 지점에서 가네샤의 일은 끝난다. 그는 이제 완전히 투명해진 자아를 그의 형 수브라만야에게 소개하고, 수브라만야는 자아—마음—성격을 안내하여 머리에 있는 중심들을 통과하게 하며, 마침내 우주적 의식으로 돌아가는 위대한 도약 장소로 데려간다. 그곳에서 우리는 다시 자신을 개인적 존재로 동일시하지 않게 될 것이다. 우리는 시작점으로 돌아올 것이다. 물론 아무것도 이전과는 똑같지 않을 것이다. 자아—마음—성격이 창조되어 경이로운 여정을 계속한 뒤, 이제 신성한 참나는 이전에 갖지 못했던 경험의 범위를 가지고 돌아온다.

이것은 위대한 여성이 힘을 부여한 의식의 바다에 살고 있는 신성한 존재들로서 펼친 우리 존재의 드라마이다. 이것이 우리의 삶이다. 이 모든 것들이 그렇다. 우리가 내려가고 올라오는 데 아무리 긴 시간이 걸리더라도, 그것은 개인적이고 신비스러운 일이다. 그것은 우리 모두가 속해 있는 위대한 참나와 영혼에게만 알려지는 일이다.

여정의 경로는 다양하다. 그러나 거기에는 우리 모두가 사용할 수 있는 만뜨라와 쁘라나야마(과학적이고 영적인 호흡)라는 도구들이 있다.

수브라만야 만뜨라

2004년, 한 여성이 그녀를 수년간 괴롭힌 무섭도록 폭력적인 꿈이라는 문제를 가지고 나를 찾아왔다. 나는 그녀의 문제에 대해 명상하였고, 꿈들이 그녀의 영적 해부학의 남성적인 부분에서 나타나고 있다는 것을 발견했다. 그녀는 말하자면 집을 청소할 필요가 있었다. 나는 그녀에게 아래의 만뜨라를 주어 암송하게 했다. 몇 주 안에 우리는 다시 만났는데, 그녀는 눈물을 흘리면서 무서운 꿈들이 사라졌다고 알려 주었다. 여기에 내가 그녀에게 준 만뜨라가 있다. 그것은 우리의 남성적인 면을 정화하는 데 매우 유용하다. 영적인 남녀양성존재인 우리는 남성적인 면과 여성적인 면 둘 다를 가지고 있다.

이 만뜨라는 수브라만야에게, 강기슭을 따라 자란, 기묘하게 '화살 모양을 한 풀'이라고 표현된, 갈대들 속에서 자란 위대한 존재에게 인사를 한다.

옴 샤라 봐나 바봐야 나마하
[옴 샤─라 봐─나 바─봐─야 나─마─하]
Om Shara Vana Bhavaya Namaha
[Om Shah-rah Vah-nah Bha-vah-yah Nah-mah-hah]

또 다른 수브라만야 만뜨라는 그의 진동을 불러오기 위하여 그냥 그의 이름을 말한다. 이 만뜨라는 마음의 영역 안에 있는 어떤 특정 목표와 결합하여 사용할 수 있다. 혹은 당신에게 부적절해 보이는 몇몇 외부적인 분쟁의 해결을 위해서 사용할 수 있다. 당신은 아마 외부적인 분쟁의 근원이 당신에게 있다는 것을, 궁극적으로는 당신에게 책임이 있다는 것을 알게 될지도 모른다. 그리고 당신이 이전에 보지 못했던 내면적인 문제를 교정하기 위하여 어떤 행동을 취해야 할지도 모른다. 다음 장에서 더 이야기하자.

옴 수브라만야야 나마하

[옴 수—브라—만—야—야 나—마—하]

Om Subramanyaya Namaha

[Om Soo—brah—mahn—yah—yah Nah—mah—hah]

25

자아─마음─성격의 도구들

우리의 영적 수행들로 오는 하나의 도구는 선명한 생각이라고 앞에서 제시하였다. 앞서 간 현자들이 남긴 경전과 문헌들의 연구, 그리고 진화하는 마음과 정서의 지하 감옥을 나타낸 도표를 결합하면, 이전에 무심코 만난 적이 있던 어떤 아이디어들이 이제 우리에게 실존하기 시작한다. 그것들은 우리의 진보에 유용한 도구가 되기 시작한다.

원인과 결과

까르마의 전체 아이디어는 인과의 법칙에 기초하고 있다. 우리가 과거에 행한 행위들은 우리에게 돌아와서 문제를 일으킬 것이다. 아무 이유가 없는 듯한 신의 은총이 우리에게 주어져서 과거 행위의 결과를 민들레 씨앗처럼 날려 버리지 않는다면 그럴 것이다. 우리가 창조한 것들은 어떻게든 작용을 해야 할 것이다. 모든 것은 우리의 까르마와 관련되어 있다. 우리의 인간관계, 직업, 자녀, 삶의 안락함과 난관, 재정적 상태 등 모든 것이 그렇다. 이 책의 첫 부분에서는 4가지 유형의 까르마를 설명하였다. 그것들 중 하나인 끄리야마나Kriyamana 까르마는 우리가 현재 취하고 있는 행위로서 미래의 결과를 가져올 것들이다. 이것을 알면 우리는 어떤 종교들의 교리와 금지 사항들을 다른 관점으로 바라볼 수 있게 된다.

붓다의 가르친 4가지 고귀한 진리(사성제)와 거기에 따른 8가지 바른 길(팔정도)은 사실 미래의 까르마를 가장 적합하게 만들기 위한 도구들이다.

4가지 고귀한 진리

1. 우리가 아는 모든 존재는 고통이다.
2. 불행은 무지한 갈망이나 욕망에 뿌리를 두고 있다.
3. 불행은 무지한 갈망이나 욕망을 제거함으로써 없앨 수 있다.
4. 이 제거는 8가지 길에서 제시된 처방을 따름으로써 이루어질 수 있다.

8가지 바른 길

1. 바른 이해
2. 바른 관찰
3. 바른 말
4. 바른 행동
5. 바른 생계
6. 바른 노력
7. 바른 명상

8. 바른 해방

이것들에 대한 상세한 설명은 자격 있는 불교 스승의 몫이지만, 이것들을 잘 따른다면 좋은 까르마를 만들어 미래의 어느 때에 결실을 맺을 것이라는 점을 나는 말할 수 있다. 그러나 언젠가는 좋은 까르마까지도 포기해야 하는 때가 온다. 목표는 모든 까르마로부터 자유로워지는 것이다. 힌두교와 불교에서는 말한다. "까르마는 사슬과 같다. 쇠사슬이 당신을 꽁꽁 묶듯이 금사슬도 그렇게 당신을 묶을 것이다."

8가지 바른 길과 같은 아이디어가 신약 성서의 황금률에서도 발견된다. "뿌린 대로 거두리라." 이것은 까르마에 대한 순수하고도 명쾌한 말이다. 같은 아이디어를 반영하는 현대적인 주장들이 많이 있다. "행위는 근원으로 돌아온다."와 "남에게 한 행위는 자신에게 돌아온다."는 표현들은 까르마에 대한 아이디어를 다른 방식으로 표현한 것이다.

이 아이디어에 따르면, 일반적으로 우리 모두는 받을 만한 것을 받는다고 할 수 있다. 이것은 표면적으로는 가혹한 아이디어다. 세상에는 너무 많은 고통이 있는데, 이것을 일종의 정의라고 치부하는 것은, 아무리 좋게 보아도, 무신경하고 둔감해 보인다. 그렇지만 어둠의 시대에 유럽을 휩쓸어 버린 징기스칸, 훈족 아틸라 왕과 그의 무리들, 로마 가톨릭의 권위자들에 의하여 자행된 이단 종교 재판소, 히틀러, 이디 아민, 폴 포트의 죄악에 의해 축적된 까르마는 어떻게 해소될 것인가? 노예를 부린 사람들은 그들의 까르마를 어떻게 해소할 것인가? 아마도 미래의 어느 시점에 그들 자신이 노예가 됨으로…….

그러면 유대인들이 홀로코스트에서 살해당한 것은 당연히 받을 만한 운명의 결과였다는 말인가? 사실 나는 그렇게 생각하지 않는다. 인류가 축적한 까르마는 너무나 끔찍하여 어떤 식으로든 청산될 필요가 있었고, 그래서 제2차 세계대전 등에서 유대인과 같은 집단의 사람들과 다른 사람들이 그것을 청산하는 데 자원했다고 나는 생각한다. 예수는 '신의 어린 양'이라 불리며, 그의 희생으로 인류 까르마의 엄청난 양을 청산하였다. 그러나 만약 우리가 스스로를 파괴하지 않기 위해서는 더 많은 희생이 필요했다면 어떠할 것인가? 우리를 돕기 위하여 한 집단의 사람들이 자원했다면? 물론 이것은 증명할 수 없는 일이지만, 나는 그렇게 믿는다.

나의 형제 같은 소중한 친구인 피터 복은 조지워싱턴 대학의 전자 엔지니어링 교수인데, 그는 "우주는 깨끗한 기계입니다."라고 즐겨 말한다. 나는 이 말이 까르마에 대한 훌륭한 표현이라고 생각한다.

우리 모두는 우리의 까르마가 무엇이든 간에 반드시 청산해야 한다. 감사하게도, 나중에 보겠지만, 위대한 영적 성취를 이룬 대단히 자애로운 존재들이 있는데, 이 존재들은 은총의 도구가 되어 우리가 막대한 까르마의 빚을 청산하도록 돕는다. 일단 우리가 '빛을 보고' 까르마의 길을 바로잡기 위해 부지런히 노력하기만 하면 그런 도움을 받는다.

선택들

우리들 대부분에게는 매일 발생하는 일련의 내적 갈등과 결정들이 있다. 우리는 우리가 해야 하는 선택들을 다루기 위하여 우리의 가치 체계를 사용한다. 그런데 문제를 복잡하게 만드는 것은, 우리의 생각, 정서,

결정들에 영향을 주려 하는 외부의 수많은 영향력들이다. 대중매체, 대중음악, 친구들과 가족, 인간관계들, 영적 조직과 세속적 조직들은 모두 우리가 무엇을 해야 하고 어떻게 해야 하는지에 대해 아이디어들을 가지고 있다.

이 모든 영향들을 받지만, 우리는 여전히 우리가 내린 선택들에 대한 책임을 진다. 계속해서 다가오는 것처럼 보이는 유일한 영적 가이드라인은 우리의 본성에 진실하라는 것이다. 때때로 진정한 과업은 그것이 무엇인지를 밝혀내는 것이다. 이 시대를 살고 있는 우리에게 빗발치는 사건들과 자극들은, 프랑스 철학자 까뮈가 말했듯이, 우리에게 어느 정도 최면을 건다.

까뮈는 문자 그대로 사실은 아니지만 좋은 유추가 되는 이야기를 한다. 감옥에 갇힌 한 무리의 사람들이 있었다. 그들은 감옥에 갇혀 있지 않다고 최면을 당하였다. 어느 날 엄청난 노력 끝에 일단의 구조자들이 죄수들을 해방시키기 위하여 감옥으로 들어갔다. 그들은 간수들을 제압한 뒤 감옥 문을 열며 외쳤다. "이제 당신들은 자유입니다!" 죄수들은 멍하니 구원자들을 보며 말했다. "무엇으로부터의 자유란 말인가요?" 그들은 자신들이 늘 자유로웠다고 생각하도록 최면에 걸려 있었다.

대부분의 우리는 이런 상태로 살고 있다. 우리는 일상적인 존재가 전부라는 거짓된 믿음 하에 욕망을 채우려 하면서 살아가고 있다. 까뮈의 이야기 속 죄수들이 감옥에서 경험한 것보다 나은 삶을 살 수 있다는 사실을 깨닫지 못했듯이, 우리는 이 존재에 의한 최면에 걸려 더 높은 진실들을 보기가 훨씬 더 어려워졌다.

우리가 최면 상태에서 풀려나게 하기 위하여, 대부분의 위대한 종교들은 그 중심에 지도자가 있는데, 그는 세상에 출현하여 완전히 다른 종류의 존재로 가는 길을 가리킨다. 우리 대부분은 최면에 걸린 죄수들처럼 행동하며, 종교의 지도자들이 무슨 이야기를 하는지 알지 못한다. 우리는 다른 종류의 결과를 가져오는 다른 종류의 행위들이 있음을 이해하지만, 적절한 노력과 결부된 적절한 행위가, 우리가 오래 전에 내려온 근원인 의식으로 돌아가는 여정을 시작하는 길이라는 점을 놓친다. 위대한 존재들은 자신이 진정 누구이며 우리가 진정 누구인지를 이해하게 되었다. 그들은 그런 이해에 스스로 도달했거나 신성한 은총의 미스터리에 그런 이해를 받았으며, 그 후 우리 모두를 그것으로 인도하려고 노력한다.

단테의 《신곡》의 서두에 있는 말 또한 우리를 묘사하는 적절한 내용인데, 우리는 먹고, 자고, 결혼하고, 끝이 없어 보이는 욕망을 채우는 것 이상의 것이 삶에 있음을 언젠가 깨달을 것이라고 말한다. 순례자 단테는 어느 날 깜짝 놀라 깨어나며 말했다. "우리의 삶이라는 여행을 하던 도중, 나는 어두운 숲속을 헤매고 있었다. 나는 참된 길에서 벗어났으며, 참된 길을 잃어버렸다." 단테는 우리에게 '나의 삶'이라고 하는 대신에 '우리의 삶'이란 단어를 사용하여 귀띔을 해 준다. 단테는 마치 잠에서 깨어나듯이 깨어난 사람의 인간 상태를 말하고 있다. 깨어난 사람은 과거도, 길이나 목적도 알지 못하는 이상한 땅에 있지만, 그는 그 모든 것을 다시 발견할 수 있는 타고난 이해를 지니고 있다.

이성과 논리의 목소리인 버질Virgil은 단테를 돕기 위해 오지만, 단서가 있다. "나는 자네를 여기까지만 데려갈 수 있다네……." 이것은 당연하다. 왜냐하면 이성과 논리만으로는 존재의 숭고하고 지고한 본성으로 가는 여정을 완수할 수 없기 때문이다. 저자인 단테는 베아트리체라는 매개 수단을 통해 신성한 은총이라는 개념을 소개하는데, 베아트리체는 순례자 단테가 장애물을 만났을 때 몇 번 도와준다. 그러나 여전히 단테는 앞으로 나아가기를 선택해야만 한다. 어느 지점에서 단테는 버질에게 묻는다. "신이 나를 받아들일 것인지 어떻게 알 수 있습니까?" 버질은 답한다. "신은 자네가 승낙할 때 승낙하신다네." 분명히, 요구되는 것은 복종의 형태라고 할 수 있다. 그러나 이런 형태의 복종조차도 많은 준비가 필요하다. 이것은 선택이다. 이것은 또한 우리의 개인적인 노력이 행해지는 곳이다. 그러나 신성한 여성의 은총이 베아트리체의 도움을 통하여 소개된다.

힌두교의 전설에 따르면, 다양한 구원자들과 선생들, 예언자들과 구루들이 설명하기 어려운 방식으로 영적 진화의 메시지를 듣고 이해했다. 그들 중 일부는 먼 옛날 우리 가운데 살았다. 그러한 초기의 영적 천재들은 의식의 사다리를 올라가서 더 높은 상태와 지위로 돌아가는 길을 발견해 냈다. 그 후 이런 영적 성취자들은 후대의 사람들을 위해 수행 방법과 길잡이들을 확립해 놓았다. 이들 중 몇몇 사람들은 대단히 강력했기에 그들을 중심으로 온전한 종교가 형성되었다. 오늘날 그들의 가르침 중 많은 부분이 우리의 영적 이상이 되었다. 우리는 우리 자신을 이해하고 정의하는 데 그들에 대한 지식을 이용한다. 그들은 우리가 최면에서 풀려나고 우리 자신의 신성한 본성을 알아차리도록 돕는다.

8가지 D

1. 결정Decision 우리는 어느 날 깨어나서, 영적 발달과 진화의 길을 가기

로 선택한다. 우리는 느리게 혹은 빠르게 움직이겠지만, 그 결정이 한번 이루어지면 그 과정은 계속 진행된다.

2. 식별하는 마음Discriminating Mind   일단 어느 정도 진보하면, 우리는 다른 사람들보다 우월하다고—그릇되게—인식한다. 다른 사람들과의 분리에 바탕을 둔 이 결론을 기초로 우리는 우월감을 느끼며 기분 좋아한다. 이것은 물론 전적으로 그릇된 진보의 느낌이다. 수많은 종교들이 진보는 환영에 불과하다고 말하는 것은 이런 이유 때문이다. 자부심이 우월감으로 변질되는 것은 인간이 보편적으로 경험하는 현상이다. 외부가 없는 진공 상태에서는 우월성이 존재하지 않는다. 그것은 분명히 다른 어떤 것에 대한 우월성이다. 그 어떤 것이란, 약간의 예외를 제외하면, '다른 사람들'이다.

여기에 대한 해결책은 식별력에 바탕을 둔 겸손함이다. 우리는 마침내 아무도 다른 사람보다 우월하지 않다는 것을 깨닫는다. 세상의 종교들은 어떤 인물들을 중심으로 형성되었으며, 우리는 그런 인물들을 볼 필요가 있다. 그들은 자신의 존재를 널리 광고하지 않았으며, 새로운 종교를 창시하겠다고 말하지도 않았다. 그들은 오직 우리를 섬기기 위해 왔을 뿐이다.

우리는 도움 되는 것과 방해되는 것, 진보시키는 것과 구속하는 것, 그리고 참된 기쁨과 단순한 쾌락을 주는 것을 식별하는 법을 배울 수 있다.

3. 헌신Dedication   우리는 우리의 행위를 통해, 우리의 정신적, 정서적 행위를 통해, 그리고 전통적인 신체적 또는 영적 수련들을 통해 주기적으로 결정을 새롭게 한다.

4. 초연Detachment   우리 모두는 도달하기를 원하는 목표와 목적지들이 있

다. 예를 들어, 깨달음을 위한 욕망은 좋은 욕망이다. 우리는 도움이 되지 않는 욕망들을 도움이 되는 욕망으로 바꾸기 시작한다. 그러나 결국 우리는 행위의 결과에 대한 기대로부터 초연해질 것이다. 이것을 초연한 집착이라고 한다. 이것은 모순처럼 보이지만, 이런 초연의 형태에서는 행위 그 자체가 중요한 것이다. 이 순간에 존재하는 것이 유일하게 중요한 것이다. 집중은 너무나 완전하여, 행위와 관련된 목표에 대한 생각들은 행위 그 자체를 하는 과정에 흡수된다.

5. 수련Descipline 고전적인 의미로, 수련이란 영적 목적지에 이르게 한다고 여기는 특정한 방법들을 규칙적으로 수행하는 것이다. 참된 수련은 반드시 극복해야 하는 장애들을 만나게 될 것이다. 참된 수련은 수행을 멈추고 싶은 욕망이 일어날 때에도 작용한다. 어떤 경우에는 모든 수행을 멈추려는 욕망이 매우 강할 수 있다. 이 책의 경우에는 이것이 구체적으로 만뜨라 수련에 적용되지만, 이러한 아이디어는 하따요가, 쁘라나야마, 앉아서 하는 명상, 걸으면서 하는 명상, 그리고 다른 수련들에도 적용된다.

6. 냉정Dispassion 이 경우에 냉정이란 마음을 온통 휩쓸어 버리는 거대하고 통제되지 않는 정서들의 분산을 의미한다. 이런 파동들을 기쁨과 헌신으로 변환하면 어느 정도 활용할 수 있다. 초연은 냉정으로 이어질 수 있다. 마음이 깨끗하고 고요하면 모든 것이 더욱 투명해진다. 사람들과 그들의 동기들이 자동적으로 당신에게 드러나기 시작한다. 행성들의 길과 그것들의 영향은 직관적인 마음 안으로 들어온다.

7. 헌신Devotion 원리를 통해서든 사람을 통해서든 영적 이상의 가치들을 인식하게 되면, 정서가 긍정적으로 반응한다. 이것이 헌신의 시작이다. 이 긍정적인 정서를 활용하면, 마음은 정서를 헌신으로 승화시키는 과

정을 시작할 수 있다. 함정은 물론 광신적인 태도이다. 그러나 보편적인 시야와 포용을 계속 실천하면, 헌신은 마음의 도구 상자에 있는 가장 유용한 도구 중 하나가 될 수 있다.

8. 의무Duty 영적 여행을 하는 도중, 우리들 대다수는 배우자, 자식, 일, 부모에 대한 책임을 지고 있다. 영적 진보를 위한 올바른 길을 찾는 동안, 우리는 의무와 책임을 버리는 것이 영적인 진보로 나아가게 할 것이라는 생각에 속지 말아야 한다.

먼 옛날 인도에 뿐달리까Pundalika라는 사람이 살았는데, 그는 자신의 욕망과 생각들에만 완전히 열중하는 사람이었다. 그는 그다지 종교적이지 않은 사람이었다. 하지만 그의 부모들은 매우 종교적이었으며, 죽기 전에 성지 순례를 가고 싶어 했다. 그러나 그들은 너무 늙고 병약해서 혼자서는 갈 수가 없었다. 다른 마땅한 길이 없어서, 그들은 뿐달리까에게 그들을 데리고 성지순례를 가 줄 수 있는지 물었다. 그는 속이 훤히 보이는 핑계를 대며 냉정하게 거절했다. 부모를 보살피는 수고를 하고 싶지 않았기 때문이다. 하지만 여행이라는 생각에 마음이 끌려 홀로 여행을 가기로 결정했다.

다소 구두쇠 기질이 있던 그는 값싸게 머물 수 있는 곳들을 물색하였다. 그는 적은 기부에 재워 주고 음식까지 주는 현자의 아쉬람들을 발견하였다. 여행 셋째 날에 그는 잠도 재워 주고 아침에 식사도 주는 꿋꾸따Kukkuta 현자의 아쉬람에 도착했다. 한밤중에 그는 이상한 소음 때문에 잠에서 깨어났다. 창밖을 보자, 긴 머리를 한 세 여인이 사원 마당을 쓸고 있었다. 그는 일어나서 옷을 차려입고 그들에게 갔다. 그들이 발산하

300

는 분위기는 너무 아름다워서 숨이 멎을 정도였다. 정신을 차린 그는 그들에게 다가가서 물었다. "당신들은 누구십니까?"

그들이 대답했다. "우리는 갠지스, 야무나, 사라스와띠라는 신성한 강의 정령들입니다. 우리는 이 사원의 주인이신 위대한 현자에 대한 존경의 징표로 마당을 쓸고 있습니다."

"이런 영광을 얻기 위하여 그분이 무엇을 했습니까? 무슨 영적 수행을 열심히 했기에 당신들이 이렇게 존경을 표하는 것입니까?" 뿐달리까가 물었다.

갠지스의 정령이 답했다. "그분은 부모를 봉양하는 것 말고는 아무것도 하지 않았습니다. 그분은 부모의 영혼을, 부모 안에 있는 신성의 조각을 진정으로 알아봅니다. 자신이 몸을 입을 기회를 부모가 주셨음을 알기에, 그분은 연로한 부모를 보살핌으로써 부모 안의 신을 섬깁니다. 뿟꾸따 현자는 모든 사람 안에서 신을 보지만, 연로한 부모 안의 신을 섬깁니다."

이 말을 듣고서 뿐달리까의 자아—마음—성격은 신성한 계시로 녹아내렸다. 그는 정령의 말 속에 담긴 성스러운 진실을 들었으며, 그래서 순식간에 변화하게 되었다. 그는 눈물로 범벅이 되었고 한동안 실신 상태에 빠졌다. 그가 다시 보통의 깨어 있는 의식으로 돌아왔을 때는 이미 낮이었고 하늘에는 태양이 떠 있었다. 강들의 정령들은 사라지고 없었다.

뿐달리까는 짐을 꾸린 뒤 아쉬람을 떠나 집으로 돌아왔다. 도착하자마자 그는 부모의 집에 달려가서 용서를 구했고, 그들을 모시고 성지순례를 가겠다고 약속했다. 그들은 즉시 아들을 용서했고, 죽기 전에 이 소망의 실현되도록 신이 축복한 데 대해 몹시 기뻐했다. 그 후로 뿐달리까는 부모를 보살피고 그들 안에 있는 신을 섬기는 데 헌신하였다.

여러 해가 지난 뒤, 깔리 유가(현 시대인 영적 겨울) 시기에 매우 강력한 크리슈나가 발산하는 존재인, 빤두랑가Panduranga라고 불리는 신성의 한 측면이 뿐달리까의 진실한 헌신을 보았다. 신성한 통찰력으로 그는 어떻게 해서 뿐달리까가 신성한 강들의 정령을 통해 그의 계시를 받았으며 그로 인해 완전히 변화되었는지를 보았다. 빤두랑가는 기뻤다.

그는 뿐달리까의 시선이 미치지 않는 뒤쪽에 현현한 뒤 뿐달리까에게 말했다. "성스러운 이여, 그대는 나를 기쁘게 했습니다. 지금 와서 빤두랑가의 축복을 받으세요."

뿐달리까는 그때 부모의 아픈 발을 씻겨 주고 있었다. 그는 무심히 손을 뻗어 벽돌을 집은 뒤 뒤돌아보지 않은 채 그의 뒤에 놓았다. "저는 당신을 보게 해 달라고 부탁한 적이 없습니다. 저는 지금 부모님을 돌보는 일을 마무리하는 중입니다. 이 벽돌 위에 앉아서 기다리시면, 곧 당신과 함께 하겠습니다." 뿐달리까는 별 생각 없이 말한 뒤, 하던 일을 계속하였다.

일을 마치고 돌아섰을 때 그는 신성한 빤두랑가의 형상이 새겨진 큰 검은 돌을 보았다. 700파운드 무게의 그 상像은 그가 뒤에 놓았던 벽돌 위에 세워져 있었다. 뿐달리까는 무르띠murthi(신의 상) 앞에 엎드려 절했고, 그 상에서 그에게로 흘러나오는 에너지와 빛을 받았다. 그 상은 인도 뭄바이의 남쪽, 빤다뿌르Pandhapur라고 불리는 성지순례 장소에서 볼 수 있다.

어느 날, 나는 스와미 쉬바난다가 번역한 《바가바드 기따Bhagavad Gita》

를 읽다가, 고대 인도에서 '벽돌'은 성자 또는 현자의 속어라고 설명하는 각주를 발견했다. 뿐달리까에 관한 사건의 의미는 빠두랑가 의식이 현자 혹은 성자의 의식을 통하여 나타날 것이라는 것이다. 뿐달리까 그 자신이 벽돌이었다.

뿐달리까처럼 우리는 영적 고결함과 신성한 동기를 지니고 의무를 행해야만 하며, 그 의무가 신성한 임무라는 것을 깨달아야 한다.

9. 관용Tolerance 사람들은 저마다 다른 까르마적 상태를 가지고 있다. 그래서 구도자들 사이에서든 비구도자들 사이에서든 각자에게 우선하는 일은 저마다 다를 것이다. 각각의 사람들은 개별적인 길 위에 있다. 우리 중 몇몇은 다른 사람들보다 더 효율적인 선택을 한다. 하지만 그것 역시 편협으로 이어질 수 있는 가치 판단이다. 위대한 존재들은 우리에게 관대하며 늘 관대했음을 우리는 상기할 필요가 있다. 이것은 우리의 개인적인 영적 모자이크와 조화를 이루어야 하는 중요한 영적 원리이다.

10. 공부study 우리는 성스러운 경전들을 읽을 수 있으며, 우리의 가치들에 공명하는 스승과 더불어 공부할 수 있다. 우리는 또한 자기반성과 관찰을 통하여 혼자 공부할 수도 있다.

자아—마음—성격의 습관을
바로잡는 데 유용한 도구들

오랫동안 나는 정신 상태, 습관, 그리고 전생에서 이어져 온 사고 패턴들을 직면하였다. 당신에게도 그런 것들이 분명 있을 것이다. 수만 시간 동안 헌신적으로 행한 만뜨라 수행은 내버릴 필요가 있는 모든 형태의 쓰레기들을 들춰냈는데, 그것들을 나는 더 이상 가지고 다니고 싶지 않았다. 시행착오를 거치면서 나는 이런 쓰레기를 처리하는 전략을 고안해 냈다. 이것이 유용하다면 자유롭게 사용하고, 당신의 필요에 맞게 바꿔 사용하라.

a. 행동과 생각 패턴들을 관찰하라   (목격하기)

b. 바로잡거나 변화시켜야 할 것을 발견하라   (진단)

c. 바로잡을 문제의 범위와 깊이를 탐구하라.   (조사)

d. 바로잡기 위해 이용할 행위를 검토하거나 찾아라.   (바로잡는 만뜨라)

e. (가능하면) 바로잡는 데 필요한 시간을 예상하라. (처방 효과 예상 시간표)

f. 바로잡는 절차를 위한 전략이나 계획을 세워라.

                                       (구체적인 계획 혹은 일과)

g. 조치를 실행하라.   (문제에 맞는 만뜨라 혹은 수련)

h. 가능한 곳에서 진행을 점검하라.   (평가)

i. 결과를 관찰하라.

(완성 후 분석: 나는 관찰 가능한, 바로잡는 방향에서 의미 있는 진보를 했는가?)

j. 문제의 주기적 재발.

        (완성 후 분석 II: 오래된 뿌리에서 잡초가 나듯이 문제가 재발했는가?

                    혹은 만뜨라 수행이 실제로 효과가 있었는가?)

실천

영적 훈련, 기도, 자기관찰, 그리고 자비심의 발달 이처럼 단순해 보이는 것들이 우리를 멀리, 아주 멀리까지 데려갈 것이다.

당신의 가슴이 아는 것

사랑의 힘은 너무 강해서 인간으로서 우리의 운명은 그 힘에 묶여 있다. 이와 비슷하게, 지각 있는 존재들의 공동체에 인간이 독특하게 기여하는 것의 일부는 사랑의 힘과 연결되어 있다. 예수와 붓다 둘 다 그것을 분명하게 말한다. "이웃을 너 자신처럼 사랑하라." 그리고 "자비는 세상을 변화시킬 수 있다."

만뜨라 도구들

여기에 당신의 자기발견, 자기쇄신, 자기통달의 여정을 도와줄 만뜨라 도구들이 있다.

1. 자비심을 계발하는 데 이 관음 만뜨라는 매우 효과가 있다.

나무관세음보살
Namo Kuan Shi Yin Pu Sa

앞에서 논의한 위대한 마니 만뜨라도 역시 큰 도움이 된다.

옴 마니 빠드메 훔

Om Mani Padme Hum

2. 분노의 감소와 소멸을 위해

샨떼 쁘라샨떼 사르붸 끄로다 우빠샤마니 스와하
Shante Prasante Sarve Krodha Upashamani Swaha

그리고/또는

옴 슈리 라마 자야 라마 자야 자야 라마
Om Sri Rama Jaya Rama Jaya Jaya Rama

3. 당신이 될 수 있는 모든 것이 되는 과정을 한층 강화하려면

옴 뿌루숏따마야 나마하
Om Purushotthamaya Namaha

26

구루

우리의 진화를 돕기 위해, 위대한 존재들은 성실한 구도자들을 도우러 온다. 이 존재들은 여러 부류가 있다. 아봐따르Avatar, 마하 싯다Maha Siddha, 림뽀쩨Rimpoche, 삿구루Sadguru, 구루, 그리고 자가드Jagad 구루 등이 그들이다. 이런 범주 중 일부에도 구분이 있다. 예를 들어, 힌두 경전들은 적어도 다섯 가지 종류와 유형의 아봐따르를 말하고 있다. 그러나 여기에서의 토론은 구루에 초점을 맞추는 것이 적절할 것이다. 진정한 구루는 실재하는 힘을 사용하며 멀리까지 미치는 권위를 가지고 있다.

우선, 구루의 개념은 영성에서 가장 오해되고 있는 개념 중 하나다. 대부분의 우리가 떠올리는 구루의 이미지는 제자들에게 무엇을 하고, 언제 그렇게 하며, 어떻게 살아야 하는지를 지시하는 모습이다. 이런 사람은 종종 완전한 복종을 요구한다. 신문, 텔레비전, 그리고 다른 공공 매체들은 이런 종류의 영적 권위와 함께 일어나는 문제들을 보여 주었다. 성폭행, 돈, 그리고 권력의 남용에 관한 기사들이 줄을 이었다. 이 모든 이야기들은 구루들이 가짜라는 것을 의미하는가? 그렇지 않다. 비교해서 말하자면, 몇몇 기독교 목사들이 세속적인 법이나 도덕률을 어겼다고 해서, 기독교 전체가 가짜라는 의미인가? 그렇지 않다.

그러나 구루가 진정 무엇이며 구루가 어떻게 일하는지에 대한 새로운 관점은, 우리가 어떤 종교적 전통을 따르는지와 상관없이, 우리의 영적 여행을 위한 빛이 될 수 있다.

산스끄리뜨 단어인 구루는 '어둠을 쫓아내는 존재'를 의미한다. 어떤 어둠인가? 무지의 어둠이다. 그러나 이 어둠은 실제의 영적 빛으로 대체된다. 어둠은 무지를 가리키는 은유적 표현일 뿐 아니라, 영적인 빛이 실제로 없는 것이다. 영적으로 말하자면, 어둠의 반대는 빛illumination이다. 그것이 그리스도와 성자들의 후광이든, 붓다를 둘러싼 빛나는 오라든, 혹은 언약궤를 운반하는 사제들을 둘러싼 빛이든, 영적 성취로서의 빛의 개념은 종교적인 이야기에 공통적으로 보이는 요소이다.

영혼, 참나 즉 아뜨만은 항상 오점이 없고, 깨달아 있으며, 스스로 빛을 발한다. 그러면 무엇이 깨닫게 되는가? 자아—마음—성격이다. 우리의 이 부분은 대개 실재의 본성에 관한 잘못된 가정 위에서 작동되고 있다. 사실, 서양의 모든 과학적 탐구는 실재의 본질이 무엇이며, 그것을 지배하는 법칙이 어떻게 작동하는지를 탐구하는 것이 핵심이다. 마찬가지로, 형이상학도 수천 년 동안 같은 목표를 추구해 오고 있다.

이 실재를 다스리는 법칙들을 일부 이해하고, '실재'에 대한 기본적인 지식을 일부 얻고, 자신이 아는 것을 사람들에게 가르칠 수 있는 사람들을 동양의 전통에서는 현자라 불렀다. 이들 중 일부는 구루가 된다. 구루는 제자의 마음에서 무지의 어둠을 쫓아내고, 깨달음을 받아 수용할 수 있는 지점으로 그를 데려간다. 이 과정은 자아—마음—성격이 삶의 문제들을 처리하기 위해 이용하는 어떤 공통적인 가정을 없앨 수 있다. 그러므로 깨달음의 과정은 종종 적절한 정신적, 영적 토대가 확고하게 자리 잡을 때까지는 신중하게 진행된다. 이 과정은 구도자를 보호하기 위한 것이다.

맹목적인 복종: 문제

느슨한 의미에서는, 우리가 깨달음을 향한 길에서 더 멀리 나아가도록 안내하는 영적 선생은 일종의 구루이다. 이것은 이 용어가 광범위하게 사용되는 공통적인 의미이다. 구루는 '스승'이라는 단어로 바꿔 쓸 수 있는데, 스승이란 단어가 '반신반인demigod' 혹은 '반신semigod'으로 번역되지 않는 한, 스승이란 단어는 아무런 문제를 일으키지 않는다.

불행히도, 힌두의 몇몇 영적 선생들은 인도의 고전적인 문학작품을 보고는 자신도 그 작품 속의 위대한 구루들처럼 행동할 자격이 있다고 여겼다. 그들은 자신이 브람마리쉰 바시슈따Vasishta, 비슈와미뜨라 Vishwamitra, 혹은 근현대의 구루들인 디바인 라이프 소사이어티의 위대한 쉬바난다Sivananda, 바가반 니띠야난다Bhagavan Nityananda, 라마나 마하리쉬Ramana Maharshi, 빠라마한사 라마크리슈나Paramahansa Ramakrishna, 님 까롤리 바바Neem Karoli Baba 등과 같은 수준이라고 간주한다. 이런 위대한 구루들은 초월적인 지혜와 위대한 자비심을 가진 존재였다. 엄밀한 의미에서, 둘 중 하나는 다른 것이 없이는 존재할 수 없다.

그러나 고대의 위대한 구루들과 근현대의 일부 자칭 구루들 간에는 기념비적인 차이가 있다. 고대의 구루들이 따랐던 크리슈나, 라마, 붓다로 대표되는 아봐따르들, 그리고 고대의 위대한 구루들은 '가장 높은 지혜'를 지니고 있었다. 그 위대한 구루들 중 어느 한 분을 따른다는 것은 자신을 그분들에게 전적으로 복종하는 것을 의미했다. 후대에서 우리는 예수의 추종자들에게서 같은 아이디어를 볼 수 있다. 오늘날 제자들과 추종자들은 그의 지도와 안내를 전적으로 따를 것을 요구 받고 있다. 이백 년 이상 유지되어 온 종교 조직들은 수도원적 조직의 중심 교의로서 복종이라는 아이디어를 전파한다.

일부 예외가 있지만, 현대의 영적 선생들은 고대의 위대한 구루들과 동등한 영적 지위에 있지 않다. 어느 나라 출신의 선생이든 제자들과 추종자들에게 맹목적인 복종을 요구하는 것은 그 선생에게도 제자에게도 거의 항상 적절하지 않다. 복종은 서양에서도 문제점들을 안고 있다.

로마 가톨릭 교회는 모든 지부의 일꾼들에게 복종을 요구한다. 복종의 맹세는 이 교회에 기본적인 것이다. 이를 통해 조직의 위계와 그로 인한 지도력, 추기경 전원 합의에 의한 조직의 가르침의 '존엄성'을 보존한다. 이 모든 것이 구루라는 개념의 부산물이다. 우리는 현대 종교들이 앞서 존재했던 형태들로부터 상당 부분을 차용했다는 것을 명심해야 한다. 언제나 그런 식이었다. 로마 가톨릭 교회는 형성되는 기간에 그보다 이전에 존재했던 힌두교와 불교의 수도원 전통과 종교적인 형태를 차용했다. 향香, 꽃, 방울들과 찬송은 로마 가톨릭 미사가 형성되기 이전에도 수천 년 동안 사용되고 있었다. 이와 마찬가지로, 복종이라는 아이디어도 근대 종교 조직들의 창조물은 결코 아니다.

310

내면의 스승,
원리로서의 구루

구루의 본래 개념은 우빠구루upaguru이다. 구루는 일반적으로 하나의 사람으로 생각되지만, 우빠구루는 하나의 원리이다. 우빠구루는 우리들 모두 안에, 그리고 사물의 모든 실체적, 현상적 본질 안에 존재한다. 안내하고, 가르치고, 깨닫게 하고, 드러나게 하는 것은 사실 언제나 우빠구루이다. 어떤 선생님을 통해 작용하는 것은 우빠구루이다. 신성한 진리를 추구하는 길로 우리를 내보내는 것은 우빠구루이다. 우빠구루는 우리의 신성한 자기의 일부분이다. 그것은 (사하스라라 짜끄라의 아래) 뇌 밑의 머리 맨 위 근처에 있는 구루 짜끄라로서, 또한 아뜨만 혹은 영혼에서 방사되는 원리로서 현현한다. 우빠구루는 모든 곳에 있는 신의 현현이다.

구루는 모든 사람의 내면에 있다. 우리가 영적으로 나아갈 준비가 되었을 때, 우빠구루는 우리가 알아야 할 것을 보여 주고 가르치는 스승에게로 우리를 인도하며, 어디에서 발견할 수 있는지 알려 주고, 심지어 단 한 번의 사건으로 우리의 영적 생득권을 선물하기도 한다.

몸을 지니고 있는 스승과 구루들

우리는 평생 한 명의 외적 스승에게만 배우는 것은 아니라는 점을 명심하는 것이 중요하다. 우리는 일생 동안 스승을 수차례 바꿀지도 모른다. 만약 우리의 마음이 열려 있고 받아들일 준비가 되어 있다면, 어느 스승에게 배워야 할 것을 다 배우고 나면, 다음 단계로 나아가야 할 때가 올 것이다. 그러나 만약 외부의 선생이나 구루가 절대적인 충성과 복종을 요구했고 우리가 그렇게 따른다면, 우리는 내면의 스승인 우빠구루의 안내를 따르는 데 방해를 받게 된다. 바로 그 순간, 외부의 스승은 우리의 길을 가로막고 있으며, 우리의 영적 진보에 실제적인 장애물이 될 뿐 더 이상 도움이 되지 않는다.

진정으로 발전되고 지혜로운 영적인 스승들은 제자들에게 집착하지 않는다. 이런 스승들은 제자들이 자기만의 영적 청사진과 여정, 그리고 운명을 가지고 있다는 것을 잘 안다. 어떤 제자는, 여러 가지 영적인 이유로 인해, 한 명의 스승과 함께 평생을 보낼 수도 있다. 몇몇 고전적인 구루-제자의 관계는 삶에서 삶으로 이어지며 영원히 지속되는 것도 사실이다. 그러나 한 사람이 한 번의 생애 동안 여러 스승을 만나는 것이 좀 더 일반적이다. 사실, 다양한 뿌라나에는 구루가 제자들의 훈련을 완성시키기 위해, 또는 그들의 영적 발전에 반드시 필요한 부분을 제공하기 위해 제자들을 다른 스승이나 구루에게 보내는 이야기들이 아주 많이 실려 있다. 만약 어느 구루가 제자를 다른 구루에게 한동안 보낸다면, 제자를 보낸 그 구루는 신뢰할 만한 진정한 영적 스승이라고 나는 믿는다. 하지만 오늘날에는 이런 일을 보기가 쉽지 않다. 대부분은 그 반대이다. 내가 반복적으로 목격한 일반적인 태도는 "이들은 나의 제자들이며, 그들은 다른 영적 스승을 만나지 말아야 한다."라는 것이다.

지금까지 살아오면서 나는 큰 영향을 받은 몇 분의 스승을 만났다. 그리고 현재 나에게는 (지금은 몸을 떠나신) 한 분의 구루와, 그 구루의 미망인이자 내가 헌신하고 있는 살아 있는 구루가 있다. 나는 오랫동안 삿구

312

루인 산뜨 께샤바다스와 함께 지냈지만, 그는 나에게 다른 스승을 만나거나 함께 지내지 말라고 말한 적이 한 번도 없었다. 실제로, 달라이 라마가 이 나라에 처음으로 대중 강연을 했을 때 구루와 나는 함께 그곳에 갔다.

나의 구루는 그의 센터인 우주적 종교 사원들에 다른 영적 스승들을 초대하여 그들의 프로그램들을 가르치고 전하게 하였다. 그리고 그날 초대된 영적 스승들과 친교를 나누었다. 그는 여러 도시에 있는 3HO 아쉬람에서 삿상satsang(영적인 가르침과 토론)을 하였으며, 요기 바잔Yogi Bhajan은 그의 강연 시리즈를 런던과 다른 지역들에 자주 소개하였다. 그와 스와미 비슈누 데바난다Vishnu Devananda는 둘 다 시내에 있을 때는 언제나 점심식사를 함께 했다. 그들이 함께 있을 때면 언제나 홀 아래에까지 웃음소리가 울려 퍼지곤 했다. 스와미 삿찌다난다Swami Satchidananda는 그가 시내에 있을 때면 자주 찾아왔고, 두 분은 변함없이 서로의 센터에서 강연하는 초대 손님이었다. 영국에 기반을 두고 있는 인도 출신의 불교 스승 아쇼까 쁘리야달샨Ashoka Priyadarshan이 미국 순회강연을 시작하기 위해 워싱턴에 오게 되었다. 우리는 공항에 가서 그를 모셔왔고, 그가 우리와 함께 머무는 동안 그의 첫 번째 강연들을 주최하였다. 암릿 데사이Amrit Desai는 시내에 있을 때면 언제든지 우리와 함께 머물 수 있다는 것을 알았다. 우리는 1973년 워싱턴에서 람 다스Ram Dass의 초기 대규모 대중 강연 중 하나를 조직하였다. 삐르 빌라얏뜨 칸Pir Vilayat Khan은 그의 자애로운 보편적 가르침 때문에 우리 사원에서 늘 환영받았다. 이것은 매우 짧고 부분적인 사례일 뿐이다.

우빠구루의 부름

많은 구도자들이 그러하듯이 나의 영적 체험도 몸을 입고 있는 영적 스승을 만나기 훨씬 전에 시작되었다. 구도의 열망은 외부가 아니라 내부에서 왔다. 오늘날의 많은 영적 구도자들 역시 구도의 원동력은 내부로부터 오며, 그들의 시야에 들어와서 감명을 준 뒤 배타적인 복종을 요구하는 어떤 스승으로부터 오지 않는다.

우리들 대부분은 우빠구루의 부름에 응답해 왔다. 그 내적인 스승은 외부의 세상과 그 모든 내용물을 우리의 발전을 위한 학교로 사용한다. 우빠구루는 잠시 우리를 이런 성직자나 저런 스승에게로 안내할 수 있다. 그 뒤 우리는 한동안 지켜 온 전통을 완전히 변화시키곤 한다. 베딕 힌두이즘을 배우다가 불교로 옮겨간 뒤, 아메리카 원주민의 지혜를 찾아 떠난 뒤 몇 년 동안 소식이 없는 사람들을 나는 봐 왔다. 그러다가 나중에는 더욱 정통적인 유대교나 기독교의 길을 따르는 사람이 되어 나타나기도 한다.

우빠구루의 안내에 귀를 기울이면서 이처럼 다양한 형태의 꾸불꾸불한 길을 따르는 학생들을 나는 자주 보았다. 신비적인 길을 걷는 학생이 어떤 형태의 정통파 종교로 돌아오더라도, 그들은 결코 처음 출발할 때와 같은 사람이 아니다. 그리고 그들은 정통파 종교로 돌아왔지만 거의 예외 없이 내면에 보편적인 이해를 품고 있다. 그래서 신은 모든 종교 안에, 모든 길 안에 있다는 것을 알고 있다. 그들은 절대적인 신성한 진리의 한쪽 모퉁이를 차지할 수 있는 사람은 아무도 없으며, 자기 자신의 유혹의 목소리가 이웃과 180도 다른 길로 가게 한다는 것을 알고 있다. 예수는 말했다. "아버지의 집에는 거할 곳이 많습니다. 만약 그렇지 않으면 여러분에게 말했을 것입니다."

삿구루 샨뜨 께샤바다스는 대중을 상대로 하는 영적 강연에서, 구루는 사람이 아니라 내면의 원리라는 것을 수없이 많이 얘기했다. 스와미 삿찌다난다의 학생들과 제자들은 그들의 구루 역시 똑같은 개념을 가르치고 있으며, 그의 구루인 스와미 쉬바난다도 그렇게 가르쳤다고 나에게 분명히 말했다.

스승을 평가하는 기준

추종자들에게 구루라고 불리는 사람들은 대부분 다양한 영적 수준에 있는 스승들이다. 거대한 인간 내면의 잠재성을 더 많이 실현하고 잠재성의 조각들을 더 많이 통합할수록 그는 더 위대한 스승이다. 위대한 스승들은 예외 없이 인류에게 봉사하는 데 헌신한다. 그들은 개인적인 목적을 갖지 않는다. 그리고 겸손하다.

다음의 두 가지는 쉽게 판명된다. 첫째, 우리가 만난 사람 중에는, 우리가 삶의 큰 교훈을 배웠지만 자신은 스스로를 영적 스승으로 전혀 여기지 않는 사람들이 있다. 우리에게 대단히 유익한 영향을 미쳤지만 평범해 보이는 삶을 살아가는 사람들을 우리 대부분은 알고 있다. 이런 분들은 우빠구루의 고전적인 원리를 명백히 보여 준다. 그들은 어떤 교훈들을 철저히 배웠으며, 그래서 그들이 배운 것을 단순하면서도 멀리까지 미치는 힘으로 우리에게 보여 주거나 가르쳐 줄 수 있다. 그들은 심지어 우리에게 도움이 되고 있다는 사실조차 모르고 있을 수 있다.

둘째, 우리에게 영적인 도움을 조금만 준 사람인데도 스스로를 영적인 스승이라고 칭하는 사람들이 있다. 어떤 경우에 그들은 추종자들의 영적 진보를 실제로 방해하기도 한다. 그들은 약간의 영적 성취를 얻은 사람들로서, 자아가 부풀어서 판단력이 흐려지고 자신의 길뿐 아니라 제자의 길까지 방해한다. 자신을 영적 스승이라고 부르는 사람들은 행동과 삶이 높은 수준으로 유지되어야 한다. 나는 여러분들이 만났거나 따랐던 스승들에 대한 평가를 여러분에게 맡긴다.

다른 역사적 인물들

구루의 적절한 예를 찾기 위해 세계의 종교에서 널리 알려진 위대한 인물만을 살펴볼 필요는 없다. 수많은 사람들을 도와줄 수 있을 만큼 영적으로 진보된 인물들이 현대사에도 있다. 동양에서는 라마나 마하리쉬Ramana Maharshi와 그의 계보, 빠라마한사 요가난다Paramahansa Yogananda와 그의 계보, 빠라마한사 라마크리슈나Paramahansa Ramakrishna와 그의 계보, 님 까롤리 바바Neem Karoli Baba와 그가 높은 의식으로 은총을 준 사람들, 계승되는 달라이 라마Dalai Rama들, 까르마빠Karmapa들, 그리고 쌍까라짜리야Shankaracharya, 라마누자짜리야Ramanujacharya, 마드바짜리야Madvacharya에 의하여 세워진 다양한 계보들과 분파들이 있다. 초월적인 빠드마삼바바Padmasambhava, 아발로끼떼슈와라Avalokiteshwara와 관음Kwan Yin의 계보, 구루 나낙Guru Nanak과 구루 람 다스Guru Ram Dass의 계보와 같은 분들도 마찬가지로 중요한 인물들이다. 또한 바가반 니띠야난다Bhagavan Nityananda와 빠라마한사 묵따난다Paramahansa Muktananda를 포함한 그의 제자들, 또한 쉬바난다Sivananda와 그의 제자들인 스와미 크리슈나난다Swami Krishnananda, 찌다난다Chidananda, 비슈누 데바난다Vishnu Devananda, 벤까떼샤난다Venkateshananda, 삿찌다난다Satchidananda와 같은 위대한 싯다들도 여기에 포함된다.

중동에서는 이사야Isaiah, 다니엘Daniel, 엘리야Elijah 및 다른 사람들을 포함한, 모세 이후의 구약 성서 선지자들이 있다. 더 최근에는 모하메드와 이슬람의 참된 형제애에 대한 훌륭한 가르침이 있다.

서양에서는 종교적인 전통들이 오래되지 않았기 때문에 그러한 인물들을 규정짓는 것이 더욱 어렵다. 그래도 아시시의 성 프란체스코와 같은 그리스도의 제자들이 있다. 그리고 누가 마더 테레사Mother Terasa를 무시할 수 있겠는가?

자신의 참나에 대한 감사

올바른 길에서 벗어나지 않기 위해서는, 우리를 자신의 신성한 운명으로 인도하고 가르치는 것은 우리 각자 안에 있는 우빠구루 원리라는 것을 기억하는 것이 유용하다. 이러한 개념은 우리의 영적 성취에 대해 단체나 외부 스승뿐 아니라 내면의 스승에게도 감사함을 느끼도록 한다.

우빠구루의 다른 형태들

우빠구루는 수많은 장소와 형태를 취할 수도 있다. 현재 유행하고 있는 우빠구루의 가장 유명한 형태 중 일부는 타로 카드, 룬 문자, 그리고 중국 오라클 책인 역경의 사용이다.

융 학파는 이러한 도구들을, 이해 가능한 모습으로 나타나는 집단 무의식의 단순한 표현이라고 볼 수 있다. 그들이 옳을 수도 있다. 그러나 만약 그것들이 우리 내면의 스승인 우빠구루가 작용할 수 있는 또 하나의 장소로 기능한다면, 우리에게는 행운이다. 어떤 심령술사들은 이런 각각의 형태와 협력하는 심령 존재들이 있다고 말할 것이다. 그들 역시 옳을 수 있다. 우빠구루의 작용에 관해 우리가 무엇을 믿든지 간에 별 차이가 없다. 우빠구루는 우리 모두의 내면에서 항상 작용하고 있다. 결국 우리가 믿든 믿지 않든, 이해하든 이해하지 못하든 중력의 법칙은 늘 작용하고 있다. 왜 우리 존재의 법칙이 그것보다 못할 것인가?

자신의 균형을 유지하기

우빠구루와 더불어 의식적으로 일하기 위해서는 열린 마음이 필요하다. 또한 그것은 '가장자리에서 춤을 추는 것'을 의미할 수 있다. 우빠구루의 부름을 듣는 것과 목소리들을 듣는 것의 차이는 무엇인가? 그것은 중요한 질문이다. 나는 어떠한 적절한 대답을 가지고 있지 않다. 나는 영적 수행을 하고, 주의를 기울이고, 내가 할 수 있는 모든 것을 시험한다. 나는 회의적인 태도를 유지하지만, 반대되는 근거들이 늘어나면 기존의 세계관을 바꿀 준비가 되어 있다. 새로운 결론이 아무리 이상하고 극단적인 것처럼 보여도 말이다. 우빠구루의 많은 조언들이 간과되는 이유는, 단지 사회적, 문화적 통념들이 그것들을 안전한 믿음의 주류에서 너무 벗어나 있다고 보기 때문이며, 그래서 그것들을 진지하게 고려하지 못하고 있기 때문이라고 나는 생각한다. 우리들은 유익하지만 받아들이기 어려운 견해들은 걸러 낸다.

인지 부조화

심리학자 레온 페스팅거Leon Festinger의 잘 증명된 연구들은 우리 모두가 모든 것에 대한 결론을 가지고 있으며, 이런 결론들에 기초하여 일상생활을 해 나간다는 것을 보여 준다. 이런 결론들 중 일부는 단지 가설에 불과할 뿐이며, 그 반대의 증거들이 수용될 수 있는 형태로 제시되면 쉽사리 바뀔 수 있다. 그러나 우리가 고수하는 다른 결론들은 매우 확고하게 자리를 잡고 있다. 이 결론들이 잘못되었다는 증거들이 충분히 제시될 때조차 우리들은 대개 그것들을 바꾸지 않는다. 페스팅거는 우리가 믿는 것과 상반되는 증거들이 제시될 때, 대체로 우리는 세 가지 중 하나의 반응을 보인다는 것을 발견했다.

1. 우리는 마음을 바꾼다. 그런 경우, 우리는 열린 마음을 가지고 있다. 우리는 기존의 결론들에 심리적인 '투자'를 하지 않았다. 따라서 우리는 반대되는 증거를 객관적으로 볼 수 있고, 차분하게 증거들을 평가할 수 있으며, 어떤 결론에 도달할 수 있다. 우리는 잘 행동하며 논리적으로 말한다.

2. 우리는 자료를 무시하거나 걸러 낸다. 우리가 주어진 결론이나 믿음에 심리적으로 과도한 투자를 했을 때, 그리고 그러한 믿음들이 유력하고 적절한 반대의 증거들에 의하여 강한 도전을 받을 때, 내면의 정신적 부조

화가 발생한다. 그때 마음은 매우 흥미로운 반응을 한다. 마음은 그 자료를 무시한다.

이런 일은 주로 우리가 따르던 결론이나 믿음이 지각과 관련된 자료에 바탕을 둘 때 일어난다. 갑자기, 아무런 뚜렷한 이유 없이, 우리가 평소 믿고 있던 결론과 다른 결론을 뒷받침하는 지각이나 경험들은 두뇌의 의식하는 부분에 도달하지 못하고 도중에 멈추어 버린다. 이러한 지각들이 오랫동안 고수해 온 믿음들과 일치하지 않는다는 것을 알아차린 뒤, 두뇌는 성가시고 반대되는 지각들을 '걸러 낸다.' 그것들은 작동하는 의식에는 결코 도달하지 못한다. 우리의 눈앞에서 분명히 벌어지고 있는 사건들인데도 우리가 보지 못하는 경우가 있다. 소리가 커서 충분히 들을 수 있는데도 우리가 듣지 못하는 경우도 있다.

잠재의식의 심리적 보호기제로서의 대단한 궤변이 끼어들면, 우리는 그 자료 중에서 성가신 부분을 걸러 낸다. 그러면 무슨 일이 일어났든 간에, 그 일은 공식적으로는 결코 일어나지 않은 일이 된다. 그 결과, 때때로 우리는 객관적인 현실 속에서 살고 있지 않을 수 있다. 객관적인 현실 속에서 일어난 사건들이 단지 우리의 기존 믿음과 일치하지 않는다는 이유 때문에 말이다.

모든 것을, 있는 그대로, 의식적으로 받아들이기를 배우는 것은 쉬운 일이 아니다. 그렇게 받아들이기 위해서는 과거에 배운 어떤 것들은 버리고, 어떤 것들은 새롭게 배우는 것이 필요하다.

3. 우리는 정보의 출처를 폄하한다. 우리가 소중히 간직해 온 믿음들을 거스르는 성가신 자료의 출처를 폄하하는 것을 우리는 늘 본다. "그는 자신도 모르는 얘기를 하고 있어!" 이런 발언은 출처를 폄하하는 것이다.

"그 연구는 결함이 있습니다." 이런 언급도 출처에 대한 폄하이다. "저 사람은 제대로 아는 게 하나도 없어." 바로 그런 식이다.

출처의 폄하는 우리의 모든 필터를 통과하여 우리가 강하게 고수해 온 믿음들과 만나는 성가신 자료와 결론들에 대한 최후의 수단으로 찾아가는 법정이다. 새로운 자료에 의해 제기된 결론을 반대하는 마음이 너무 강하기 때문에 우리는 그것을 근원에서 차단해 버린다. 결국, 반대되는 자료를 제기하는 사람이 바보라고 여겨지면, 당연히 그 자료는 의심을 받을 수밖에 없다. 무슨 일이라도 다 할 수 있지만, 우리의 믿음만은 절대로 바꾸지 않으려 하는 때가 있다.

이런 일은 정말로 중요한 문제들에 관해서는 거의 일어나지 않을 것이라고 생각할지 모른다. 하지만 그렇지 않다. 갈릴레오는 지구가 태양의 주위를 돈다는, 그 당시로서는 불경스러운 생각을 철회하지 않았다면 바로 죽음을 맞이했을 것이다. 논란의 여지가 있는 수많은 종교적인 관념들이 비슷한 운명과 직면하였다. 나는 이 책에 제시된 아이디어들 중 일부에 관해 당신이 자신의 선하고 여과하지 않는 판단력에 따라 판단하기를 바란다.

살아 있는 진정한 스승

역사를 통틀어 매우 진보된 사람들이 있었지만, 우리들이 익숙하게 생각하는 방식으로 진보한 것은 아니었다. 그들은 영적 진보에 대한 우리의 관념과 반드시 일치하지는 않았다. 나는 세상의 훌륭한 종교들의 지도자들에 관해 이야기하고 있는 것이 아니라, 받을 만한 사람들에게 줄 수 있는 위대한 선물들을 가지고 있던 다른 개인들에 대해 말하고 있다. 나는 가늠하기 어려운 겸손과 위대한 힘을 지닌 채, 인류 사이에 걸으면서 최고의 진리들을 가르쳤던 사람들을 가리키고 있다. 인간 잠재력의 아주 많은 부분을 자신 안에서 계발하여, 거의 모든 사람들 혹은 모든 계급의 사람들과 어울려 지낼 수 있고 그들 중 일원으로 여겨질 수 있는 사람들에 대해 말하고 있다.

그들은 우리의 영적인 진보 외에는 다른 개인적 의도가 없다. 그들에게는 단체가 있을 수도 있고 있지 않을 수도 있다. 그러나 비록 그들에게 단체가 있다 하더라도 그 단체의 발전은 한 개인의 영적인 진보보다 결코 우선하지 않는다. 참된 스승들과 구루들은 겸손하다. 그들은 신과 진리는 한없이 광대하다는 것을 안다. 그들은, 적어도 부분적으로는, 그들 자신보다 더 진보하고 더 위대한 존재들이 늘 있다는 것을 안다. 그러기에 그들은 자신이 봉사할 수 있을 때, 봉사할 수 있는 곳에서 봉사를 한다.

또한 참된 구루들 사이에는 약간의 위계가 있다. 삿구루인 참된 구루들과 존재들이 있다. 삿구루는 평범한 구루를 열 배쯤 곱한 것과 같은 존재이다. 《강연Discourses》에서 메허 바바Meher Baba는 어떻게 해서 삿구루가 살인자들과 같이 있으면 그들이 "오, 이 사람은 우리와 같은 사람이군."이라고 생각하고, 또 삿구루가 성자들과 현자들 사이에 있으면 그들도 "오, 이 사람은 우리와 같은 사람이군."이라고 생각하게 되는지 얘기한다. 인간 활동이나 사고방식의 어떤 영역도 참된 삿구루에게는 낯선 것이 아니다. 비록 그들이 공공연히 삿구루로 인식되고 있을지라도, 여전히 그들은 우리가 이해할 수 있는 범위의 너머에 있다. 그들은 기본적으로 훤히 보이면서도 자신의 정체를 숨긴다. 수천 년 동안 이러한 희귀한 존재들이 이 세상에 오고 갔다. 메허 바바는 그러한 존재들을 훌륭하게 설명한다.

"그는 모든 것에 관심이 있으나, 어떤 것에 대해서도 염려하지 않는다. 가장 사소한 불행도 그의 자비심을 일으키겠지만, 가장 큰 비극도 그를 동요시키지 않을 것이다. 그는 고통과 쾌락, 욕망과 만족, 휴식과 노력, 삶과 죽음의 변화 너머에 있다. 그에게는 그런 것들이 이미 초월해 버린 똑같은 환영들이지만, 다른 사람들은 그것에 매여 있으며, 거기로부터 그는 그들을 자유롭게 하기 위하여 왔다. 그는 모든 상황을 사람들이 깨달음으로 나아가도록 인도하는 수단으로 활용한다."

수백만 명의 사람들이 빠라마한사 요가난다의 《요가난다》라는 고전을 읽었을 것이다. 단언컨대 그 책을 읽은 모든 사람이 깊은, 아마도 심오한 영향을 받았을 것이다. 평범한 사람은 결코 이런 책을 쓸 수 없다고 나는 생각한다. 이 책이 지속적으로 미치는 영향력은 높은 영적 성취를 이룬 사람을 통해 위대한 영적 힘이 작용하고 있음을 분명하게 보여 주는 표시이다. 여기에 참된 구루가 있다.

빠라마한사 라마크리슈나는 제자 비베까난다Vivekananda가 아직 십대 소년이었을 때 그를 접촉했다. 라마크리슈나는 비베까난다를 처음 만나자마자 가까이 오라는 몸짓을 한 뒤, 그에게 강력한 샥띠를 전달하였다. 그 힘이 얼마나 강력했던지 소년은 자신이 죽을 것이라고 생각했다. 그러나 그는 죽지 않았다. 그후 그는 지고의 지혜에 관해 저술하기 시작했고, 베단따 협회를 결성했으며, 세상에 위대한 족적을 남겼다. 이들 중 어느 누구도 평범한 분들이 아니다.

사띠야 사이 바바Satya Sai Baba는 영적 구도자들 사이에서 논란이 많은 사람이다. 그러나 부인할 수 없는 사실은 수백만 명의 사람들이 사이 바바와 그의 기적 같은 현시로 인하여 영적인 길을 걷기로 결심했다는 것이다. 평범한 사람으로서는 이루지 못할 일이다. 만약 그의 강연이나 녹음을 들어 보면, 그 내용이 베다나 뿌라나에서 볼 수 있는 것과 같은 지혜라는 것을 알게 될 것이다.

　나의 구루인 삿구루 샨뜨 께샤뱌다스와 라마 마따는 그들을 중심으로 큰 조직이 세워지는 것을 결코 허락하지 않았다. 샨뜨 께샤바스는 어떤 수준이든 보편성을 실천하는 거의 모든 영적 단체로부터 환영을 받았다. 세계의 종교들을 잘 아는 그는 어느 날 밤에는 라마에 대해 얘기하고, 다음 날 밤의 주제는 예수의 산상수훈에 대한 심오하게 신비적인 탐구였다. 내가 목격한, 그가 전문적인 수준으로 얘기하던 다른 주제들과 신비가들은 유대교의 바알 셈 토브Baal Shem Tov, 띠베뜨 불교의 힘, 바가바드 기따, 구루 나낙, 그리고 세계의 위대한 종교에서 가져온 다양한 주제들이었다.

　상호 존중과 협력의 정신은 우리의 단체인 사나따나 비슈와 다르마 Sanatana Vishwa Dharma(우주적 종교의 사원)에 스며들어 있다. 그것은 위로부터 내려온 것이다. 나는 오늘날 많은 영적인 지도자들 사이에서 실제로 학생들을 두고 경쟁하는 것 같은 경쟁관계를 목도한다. 그러나 현대 불교에서는 이 같은 함정을 피하고 있는 것 같다. 내가 알고 있는 많은 불교 단체들은 서로 다른 불교 종파는 물론이고 다른 종교 단체와도 협력하고 있다.

　11년이 지난 뒤, 샨뜨 께샤바다스는 내가 떠날 때가 되었음을 알았다. 내가 항상 그의 주변에만 머물면 몇 가지 면에서 성장할 수 없기 때문이다. 그는 나의 세바seva(봉사)에 대해 감사했다. 그리곤 내가 떠나서 다시는 돌아오지 않게 하려고 어떤 괴상한 행동을 하였다. 1997년에 세상을 떠난 후, 그는 내 꿈속에 나타나서 가르침과 축복을 주고 재미있는 얘기를 하기 시작했다.

원래 라마 마따Rama Mata라고 불렸던 샨뜨 께샤바다스의 아내는 그와 함께 오랜 세월을 동행하였다. 그는 세상을 떠나기 얼마 전에 갠지스 강가에서 그녀에게 구루 입문을 주었고, 구루 마따Guru Mata라는 새 이름도 주었다. 계보를 이어가는 그녀는 성품이 놀랍도록 자비롭고 온화하지만, 또한 멀리까지 영향을 미치는 영적 권위를 갖고 있다. 그녀는 인도의 방갈로르 외곽에 있는 비슈와 샨띠 아쉬람Vishwa Shanti Ashram에 거주하고 있는데, 힌두 철학과 전통에 관한 프로그램을 전하기 위해 여행을 하며 끼르딴Kirtan을 전통적인 방식으로 노래하기도 한다.

다양한 구루들이 초연을 얘기하지만, 우리는 실제로 자주 보지는 못한다. 단체들이 형성되고 목적과 목표들, 계획을 갖는다. 구루들은 미국인들이 지도자를 잘 따르며, 자신이 하고 있는 일에 이로운 점이 있으면 열심히 일하는 사람들이라고 보고 있다. 그래서 안타깝게도, 추종자들이 구루에게 더욱 의존하게 되는 것처럼, 많은 구루들 역시 미국인 추종자들에게 의존하게 되고 있다. 내가 목격했듯이 여러분도 보았을 것이다.

나와 샨뜨 께샤바다스와의 관계는 달랐다. 그는 비록 사원에 거주하는 우리들을 조건 없이 사랑하였지만 우리들에게 집착하지 않는다고 분명하게 말했다. 개인적으로, 그는 나와 처음 만났을 때부터, 내가 동양의 가르침을 서양에 전파할 것이며, 책을 저술하고, 센터들을 열고, 사원을 지을 것이라고 되풀이해서 말했다. 그는 산스끄리뜨 만뜨라들을 손가락으로 내 이마와 혀에 적었다. 나는 "예, 옳습니다." 하며 받아들였다. 나는 그의 단체에서 남은 평생 사제로 지낼 것이라고 짐작하긴 했지만, 내가 직접 책을 쓰게 될 것이라고는 상상하지 못했다.

그가 세상을 떠난 지 네 달 안에 나는 출판 계약을 했다. 그때 나는 그가 1982년에 한 말이 떠올랐다. "내가 세상을 떠날 때, 나를 평생 여행시키고 가르치게 한 이 에너지가 그것을 받아들일 준비가 된 여러분에게 찾아올 것입니다." 그가 세상을 떠난 후 나의 여행과 강연은 꾸준하게 늘어났다.

여성 구루들

1990년 이래, 물병자리 시대가 임박하여 우리는 여성 구루들이 다시 유명해지는 것을 보고 있다. 역사적으로 위대한 구루들은 가정이 있는 사람들이었고, 의식의 고양된 상태를 공유하는 남편과 아내였다. 브람마리쉬 바시슈따Brahmarish Vasistha와 아룬다띠Arundhati, 현인 아뜨리Atri와 아나수야Anasuya(락슈미에 관한 저명한 전문가), 그리고 현인 아가스띠야Agastya와 로빠무드라Lopamudra는 그러한 수많은 예 중의 일부이다.

근래의 구루들은 대부분 남자들이었으나 지금은 바뀌고 있다. 에너지가 균형을 맞춰 가고 있다. 진정한 남자 구루들이 있고 앞으로도 그럴 것이지만, 우빠구루의 현현으로서 강력하고 헌신적이며 겸손한 여성 구루들 또한 있다. 그들이 자신을 어떠한 모습으로 드러내든지 간에 나는 모든 참된 구루들을 경배한다.

그리고 자가드 구루Jagad Guru들이 있다. 이들은 인류 전체의 행복을 위한 방대한 영적 책임을 진 존재들이다. 서양에 있는 우리는 그들에 관해 아는 바가 거의 없다. 그러나 그들의 힘과 자비는 놀랍도록 대단하다. 그들은 원래 이 땅에서 나온 존재가 아니라, 이 책의 앞부분에서 언급한 천상의 존재들 중 일부일 수 있다. 나의 구루를 통해 현현한 신의 은총으로, 나는 실제로 그들 중 세 분을 만나 얼마간의 시간을 보냈다. 그들은 샹까라짜리야스 슈리 자옌드라Shankaracharyas Sri Jayendra, 비자옌드라 사라스와띠Vijayendra Saraswati, 그리고 뻬죠와르 마뜨Pejowar Math 출신의 마드바짜리야Madvacharya 전통을 이은 자가드 구루이다.

첫째 삿구루

힌두 경전에 따르면 첫째 삿구루는 닷따뜨레야Dattatreya라고 불린 존재였다. 나라다 뿌라나Narada Purana에는 이 존재에 어튠하는 만뜨라들이 있다. 첫째 만뜨라는 닷따뜨레야를 위한 기초 만뜨라이다. 둘째 만뜨라는 어떤 씨앗 소리들이 덧붙여진 기초 만뜨라이다. 그대가 진정한 구루가 되려는 불타는 욕망이 있다면, 이 중 어느 만뜨라든 그 목적을 달성하는 데 큰 도움이 될 것이다.

옴 드람 옴 구루 닷따야 나마하
[옴 드람 옴 구―루 닷―따―야 나―마―하]
Om Dram Om Guru Dattaya Namaha
[Om Drahm Om Goo-roo Dah-tah-yah Nah-mah-hah]

옴 슈림 흐림 끌림 글롬 드람 닷따야 나마하

[옴 슈림 흐림 끌림 글로움 드람 닷—따—야 나—마—하]

Om Shrim Hrim Klim Glaum Dram Dattaya Namaha

[Om Shreem Hreem Kleem Glowm Drahm Dah—tah—yah Nah—mah—hah]

27

자가드 구루와의 만남

구루들과 삿구루들이 개인들과 집단의 영적 진보를 책임지고 있다면, 자가드 구루는 특정한 지리적 영역의 영적 에너지와 분위기를 책임지고 있다. 부차적으로, 그들은 온 세상에 대하여 거의 아버지 같은 태도를 취하고 있다. 그들에게는 진정한 구루들이 그러하듯이 제자들과 수련법이 있지만, 그들의 주요 활동은 그들이 책임지고 있는 지역에 영적인 에너지를 방사함으로써 넓은 지역에 축복을 내리는 것이다. 그 과정에서 그들은 자신이 맡은 지역을 수없이 다니며 해마다 수많은 사람들에게 축복을 내린다. 나는 나의 구루의 요청으로 자가드 구루의 인도 여행에 동행하였는데, 그 여행 동안에 우리는 수많은 순례지와 사원들, 거룩한 장소들을 방문했으며 수많은 사람들을 만났다.

1978년 여름, 삿구루 샨뜨 께샤바다스와 함께 깐찌뿌람Kanchi Puram을 방문했을 때, 먼지투성이의 2차선 도로는 딱딱한 타르 위에 오래 전에 뿌려 놓은 자갈이 엉망으로 방치되고 있었다. 그 도시에서 그 길은 마을과 마을을 연결하는 생활의 길이었다. 인도에는 그런 길들이 수없이 많다.

그러나 이 도시, 깐찌뿌람은 특별한 도시이다. 이 도시의 모든 활동은 지역 영적 지도자인 한 스와미의 본부를 중심으로 이루어지고 있는데, 영적 권위를 지닌 그의 처소는 마을 한복판에 자리한 벽돌 담장을 두른 건물의 경내에 있다. 인도에는 다섯 개의 종교적 구역이 있는데, 이 구역들은 이 나라를 나누는 하나의 기준이 되기도 한다. 마뜨Math라고 불리는 각 지역의 영적 지도자들은 로마 가톨릭의 교황처럼 그 지역에서 절대적 권위를 갖는다. 그럼에도 각 지역의 영적 스승들과 단체들은 무엇을 가르치고 어떻게 가르치는지에 대해 완전한 자치권을 가지고 있다. 일견 모순되는 것 같지만, 수세기 동안 이런 방식이 지켜져 오고 있다.

깐찌 마뜨의 본부로서, 모든 상업적, 사회적 생활은 어떤 식으로든 마을의 중심에 자리하고 있는 건물을 둘러싸고 있는 벽돌 담장 뒤에서 일어나는 활동들과 연관되어 있다. 다른 여러 나라들과 달리, 인도는 어디에서나 공통적으로 도둑들이 문제지만, 여기에서는 경비원도 없이 출입문들이 활짝 열려 있었다. 밤에는 출입문들이 닫히지만, 여기에서는 남의 물건을 빼앗는 일도 없었고 도둑들에 대한 두려움도 없었다.

지금은 그 구역이 닫혀 있지만, 1978년 당시에는 개방된 안뜰이 있었다. 그곳은 신분이 높은 걸인들에게 자선을 청하는 일정한 자리가 주어졌다. 어떤 걸인들은 출입문 안쪽에 자리를 차지하였고, 다른 걸인들은 열린 출입문의 양쪽 옆으로 난 벽을 따라 바깥에 자리를 잡았다. 모두들 서로의 신분과 자리를 알고 있었기 때문에 장소를 둘러싼 다툼은 없었다. 그 당시 이 마을의 모든 것에 스며 있는 듯했던 고요한 분위기에 맞추어, 델리와 뭄바이의 걸인들과는 대조적으로 이곳의 걸인들은 상대적

330

으로 평화로웠고 분별력이 있었다. 그렇지만 그들에게는 삶을 더욱 어렵게 하는 분명한 장애들이 있었다. 어떤 걸인은 다리가 없었고, 어떤 걸인은 장님이었고, 어떤 걸인은 벙어리였다. 비록 가난과 결핍, 그리고 치명적인 장애들이 있었지만, 거기에는 또한 평화와 질서 의식이 있었다. 요새는 달라졌지만, 여전히 모든 것의 중심은 그 도시의 한가운데에 있는 마뜨 본부이다.

1978년, 우리 일행 25명은 곧 다가올 일을 까맣게 모른 채, 깐찌 마뜨 본부로 들어가는 출입문 앞에 멈춰 선 버스에서 내렸다. 대다수 미국인들이 그렇듯이 우리는 쉽게 웃음을 터뜨리며 주위 사람들을 신경 쓰지 않고 큰 소리로 떠들었다. 우리는 이전까지 전혀 경험해 보지 못한 어떤 영역으로 막 들어가려 한다는 것을 전혀 알아차리지 못했다.

우리 서양인들은 이런 식의 영적 여행에서는 마음이 관대해지곤 한다. 우리는 여기저기 흩어져 있는 12군데의 순례지를 방문하는 여행을 시작하기 전, 걸인들을 돕는 일에 관해 '해야 할 일과 하지 말아야 할 일'을 교육 받았고, 걸인들에게는 소액만을 줘야 한다고 배웠다. 그렇지 않으면 소동이 일어날 수 있기 때문이다. 비록 순례도시인 하리드와르 Hardwar에서 내가 실수로 어떤 걸인에게 꽤 후한 돈을 준 까닭에 거의 소동이 일어날 뻔했지만, 대개의 경우 우리는 해야 할 일과 하지 말아야 할 일을 잘 이해하고 실천했다.

우리의 영적 여행은 삿구루 샨뜨 께샤바다스가 이끌었는데, 그는 인도의 영적 사회에서는 잘 알려진 존재였다. 인도의 영적 지도자들 사이에서 유명하였기 때문에, 그는 서양의 구도자들만 갔더라면 들어가지 못했을 장소나 상황으로 우리를 데리고 들어갈 수 있었다. 곧 있을 자가드 구루와의 알현이 바로 그의 명성에 대한 증거였다.

알고 보니, 이 마뜨의 영적 지도자인 샹까라짜리야 짠드라쉐까렌드라 사라스와띠Shankaracharya Chandrashekharendra Saraswati는 다른 지역을 여행 중이었다. 그는 두 달 전 일행과 이곳을 떠나 목적지까지 250마일을 걸어갔다. 돌아올 때도 그는 걸어서 올 것이었다. 어떤 맹세 때문에 그 마뜨의 지도자들은 의식을 행할 때 착용하는 나무 샌들을 신고 걸었다. 그것은 신고 다니기에는 매우 불편한 샌들이었지만, 그는 개의치 않았다. 그가 통과하는 크고 작은 모든 마을에서 끝없는 환영 의식이 줄을 이었지만, 그것도 개의치 않았다. 그런 환영이 그의 지위로 인한 것임을 그는 알았으며, 그런 것들에 대한 그의 인내는 사람들의 가난만큼이나 지속되고 있었다.

그의 부재 중에는 그를 보좌하는 슈리 자옌드라 사라스와띠Sri Jayendra Saraswati가 책임을 맡았다. 이런 지위에 있는 사람들은 긴 여행을 다니는 관례가 있었기 때문에 각 마뜨에는 지도자가 있고 임명된 후계자가 있다. 이런 대책을 마련해 놓은 덕분에, 한 사람이 여행을 하고 있을 때는 나머지 한 사람이 항상 본부에 머물면서 일을 주재한다. 따라서 지역 본부에는 적합한 영적 권위를 가진 사람이 늘 머물게 되어 있다. 이날 슈리 자옌드라 사라스와띠는 지난 두 달 동안 업무를 주재해 온 상태였으며, 앞으로도 여러 달 동안 그렇게 할 참이었다.

정문으로 들어가자 우리는 담으로 둘러싸인 안뜰로 안내되었다. 한쪽에는 작은 가네샤 사원이 있었다. 가네샤의 대리석 상이 안치된 좁은 내부 구역에서는 몇몇 사제들이 '빛 흔들기'라고 하는 짧은 아라띠Arati의식을 거행하고 있었다. 아라띠는 영혼의 작은 빛의 광휘가 초월적인 뿌루샤Purusha, 즉 위대한 영혼 또는 신의 더 큰 빛 앞에서 흔들린다는 것을 상징한다. 우리는 뿌루샤의 일부이다.

아라띠 의식이 끝난 뒤, 우리는 안내를 받아 수많은 아치 형태의 문들 중 하나를 지나 작은 안뜰로 갔다. 가로 백 피트에 세로 오십 피트쯤 되는 작은 안뜰의 가장 안쪽에는 약 18인치 높이의 좌대에 빈 의자가 놓여 있었다.

샨뜨 께샤바다스는 곧 나타날 이분의 신체를 접촉하면 안 된다고 주의를 주었다. 무례한 행동으로 여겨지기 때문이었다. 그리고 그는 우리를 그 의자로부터 15피트 정도 떨어진 위치에 반원형으로 빙 둘러서서 조용히 기다리도록 했다. 몇 분 후, 우리는 뒤쪽에서 들려오는 부드러운 발자국 소리를 듣고 뒤를 돌아보았다. 거무스름한 피부에 얼굴 윤곽이 뚜렷한 사람이 안뜰로 들어오고 있었다. 그는 색이 바랜 주황색 가사를 입고 있었고 나무 샌들을 신고 있었는데, 그가 서두르지 않고 편안한 태도로 의자를 향해 걸어갈 때 샌들은 무척 부드럽게 딸그락 소리를 냈다. 그의 진솔하고 빛나는 미소는 정말 감동적이었다.

샨뜨 께샤바다스의 신호에 따라, 우리는 스와미와 그의 뒤를 따라 조용히 줄지어 들어온 수행원들이 잘 알고 있는, 간단한 산스끄리뜨 종교 노래를 부르기 시작했다. 스와미는 우리가 부르는 간단한 찬팅에 맞추어 고개를 끄덕이거나 조용히 박수를 쳤다. 노래가 끝나자 그는 작은 소리로 산뜨 께샤바다스에게 힌디어로 잠깐 얘기했다. 이어 우리는 다른 노래를 부르도록 요청받았고, 노래가 끝나자 스와미는 샨뜨 께샤바다스에게 '라마, 크리슈나, 하리'를 독창해 달라고 요청했다. 샨뜨 께샤바다스는 영적 노래들을 짓고 노래하는 것으로 유명했는데, 그 노래들은 지금도 인도 전역에 잘 알려져 있다.

스와미는 샨뜨 께샤바다스가 오래 전에 작곡하여 잘 알려진 어떤 노래를 요청했고, 샨뜨 께샤바다스는 온 마음으로 그 노래를 불렀다. 스와미는 샨뜨 께샤바다스(종종 샨뜨지Santji라고 불린다)가 그의 발 앞에 엎드려 절하자 활짝 웃으며 친밀감을 표현했다. 스와미는 진지한 표정으로 몇 초 동안 미동도 없이 엎드려 있는 샨뜨 께샤바다스의 등을 주의 깊게 응시했다. 그 후 샨뜨 께샤바다스는 일어나서 우리 일행들에게 반원형을 지어 조용히 서 있으라고 했다. 스와미는 우리 일행의 한쪽 끝에서부터 시작하여, 한 사람씩 일 초쯤 눈을 깊게 들여다본 뒤 다음 사람으로 넘어가 눈을 응시하였다.

나는 일행의 가운데쯤 서 있었고 그런 모습을 주의 깊게 지켜보았다. 그런데 고백하자면, 그때 나는 실망감이 들기 시작했다. 이것과는 조금 다른 축복을 기대했기 때문이다. 나는 그동안 영적 스승이나 구루에게 엎드려 절하며 그 발에 손을 대는 의식에 익숙해 있었으므로 스와미에게도 그런 의식을 기대했던 것이다. 내가 경험한 바에 따르면, 때때로 어떤 스승들, 사제들, 그리고 스와미들의 발을 만지면 전기 형태의 에너지가 발의 짜끄라를 통해 들어와서 전기로 충전되는 듯한 현상을 경험하게 된다. 내가 여러 번 경험한 그 전기 에너지 충전은 전혀 고통스럽지 않았고 설명하기 힘든 방식으로 기분이 좋았다. 그래서 스와미가 사람들을 응시하기 시작했을 때 약간의 실망감을 느꼈지만, 어쩔 수 없으니 받아들일 수밖에 없다는 생각이 들었다.

스와미의 응시가 내 오른쪽에서 서너 명째로 옮겨 왔을 때, 나는 영화 〈스타 트렉Star Trek〉에서 광선총 발사할 때와 비슷한 소리, 혹은 뭔가가 굉장히 빨리 움직일 때 나는 '쉭' 하는 소리를 듣기 시작했다. 곧 그 소리는 내 바로 옆에서 들렸으며 아주 컸다. 이제 스와미는 나의 눈을 바라보고 있었다. 어떤 말할 수 없이 강력한 에너지의 물결이 내 눈 속으로 들어왔다. 나는 이런 것은 결코 경험한 적이 없었다.

화상도 입지 않았고 조금도 뜨겁지 않았지만, 그것은 뭔가를 태우며 내 몸 속으로 빠르게 내려왔다. 그 에너지 번개는 아무런 무게감도 없이 봄날의 미풍보다 가볍게, 어떤 목적지를 향해 내 척추를 타고 쏜살같이 내려갔다. 나는 금세 그렇다는 것을 알게 되었다.

고통은 전혀 주지 않고 지글거리는 소리를 내면서, 그 에너지 광선은 나의 고환으로 곧바로 내려갔으며 거기에서 잠시 머물렀다. 내가 평생 품고 온 고환 속의 어떤 물질 덩어리가 통증 없이 조용히 사라졌다. 그 덩어리가 그냥 증발해 버린 것이었다. 나는 더 가벼워지고 더 비워졌음을 느꼈다. 어떤 약에도 반응을 보이지 않던 그 끈적한 덩어리는 늘 나와 함께 했기에 나는 그것을 어찌할 수 없는 내 몸의 일부로 늘 여겨 왔다. 이제 그것이 완전히 없어진 것이다. 그러나 그 덩어리가 사라졌다는 것을 당시에는 확실하게 알지 못했다. 내가 아는 것이라고는 단지 어떤 기묘한 에너지가 나의 은밀한 부위로 들어와서 거기에 있는 것들을 재배열했다는 것뿐이었다.

스와미의 응시는 옆 사람으로 이동했고, 나는 혹시 어떤 면에서 회복할 수 없는 손상을 입은 것은 아닌가 의심하며 그 자리에 서 있었다. 얼른 확인해 봐야겠다는 생각에 내 마음은 사타구니 쪽으로 내려갔고, 거기에서 모든 것이 여전히 정상적인지를 알아보려고 마음으로 미친 듯이 확인해 보았다. "이건 좋은 생각이 아니었던 것 같아. 영구적으로 손상을 입었다면 어떻게 해야 하지?" 하고 나는 생각했다. 5,000마일이나 지구를 돌아와서 영적으로 거세된다면, 나 같은 바보가 세상에 또 있을까 싶어 씁쓸했다. 이 여행이 애당초 좋은 발상이 아니었을지 모른다는 생각도 들었다. 두려움이 내 마음을 가득 채웠다.

이 모든 부정적인 생각들이 내 마음을 스쳐갔다. "나는 다시는 예전 같은 상태로 회복되지 못할 거야."라고 생각했다. 설상가상으로, 만약 내가 누군가에게 이 일을 설명하면 그들은 틀림없이 나를 미쳤다고 생각할 것이었다. 만약 내가 의사한테 가서 "글쎄 이런 사람이 내 눈을 응시했는데, 이런 이상한 에너지가 나한테 들어왔고, 이제 나는 더 이상 섹스를 못하게 됐어요."라고 말한다면, 의사가 뭐라고 말하겠는가. 아무 소용이 없는 일이었다.

소용돌이치는 의심과 두려움들이 몇 초 동안 내 마음을 안개처럼 뒤덮었다. 만약 내가 이제 정말로 성적 불구자라면 어떻게 하지? 더 이상 여자들에게 매력을 주지 못하면 어떡하나? 하지만 몇 초 후에는 나의 질주하던 마음이 고요해졌고, 아주 좋은 기분이 느껴졌다. 어떤 부담감이 사라져 버렸다. 마치 내 가랑이에 달려 있던 불편한 바위 같은 큰 짐을 누군가가 막 가져가 버린 듯한 느낌이었다.

스와미는 우리 일행 모두를 응시하는 일을 15초도 안 되어 끝냈고, 우리는 샨뜨 께샤바다스의 손짓에 따라 약간은 멍한 상태에서 조용히 줄지어 나왔다.

우리가 나왔을 때, 20대 초반의 젊은 여자 친구가 내 쪽으로 살짝 몸을 기울이며 "스와미가 당신의 어디를 손봐주었나요?" 하고 물었다. 그녀는 불가능하면서도 억제할 수 없는 일을 경험한 사람이 자제하며 보이는 미소를 띠고 있었다. "고환요." 내가 대답했다. 나도 그녀만큼 궁금해서 물어보았다. "당신은요?" 그녀는 "심장요."라고 대답했다. 우리는 말이 필요 없을 만큼 친밀한 유대감을 느끼며 조용히 고개를 끄덕였다. 우리는 저마다 가장 절실히 필요로 했던 내부 장소에 에너지를 받았다는 것을 깨달았다. 우리 일행은 다들 아무 말도 하지 않았다.

버스가 주차된 정문 밖을 향해 걸어가는데, 경내의 담장 안쪽에서 구걸할 자격이 있는 걸인들이 조용히 앉아 있었다. 동전 몇 푼을 주려고 주머니를 뒤졌으나 충분치 않았다. 마지막 하나 남은 동전을 꺼내 맨 앞에 있던 걸인의 바구니에 넣고는, 그 다음 자리에 있는 두 명의 걸인에게는 남은 동전이 없으니 다시 가져오겠다고 설명했다. 그들이 내 말을 이해하는지는 알 수 없었다.

정문 밖에서 일행 중 한 사람에게 몇 개의 동전을 얻은 뒤 그 걸인들이 앉아 있는 곳으로 40야드쯤 되돌아갔다. 거기서 두 걸인의 바구니에 동전을 넣고는 돌아서서 정문을 향해 걸어 나왔다.

갑자기 나는 등에서 치유 에너지의 부드러운 바람을 느꼈다. 누군가 나를 지켜보는 것을 느끼고 약간 남의 시선을 의식하긴 했으나 기분은 좋았다. 내 등 안의 따뜻한 기운은 내가 돌아서 걸어오는 동안 계속 유지되었다. 걸인들이 그 에너지를 보낸 것이 틀림없다고 생각되어 걸인들을 힐끗 몰래 돌아보았으나, 그때쯤 그들은 조용히 길 위에서 다음 방문객을 맞고 있었다. 나는 그 걸인들이 스와미가 사용한 것과 똑같지만 약간 변형된 에너지를 사용한 것이라고 확신한다. 그런 에너지를 쓸 수 있는 영적 능력이 마뜨의 담장 안에 자리 잡은 그들의 위치를 말해 주는 반면, 나머지 걸인들은 담 바깥에서 자리하고 있었다.

버스에 다시 탑승한 후로 45분 동안 아무도 입을 열지 않았다. 그 젊은 여성과의 짧은 대화를 제외하고는 남은 여정이 다하는 동안 아무도 자신의 경험을 얘기하지 않았다. 이러한 경험은 정말 특별한 것이었다.

우리가 마뜨에 도착했을 때 여행 중이었던 연로하신 스와미 슈리 샹까라짜리야 짠드라쉐까렌드라 사라스와띠께서는 90세로 타계했다. 그는 세상을 떠나기 전에 슈리 샹까라 자옌드라 사라스와띠를 후계자로 지명했다. 그 놀라운 에너지로 우리를 도와준 슈리 샹까라 자옌드라 사라스와띠는 지금 샹까라짜리야의 타계 이후 깐찌 마뜨의 자가드 구루로서 제일 높은 지위에 취임하였다. 그는 나중에 그의 뒤를 이을 후계자로 슈리 상까라 비자옌드라 사라스와띠를 이미 선택하였다. 그러나 내가 '레이저 스와미'라고 별칭하는 위대한 스와미는 그의 선임자들이 그러했듯 타계하기 전까지는 현재의 지위를 유지할 것이다.

최근의 인도 방문에서, 우리 일행은 자가드 구루의 후계자이며 훗날에 제1인자가 될 샹까라짜리야 슈리 샹까라 비자옌드라 사라스와띠를 만났다. 그에게서 풍겨 나오는 힘과 사랑은 말로 설명하기 어려운 것이다. 나는 그를 만나는 것이 일생의 희열 중의 하나이며 측량할 수 없는 축복이라고 생각한다.

내가 말할 수 있는 모든 것은 이 두 자가드 구루들이 우리들을 위해 일하며, 우리 모두는 가까운 미래에 선한 보살핌의 손 안에 있다는 것이다.

진정한 구루와 자가드 구루를 만나면 우리가 세상을 있는 그대로 받아들이는 데 도움이 된다. 나는 이것을 영적인 성인成仁이 되는 첫 단계라고 말한다.

28

영적 성인

영적, 물질적 세상이 우리가 원하고 바라는 대로 움직이지 않는다는 것은 배우기 힘든 수업이다. 예를 들어, 이 행성에 살면서 거대한 영적 능력을 사용하는 존재들이 있다. 어떤 이들은 이 능력을 오컬트occult라 부르기를 선호한다. 영적인 능력과 오컬트 능력 사이에는 미묘하지만 광범위한 차이점이 존재한다는 점은 우선 제쳐두고, 잠시 이런 사람들에게 초점을 맞추어 보자.

빠딴잘리Patanjali가 저술한 요가 경전인 《요가 수뜨라Yoga Sutra》에서는 고도로 숙련된 수행자에게 나타나는 9가지 위대한 능력을 언급하고 있다. 그는 그것을 아홉 가지 뚜슈띠tushti, 즉 위대한 마법적 능력이라고 설명한다. 이 같은 목록은 라마야나와 마하바라따, 다른 경전들에서도 발견되며, 이 책의 11장에서도 기술하였다.

뚜슈띠들

부따 바뷔샤야 야나Bhuta Bhavishaya Jnana	과거, 현재, 미래를 아는 지식
두라—드리스띠Dura—Dristi	투시력
두라—슈라봐나Dura—Shravana	초인적인 청력(투청력)
빠라까야 쁘라붸샤Parakaya Pravesha	다른 사람의 몸에 들어감
까야—부하Kaya—Vhuha	동시에 여러 곳에서 몸으로 나타남
지봐 다나Jiva Dana	죽은 사람을 살림
지봐 끄라나Jiva Krana	의지로 어떤 사람을 죽게 함
사르가 끄라나Sarga Krana	새로운 세계나 은하계를 창조
아르가 끄라나Arga Krana	창조된 것을 파괴함

　　그러나 실제로 많은 능력들이 있다. 특히 믿을 만한 전통의 진정한 샤먼에게 물어본다면 이런 능력들에 대해 듣게 될 것이다. 예를 들어, 아메리카 원주민, 아프리카, 중부 및 남부 아메리카 원주민, 호주 원주민 등의 샤먼을 만나 보라. 그들은 보통의 영적 수행자에게는 거의 외국어에 가까운 언어로 영적, 오컬트적 전통에 대해 이야기할 것이다. 그들은 또한 동물들의 정령, 상징적인 주물呪物에 의한 힐링, 질병 퇴치에 대해 얘기할 것이며, 마지못해 파벌이나 종족 사이의 분쟁에 대해서 이야기할 것이다. 그들은 또한 폭력적이라 여겨질 정도의 영적, 오컬트적인 것들에 대해 이야기할 것이다.

　　요점은 무엇인가? 당신은 영적인 여정에서 "악은 오직 당신이 그에게 힘을 줄 때만 당신을 지배할 힘을 갖게 된다." 혹은 "당신이 허락하지 않는다면 어느 누구도 당신을 해칠 수 없다."와 같은 수수께끼 같은 말을 얼마나 많이 들었는가? 그 작은 속삭임이 당신으로 하여금 내면의 어떤 지점에서 조용히 "나는 그것을 몰라."라고 중얼거리게 하지는 않았는가?

반대로, 나는 그 말이 세상을 있는 그대로 인식하는 것보다 더 희망적인 생각을 반영한다고 생각한다. 실제로 다른 사람을 해치거나 해칠 수 있는 사람들에 의해 행사되는 능력들이 있다. 더욱이, 사람들은 자신이 허락했든 하지 않았든 간에 해를 입는다. 그렇다. 자기통제, 긍정적인 확언, 다양한 마음 상태와 같은 것들은 우리 자신을 보호하고 악의 힘이 우리를 지배하지 못하도록 하는 데 많은 도움이 된다. 이런 것들은 모두 효과가 있으며, 어떤 것은 상당히 기적적인 효과를 볼 수 있다. 하지만 그 이상의 것들이 있다.

어떤 사람이 다른 사람을 향해 총알을 발사하면, 그 총알에 해를 입지 않을 것이라고 믿는다 해서 총알이 멈추지는 않을 것이다. 물리학의 법칙은 냉혹하다. 유감스러운 일이지만, 세상에는 총알을 발사하는 것과 흡사하게 오컬트 능력을 행사하는 사람들이 있다. 그들이 해칠 수 없을 것이라는 믿음만으로는 피해를 막기에 충분하지 않다. 불행히도, 우리 중 많은 사람은 어떤 유형의 경우에만 작용할 부분적 진실을 듣고는 영적으로 안전하다는 거짓된 느낌에 속아 안심하고 있다.

영적 성인

영적 성인이 된다는 것은 세상을 있는 그대로 받아들이는 것이지, 우리가 바라는 장밋빛 안경을 통해 세상을 보는 것이 아니다. 성숙한 영적 사람이 되는 것은 진정한 의미의 세상에서 어른이 되는 것만큼이나 어렵다. 대대수 사람들은 3살에서 8살 사이의 정서적 패턴에 고착되어 있다. 우리는 사람 사이의 예의나 유행하는 복장으로 그것을 가리는 교묘한 방법들을 배운다. 하지만 나는 당신이 다음의 관점을 깊이 성찰해 보기를 바란다. 즉, 대대수 사람들은 정서적으로 어린아이일 뿐 아니라, 정신적으로도 세상, 종교, 정부 등에 대한 지나치게 단순화한 개념들로부터 깨어나려고 시도하지 않았다.

심지어 세상을 제대로 바라보았고, 그 과정에서 세상의 겉모습을 벗겨냈던 사람들조차 때때로 어떤 것을 만나면 너무나 충격을 받아서 즉시 정서적 반응 패턴에 사로잡혀 버린다. 마음에 떠오르는 가장 명백한 예는 '테러리스트'이다. 그렇다. 테러리스트 캠프에 있는 많은 사상가들은 어쨌든 한 가지 수준에서는 세상을 있는 그대로 보았다. 하지만 그들의 반응 패턴들은 폭력적인 보복을 고안하여 실행하는 것에 바탕을 두고 있다.

나는 영적 훈련의 수행에 바탕을 둔 다른 더 효과적인 반응 패턴들이 있다고 생각한다. 지금은 어린애 같은 반응 패턴들이 우리 모두를 전염시키고 있다고 말하고 싶을 뿐이다. 심리학자 셸리 코프Shelly Kopp가 말했듯이, "당신도 그렇고, 나도 그렇습니다."

나는 최대한 많은 것을 있는 그대로 볼 수 있을 만큼 성장하기 위해 노력하였다. 나는 인도의 성인들이 비범한 일을 하는 것을 보았다. 나는 우리 모두가 이용할 수 있는 신비한 잠재력에 대해서 조금 배웠다. 물리적인 법칙과 마찬가지로 오컬트적, 영적 법칙들이 존재한다. 그리고 우리의 의식적인 동의와 기꺼이 거기까지 가겠다는 자발성에 따라 점점 더 강력해지고 신비한 수준들로 열리는 자기 존재의 법칙이 있다.

그래서 만약 누군가 당신에게 "당신이 허락하지 않는다면 어느 누구도 당신을 해칠 수 없습니다."라고 말한다면, 나는 당신이 그런 마음의 상태의 이점에 대한 논쟁에 끼어들지 않기를 권한다. 그는 단지 자신이 바라는 세상을 얘기하고 있을 뿐이다. 우리가 원하는 세상에 대한 개념들을 기꺼이 버리기 전까지는 힘에 대한 수업을 배울 수 없다. 그것은 종종 고통스런 과정이다. 성장하는 데는 고통이 따른다. 중요한 것은 기꺼이 성장하려 하는 것이다. 그 다음에는 노력이 필요하다.

영적 성인이 되려면

- 세상을 있는 그대로 받아들여라.
- 당신의 현재 삶 속의 위치를 당신이 과거에 어떤 생애, 어떤 시점에 스스로 창조했음을 받아들여라.
- 당신이 영적인 노력을 통하여 주변과 온 지구에 영향을 미칠 수 있는 힘을 가지고 있음을 받아들여라. 당신은 단순히 결심, 헌신, 기도, 만뜨라, 명상을 통하여 사용할 수 있는 거대한 힘을 가지고 있다.
- 물리적 법칙처럼 영적 법칙들이 작용하고 있다는 점을 이해하라.
- 단순히 "나는 어떠어떠한 일이 일어나도록 허용하지 않겠다."라고 말하는 것만으로 충분하지 않다는 것을 알 만큼 용감하라. 이 생각을 스스로 증명하는 방법이 있다. 먼저, 당신이 허락하지 않으면 어떤 것도 당신을 해칠 수 없다는 입장을 마음속으로 정하라. 그런 다음 2층 건물 옥상에서 뛰어내린 뒤, 당신의 '불허'가 당신을 구해 떨어지지 않게

했는지 확인해 보라. 법칙들이 작용하고 있다. 그 중 일부를 우리는 지금 알아차리지 못할 수 있다.

한 가지 덧붙이고 싶다. 만약 사랑이 없이는 어떤 노력도 전혀 중요치 않다는 것을 이해하지 못했다면, 이것을 제쳐두고 사랑에 대해 배울 수 있는 모든 것을 배우려 하기를 권한다. 인류는 하나다. 통합되어 있고, 다양하고, 풍요로우며, 신비로우며, 무엇보다도, 수많은 측면을 지닌 하나의 존재이다. 우리가 그러한 측면들이다. 이 점을 깨달으면 사랑이 빛나기 시작할 것이다. 워싱턴 시에 있는 하워드 대학의 종교학 교수였던 레온 롸이트Leon Wright 박사는 말하곤 했다. "힘은 사랑 안에 있습니다. 항상 기억하십시오. 힘은 사랑 안에 있다는 것을!"

29

사랑과 봉사

영적 완성으로의 여행

우리가 더욱 향상되고 모든 잠재력을 실현하기 위해 아무리 최선을 다하여 노력해도, 세상에는 언제나 더 영리하고, 더 재미있고, 더 예쁘고, 더 잘생기고, 더 부유하고, 더 빠르고, 더 예술적이고, 더 강건하고, 더 영적이고, 더 잘 차려입고, 더 재치 있는 사람이 있고, 더 나은 선생 혹은 더 나은 학생이 있으며, 모든 면에서 늘 그런 사람이 존재한다. 우리가 무슨 일을 하든, 우리가 어떤 사람이든, 우리가 어떤 사람이 되고 싶든 세상에는 거의 모든 면에서 우리보다 나은 사람이 거의 항상 존재한다. 어느 면에서든 최고의 자리는 거의 항상 다른 사람의 몫이다. 그러나 감사하게도, 그런 개념들이 적용되지 않는 다른 비교 범주들이 있다. 그 두 가지는 사랑과 봉사이다.

이런 개념들조차 물어보아야 할 질문들이 있다. 사랑으로 시작해 보

자. 첫째, 당신은 무엇을 혹은 누구를 사랑하는가? 당신은 어떤 사람을 사랑하는가? 어떤 개념을? 그리고 어떤 이상을? 둘째, 당신은 왜 사랑하는가? 그 보답으로 돌아오는 사랑을 받기 위해서? 또는 사랑하지 않을 수 없어서? 셋째, 당신의 사랑의 본질은 무엇인가? 오로지 욕망에 바탕을 두고 있는가? 혹은 당신이 반드시 통제해야 하는 안전의 문제들에 바탕을 두고 있는가? 그것은 이타적인가? 내면에서 떠오르는 대답들이 당신의 사랑의 성질과 성격을 분명히 보여 준다. 당신의 대답에는 옳고 그름이 없다. 자기를 평가하는 유용한 정보일 뿐이다.

우리 대부분은 가족과 친구들을 사랑한다. 그리고 또한 그 보답으로 사랑받기를 원한다. 그러나 참된 어버이의 사랑은 이타적인 요소들도 가지고 있다. 결국, 만약 우리가 부모로서의 의무만을 행한다면, 우리는 쓸모없게 될 것이다. 우리는 더 이상 그 역할에 필요하지 않게 될 것이다.

만약 우리가 좋은 친구 사이라면, 거기에는 이타적인 부분이 있다. 우리는 가족을 위해 하듯이 친구를 위해 희생할 것이다. 삶의 어떤 조건에서도 그렇듯이, 여기에는 문제들이 있을 수 있다.

가족과 친구를 사랑하는 데 장애가 될 수 있는 것들은 자기중심성, 이기심, 어떤 종류의 편견, 그리고 절망이다. 그러나 만약 우리가 계속해서 자기를 받아들인다면, 다른 사람들을 받아들이는 것이 언제나 더 쉬워질 것이다. 우리가 자신의 잘못들을 인정하고 용서할 수 있으면, 다른 사람의 잘못들도 똑같이 용서할 수 있을 것이다.

어떤 종류의 관계에서든 진정한 우정은 성취해야 할 귀중한 상태이다. 우리의 배우자는 가장 좋은 친구이어야 한다. 만약 우리가 훌륭한 부모라면, 우리의 아이들과 친구가 되어 즐겁게 지내는 때가 올 것이다.

만약 우정을 갖지 못했다면, 유익한 만뜨라가 있다. 이 만뜨라는 어떤 방법으로 태양의 에너지를 불러일으키며, 좋은 친구가 되거나 좋은 친구를 만나는 선물을 가져온다.

옴 미뜨라야 나마하
[옴 미—뜨라—야 나—마—하]
Om Mitraya Namaha
[Om Mee—trah—yah Na—ma—ha]

행동하는 사랑

우리들은 사랑을 느끼면 표현하지 않을 수 없게 된다. 포옹과 키스. 꽃과 사탕. 가슴의 선물. 웃음, 그리고 기쁨을 주려는 놀래킴. 사랑이 더 고귀해질수록, 그것은 스스로를 봉사의 방식으로 더 많이 표현한다. 우리는 사랑하는 환자를 위해 시중들고 돌보아 준다. 우리 영적 여정의 어디쯤에서, 우리는 모두가 신의 일부임을, 진리, 크리슈나, 예수, 우주적 마음, 혹은 우리가 무엇이라 부르든 지고한 존재의 일부임을 깨닫게 된다. 만약 그렇지 않다면, 수많은 대단한 진리들이 우리들 사이에서 혹은 자신의 마음속에서 우위를 차지하기 위해 경쟁하고 있을 것이다. 그러나 동양의 다양한 경전들과 종교들은 진리는 하나이며, 거기에 이르는 데는 수많은 길이 있다고 한목소리로 말한다.

내면의 신성한 사랑을 깨우기 위해서, 자신이 그 신성한 사랑이라고 선언하는 만뜨라가 있다.

아함 쁘레마

[아-함 쁘레-마]

Aham Prema

[Ah-hum Pray-mah]

나는 신성한 사랑이다.

행동하는 사랑이 봉사다

다른 존재들에게 봉사하는 영역에는 끝이 없는 것 같다. 모든 존재 안에 있는 신을 보며, 가족에게 하는 봉사. 교회와 비영리 단체를 포함한 조직을 위한 봉사. 보편적인 영적 가치(사랑, 자비심, 관용 등등)의 증진을 위한 봉사. 동물들에 대한 봉사(티피 헤드렌의 예처럼). 식물계에 대한 봉사(루터 버뱅크가 한 것처럼). 당신 사랑의 보편적인 측면이 자랄 때, 당신은 모세, 예수, 붓다, 조로아스터, 라마, 크리슈나, '위대한 어머니'와 같은 특정한 스승, 혹은 다른 어떤 존재에게 봉사한다고 느낄 수도 있다. 궁극적으로 봉사는 길과 목적지가 하나라는 생각에 바탕을 둔 마음의 상태이다.

예전에 아스타라Astara(우수한 책들을 출판한 통신 판매 미스터리 학교)의 창립자 중 한 명인 로버트 체니에게, 내가 그에게서 보았던 헌신과 그에 따르는 희생에 대하여 질문한 적이 있었다. 그는 처음에는 질문과 그 속에 담긴 암시에 대해 약간 당혹스러워했지만, 곧 평온을 되찾은 후 그것은 희생이 아니었다고 말했다. 그것은 그의 기쁨이었다. 그는 그 조직을 책임지는 동안 전혀 재산을 모으지 못했다. 비록 지금은 은퇴했지만 그는 인류와 자기 자신의 발전을 위해 헌신하고 있다. 20년이 넘도록 그를 알고 지냈지만, 나는 그가 불평하는 것을 한 번도 들어 본 적이 없다.

물론 마더 테레사는 현대에서 봉사의 본보기 중 단연 뛰어난 분이다. 그녀는 자신의 본보기를 따르는 많은 사람들에게 즐겁게 봉사하라고, 그럴 수 없다면 아예 하지 말라고 말했다. 그것은 희생이 아니었다. 그녀는 모든 사람 안에 있는 신을 섬겼으며, 세상에 영감을 주었다.

신의 헌신자가 되기 위한 만뜨라

힌두이즘에는 신의 헌신자로 만들어 준다고 하는 바이슈나바Vaishnava 만뜨라가 있다. 여기에서 헌신자는 꽤 구체적인 무엇을 의미한다. 그것은 '받아들여진' 신의 헌신자를 의미한다. 그리고 '받아들여진' 신의 헌신자는 지고의 존재 그 자신에 의해 섬김을 받는다고 한다. 자아─마음─성격인 영혼이 신성한 존재에 대한 헌신에 완전히 몰입되면, 그는 모든 곳에서 신을 보게 된다. 이러한 상태에 있는 사람에게는 신이 어디에나 존재한다. 22장을 참고하라.

현대에 들어서는 인도의 마하뜨마 간디가 가장 두드러진 실례이다. 그는 소년 시절부터 아래의 만뜨라를 암송하였다. 그의 유모가 그에게 이 만뜨라를 가르쳤고, 그는 평생 이 만뜨라를 암송했다. 그가 암송한 만뜨라는 따라까 만뜨라Taraka Mantra라 불리는데, 윤회의 바다를 건너게 해 주는 만뜨라이다.

옴 슈리 라마 자야 라마, 자야 자야 라마

[옴 슈리 라–마 자–야 라–마, 자–야 자–야 라–마]

Om Sri Rama Jaya Rama, Jaya Jaya Rama

[Om Shree Rah–mah Jah–yah Rah–mah, Jah–yah Jah–yah Rah–mah]

이 만뜨라는 우리의 마음에 완전한 평화와 헌신을 지니고 봉사하게 하며, 영적인 이상을 가질 수 있도록 돕는다. 나는 나와 공명하는 스승들과 가르침들의 여러 측면들로 구성된 개별적인 영적 모자이크를 만들어 가는 것이 유용하다는 것을 알게 되었다. 나는 오랫동안 나의 개인적인 영적 모자이크를 구축해 왔다. 그것은 해가 갈수록 변화가 줄어든다. 오랫동안 구성해 온 까닭에 빠진 조각이 별로 없기 때문이다. 하지만 때로는 어떤 조각이 빠져 있는지 모르고 있다가, 그런 조각을 마주친 뒤에야 비로소 깨닫곤 한다.

30

우리의 영적 이상

영적 인물들이 신화적이었든 역사적이었든 상관없이 우리는 그 존재들에게 영감을 받아 왔다. 우리 중 몇몇은 붓다처럼 깨달은 사람이 되기를 원한다. 이러한 의식 상태에 도달하기 위해서는 자신의 내면을 깊게 파고들어야 한다. 한편으로는, 크리슈나와 함께 하기를 열렬히 원하는 사람들도 있다. 그들은 크리슈나, 라다Radha와 함께 춤추기를 원한다. 여자들은 종종 아기 크리슈나를 안고 싶어 하거나, 무아경의 희열 속에서 그와 함께 사랑의 춤을 추고 싶어 하기도 한다. 남자들은 크리슈나가 친구와 적, 둘 다를 대했던 방식에 경탄한다. 그들은 크리슈나가 친구라고 부르는 이들에게 얼마나 충실했는지를 느낀다. 크리슈나의 찬미자들은 그의 말이 진리로 메아리치고 있음을 본능적으로 안다. 열렬한 기독교인들은 예수에게 죄를 사해 달라고 요청하고, 어떤 기독교인들은 가난하고 궁핍한 사람들을 돕는 것뿐 아니라 다른 자선 활동을 하는 데 마음이 끌린다. 다른 사람들은 강력한 영적 스승을 만났고, 그 스승에게 깊은 감화를 받아 즉시 제자가 되었으며, 가르침을 실천하고, 자신을 정화하여 까르마로부터의 해방을 경험하고자 노력한다.

신비가들 사이에는 다음과 같은 격언이 있다. "당신이 보는 모든 것은 당신 자신이다." 이 말은 우리가 더 깊이 탐구해 보기 전에는 터무니없어 보일 수 있다. 그러나 이 말에는 타당한 이치가 있으며, 그것은 강력하다. 우리의 눈으로 다른 사람의 눈을 들여다볼 때, 어떤 형태의 교감이 일어난다. 그 경험은 경이로울 수 있고, 가슴을 흔들 수 있고, 슬픔을 느끼게 할 수 있고, 기쁨을 줄 수 있으며, 경탄스러울 수 있고, 화나게 할 수도 있으며, 두려움을 줄 수도 있고, 또 다른 어떤 감정들을 불러일으킬 수 있다. 무슨 말인지 이해될 것이다. 그러나 신비적인 입장에서의 질문은 이것이다. "당신은 누군가의 눈에서 본 것을 어떻게 알아보는가?" 그 경험에 대한 인식, 그리고 그 경험이 좋은지 나쁜지, 아니면 둘 사이 어디쯤인지를 판단하게 하는 기준은 어디에서 오는 것일까? 답은, 그 모두가 '지각하는 자' 안에 있다는 것이다.

만약 그와 똑같은 성질들이 당신의 내면에 존재하지 않았다면, 당신은 그것들이 무엇인지를 이해할 수 없었을 것이라고 신비가들은 말할 것이다. 당신은 다른 사람의 눈에서 무언가가를 발견하고는 "저것이 무엇이지?" 하고 생각할 것이다. 당신은 무엇을 보고 있었는지 알 수가 없을 것이다. 우리는 어떤 사람들이 너무나 순수해서 악을 이해하지 못한다는 것을 안다. 그들은 이러한 개념, 즉 이해를 위한 바탕은 지각하는 자의 성격, 특성, 자아, 그리고 까르마에 있다는 개념의 증거가 된다. 중국의 고전인 《역경》은 좋은 것을 보면 모방하고, 악한 것을 보면 자신에게서 그것을 제거하라고 말한다.

이 개념들은 영적 이상의 개념으로 인도한다. 위대한 영적 인물의 그림 혹은 살아 있는 모습을 바라볼 때, 우리 내면의 무언가는 이 존재의 성질들이 우리 안에도 있다는 것을 알아차린다. 우리가 보는 영적 존재 안에 비친 우리의 모습을 통해 우리는 자기 자신을 알아본다. 우리 안에 있는 본래의 신성은 잠시 더 밝게 빛나고, 우리는 그 일을 생기를 북돋아 주는 사건으로 경험하며 기뻐한다. 우리는 신성을 보았다. 우리는 그것을 볼 때 그것을 알게 된다. 우리는 그것을 느낀다. 우리는 그것을 직관으로 안다. 우리는 그것을 원한다. 우리는 그것을 거듭거듭 열광적으로 추구하고, 마침내 세상에 선언한다. "우리가 그것을 발견했다! 할렐루야!" 물론, 다른 길을 따르는 다른 사람들도 역시 "우리가 그것을 발견했다!"고 선언한다.

둘 다 그것을 발견했다. 왜냐하면 그것은 그들 안에 있기 때문이다. 그러나 외부에 있는 어떤 것을 발견하고자 하는 열의는 그것을 모두에게 예외 없이 적용되는 명령으로 해석해 버린다. 즉, 그들이 그것을 발견했으므로 다른 모든 사람도 똑같이 '그것'을 발견해야 한다고 믿는 것이다. 이와 같이 개인적인 경험을 보편적인 명령으로 해석함으로써 광신주의가 탄생한다. 이제 모든 사람은 기독교인이 되어 구원받아야 하며, 그렇지 않으면 대재앙을 맞이하게 된다. 오직 하나의 신만이 존재하며, 그의 이름은 알라이다. 크리슈나는 가장 위대한 신이다. 오직 붓다만이 (어떤 특정한 조직을 통해서) 깨달은 자가 될 수 있는 방법을 가르칠 수 있다. 메시아가 (처음으로) 올 때는 모든 사람이 마침내 여호와를 알게 될 것이다. 이 정도로 그치지 않는다. 기독교 교파들은 서로 다툰다. 수니파와 시아파 이슬람교도들은 저마다 자기만이 순전하고 올바른 가르침을 가지고 있다고 주장한다. 힌두교도들은 쉬바, 비슈누, 두르가, 락슈미, 사라스와띠 중 어느 신이 최고인지에 대해 논쟁을 벌인다. 그런 일은 언제까지나 계속될 것이다. 한 사람의 개인적인 계시는 모든 사람이 따르고 성취해야 하는 불변의 청사진이 된다.

물론, 신 또는 진리는 우리 안에 있다. 그 진실은 "신의 왕국은 내면에 있다."라든가 "인간은 대우주의 소우주이다."와 같이 다양한 방식으로 표현되고 있다.

개별적인 영적 모자이크

문제를 더 복잡하게 하는 것은 우리가 저마다 서로 다른 생애들에서, 서로 다른 종교적, 영적 전통 안에서 진보해 왔다는 점이다. 우리는 여러 생애를 거치면서 다른 시대의 다른 문화권에서 타고난 영적 학생들이었다. 우리는 또한 여러 생애에서 하나 이상의 종교를 가졌었다. 이 때문에 우리는 다양한 길들의 진정 영적으로 진보한 스승들을 만날 때 불가피하게 약간의 혼란을 겪게 된다. 우리는 여러 가지 다른 전통들과 공명할 수 있음을 발견한다. 어떻게 해야 할 것인가? 답은, 내가 개별적인 영적 모자이크라고 불리는 것에 있다.

나는 많은 사람들이 기독교나 유대교의 전통적인 길을 가다가, 갑자기 그 길을 벗어나서 싯다 요기Siddha Yogi들이나 어떤 유형의 불교도가 되는 것을 본다. 그 후 그들은 이런저런 토착 전통의 샤먼들에게 배우기도 한다. 그들은 내면에서 개별적인 영적 모자이크를 만들고 있는 것이다. 그들은 과거에 여러 생애들에서 이 모든 길을 걸었고, 이제 그것들을 통합하고 있다. 그들은 과거에 여러 생애들에서 걸었던 모든 다양한 길에서 얻은 조각들을 이용하여 내면에서 개별적인 영적 모자이크를 만들고 있는 것이다. 그것은 매우 개인적이며, 완전히 개별적이고, 변함없이 아름답다.

이러한 사람들은 진리 또는 신이 광대하다는 것을 알고 있다. 그들은 그 진리의 작은 조각을 내면에 운반하고 있으며, 그 진리에 이르는 데는, 그리고 그 힘을 열어서 삶의 모든 면에 불어넣는 데는 무수한 방법들이 있다는 것을 알고 있다. 그들은 내면에 있는 그 진리를 풀기 위해 이용한 다양한 방법들을 존중하며, 다양한 전통들에서 이끌어낸 모자이크를 존중한다. 그들은 자신의 개별적인 영적 모자이크를 만들고 있다.

이제, 진리가 발산하는 것으로 보이는 길들이 왜 그렇게 많은지 이해하기가 더 쉬워진다. 인간은 매우 다루기 어려운 종들이기 때문에, 진리를 추구하는 다양한 길들이 우리에게 제시되어 있다. 그동안 우리는 정치적 변화뿐만 아니라 엄청난 문화의 변화, 기술의 변화, 교육의 변화를 경험해 왔다. 그러나 이 모든 것의 한가운데에 영적 발전과 개인적 진화로 가는 어떤 길이 있다.

여러 생애에서 진지한 구도자였던 많은 사람들이 과거의 다른 생애들에서 수행했던 것을 녹여 이번 생애에 개인적이며 강력한 틀을 만들고 있는데, 이 틀은 세계를 여행할 수 있고, 역사를 자각하며, 지구의 거의 모든 곳에서 즉시 소통할 수 있는 이 이 역동적인 시대에 우리에게 도움이 될 것이다. 많은 생애 동안 열심히 수행해 온 진지한 영적 구도자들은 이제 성숙의 단계에 접어들고 있다. 그들은 성장하고 있으며, 더 높은 의식 상태로 진보하고 있고, 더 큰 종류의 영적 책임을 떠맡고 있다.

이 글을 읽을 때, 이 진실이 당신 안에서 공명하는 것을 느낄 수 있을 것이다.

전 세계적으로 영의 힘이 강해지고 있는 것 같다. 영적인 '주스'가 증가하는 것으로 보이며, 이것이 많은 현상을 설명해 준다. 당신은 얼마나 많은 사람이 1970년쯤에 시작된 영적 운동들과 종교들에 이끌리게 되었는지 알아차렸는가? 그 수효는 꾸준히 증가하고 있다. 기독교 교회에 참석하는 사람들이 극적으로 증가했다. 역사적으로 근본주의적 이슬람교는 항상 고도로 성장했다. 불교의 다양한 교파는 수십 년 동안 수행자들의 수효 면에서 최고 수준의 증가세를 기록할 만큼 성장했다. 유대교는 신도들의 수효가 줄어들지 않았고, 카발라Kabbalah의 가르침과 수행을 따르는 사람들이 증가하였다. 비록 공항이나 거리에서 이스콘 ISKON(International Society of Krishna Consciousness)의 헌신자들이 "하레 크리슈나Hare Krishna"를 노래하는 모습이 사라지긴 했지만, 여러 나라에 세워진 힌두교 사원의 수는 엄청나게 증가했다. 만약 누군가 이 사원들 중 한 곳에 들어가 본다면, 헌신자들 중에서 서양인으로 보이는 얼굴들을 발견할 수 있을 것이다. 스윗 롯지sweat lodge에 참여하는 사람들, 토착 전통의 하나에 집중하여 영계와의 교류를 추구하는 사람들도 늘고 있다. 태극권Tai Chi, 기공 및 하따 요가에 대한 흥미는 어디에나 급성장하고 있다. 어느 곳에서나 영적 진보를 추구하는 사람들의 수효는 아주 놀라운 비율로 증가하고 있다.

나는 이러한 현상을, 영적으로 말하자면, 진화의 도약을 위한 모임으로 여긴다. 그 과정의 일부로서, 모든 곳에서 '열기'가 강해지고 있다. 물론, 열기는 빛이 아니다. 그러므로 진정한 영적 진보와 혼돈이 공존하고 있다. 이러한 전 세계적인 현상을 지켜보는 동안 영적 빛과 영적 열기를 구분하기 위한 간단한 기준은 지도자들의 태도에 있다. 오직 열기만을 가지고 있는 지도자들은 당신에게 그들의 방식을 따르라고 완강히 요구할 것이다. 그들의 이해와 관점은 잘 규정된 한계들을 가지고 있으며, 그들은 당신에게 그것들을 고수하라고 요구한다. 참된 영적 빛을 가지고 있는 사람들은 훨씬 더 보편적이다. 그들은 신 또는 진리는 한없이 다양한 방식들로 나타날 수 있다는 것을 안다. 종교나 교파를 초월한 영적 지도자들의 모임들은 이런 이해를 훌륭하게 반영하고 있다.

영적인 삶에 깊은 헌신을 느끼는 우리 같은 사람들에게 주어진 임무는 올바른 도구를 찾는 것이 될 것이다. 만약 인류를 거대한 오케스트라에 비유하면, 우리는 다양한 악기를 연주하는 연주자들일 것이다. 그러나 연주를 하기 위해서는, 여러 악기 중에서 어떤 것이 자신에게 가장 맞는지를 알아야 한다. 영적 탐구는 그러한 악기를 찾는 것과 아주 흡사하다. 적합한 악기를 찾았다면 부지런히 연습해야만 한다. 하지만 우리는 또한 개별적인 영적 모자이크를 만들고 있기 때문에 악기들이 약간 낯설어 보일 것이다. 나는 클라리넷을 연주하는 사람도 때로는 큰북을 치면서 노래할 수 있다고 말하고 싶다.

악기를 조율하고 연습할 때 우리는 심오한 영적 경험을 할 수도 있다. 어떤 경험들은 너무나 압도적이어서 우리는 "그것을 발견했다."고 느낄 것이다. 무슨 일이 있어도 감사하라. 감사는 강력한 영적 상태이다. 그러나 부디 개인적 경험을 불변의 보편적 책무로 추론하려는 유혹을 이겨내라. 진리에 이르는 데는 수많은 길들과 샛길들이 있다.

영적 진화로 인도하는 길들 사이에, 다양한 종교들과 영적 조직들, 기도의 기법들, 영적인 수련들 사이에 존재하는 모든 차이점들에도 불구하고 하나의 변치 않는 것이 있다. 그것은 그 모든 것이 우리 안에서 일어난다는 사실이다. 그리고 놀랍게도, 우리의 영적인 구조는 같다. 우리는 똑같은 개수의 짜끄라를 가지고 있다. 우리의 까르마는 다르지만, 우리가 이용할 수 있는 영적 능력들은 수효도 같고 속성도 같다.

우리들의 신성한 과업

영적인 이상으로 되돌아가서, 지금껏 살았던 외부의 어떤 영적 인물에 대해 아는 것은 우리 안의 영적 성품을 정하는 데 도움이 된다. 이러한 이상적 존재들은 우리가 무엇인지를 우리에게 되비쳐 주는 거울과 같다. 역사를 통틀어 다양한 영적 인물들은 수많은 생애들을 통해 형성된 우리 내면의 영적 성품의 다양한 조각들을 비춰 준다. 그러므로 당신 자신의 개별적인 영적 모자이크를 만드는 것은 신성한 과업이다. 그것은 궁극적으로 당신이 자신을 볼 수 있는 기준을 제공할 것이다. 그리고 조각들을 우열의 관점에서 비교하지 않는 한, 그것들은 대단히 유용할 것이다. 우리가 존경하는 위대한 분들에게, 그들이 영적으로 어떤 수준에 있든지 간에, 서로 우열을 매기려 하지 말라. 그리고 당신이 찾은 개별적인 영적 모자이크의 조각들 중 일부가 서로 조화롭지 않아 보이면, 더 많은 조각을 계속 찾아라. 그것은 단지 당신이 자신의 신성한 본성의 잃어버린 조각들을 여전히 찾고 있다는 것을 의미할 뿐이다.

31

만뜨라 요약

만약 제시된 만뜨라들이 너무 많아서 조금 당혹스럽다면, 아래의 만뜨라들은 당신이 진화의 길 중 어느 지점에 있든지 간에 당신을 진보하게 해 줄 것이다. 물론 이 만뜨라들은 이 책에서 소개한 만뜨라들 중 일부일 뿐이다.

샤이바이뜨Shaivite

옴 나마 쉬봐야 *(혹은, 옴 슈림 끌림 나마 쉬봐야)*
[옴 나―마 쉬―봐―야 (혹은, 옴 슈림 끌림 나―마 쉬―봐―야)]
Om Namah Shivaya 〔혹은 *Om Shrim Klim Namah Shivaya*〕
[Om Nah―mah Shee―vah―yah, 혹은 *Om Shreem Kleem Nah―mah Shee―
vah―yah]*

쉬보 훔

[쉬-보 훔]

Shivo Hum

[Shee-voh Hoom]

바이슈나바이뜨Vaishnavite

옴 나모 바가봐떼 봐수데봐야

[옴 나-모 바-가-봐-떼 봐-수-데-봐-야]

Om Namo Bhagavate Vasudevaya

[Om Nah-moh Bha-gah-vah-teh Vah-soo-deh-vah-yah]

옴 슈리 라마 자야 라마 자야 자야 라마

[옴 슈리 라-마 자-야 라-마 자-야 자-야 라-마]

Om Sri Rama Jaya Rama Jaya Jaya Rama

[Om Shree Rah-mah Jah-yah Rah-mah Jah-yah Jah-yah Rah-mah]

브람마Brahma

아함 브람마스미

[아-함 브람-마스-미]]

Aham Brahmasmi

[Ah-Ham Brah-mahs-mee]

삿 찌드 에깜 브람마

[삿 찌드 에–깜 브람–마]

Sat Chid Ekam Brahma

[Saht Cheed Eh–kahm Brah–ma]

띠베딴

옴 마니 빠드메 훔

[옴 마–니 빠드–메–훔]

Om Mani Padme Hum

[Om Mah–nee Pahd–meh–Hoom]

옴 하 끄사 마 라 봐 라 얌 스와하

[옴 하 끄사 마 라 봐 라 얌 스와–하]

Om Ha Ksa Ma La Va Ra Yam Swaha

[Om Hah Ksah Mah Lah Vah Rah Yahm Swah–hah]

옴 따레 뜻따레 뚜레 스와하

[옴 따–레 뜻–따–레 뚜–레 스와–하]

Om Tare Tuttare Ture Swaha

[Om Tah–reh Too–tah–reh Too–reh Swah–hah]

옴 아 라 빳 짜 나 디 디 디

[옴 아 라 빳 짜 나 디 디 디]

Om Ah Ra Pha Tsa Na Dhih Dhih Dhih

[Om Ah Rah Pah Tsah Nah Dhee Dhee Dhee]

힌두 샥띠

흐림 슈림 끌림 빠람 이슈와리 스와하

[흐림 슈림 끌림 빠—람 이슈—와—리 스와—하

Hrim Shrim Klim Param Eshwari Swaha

[Hreem Shreem Kleem Pah-rahm Ehsh-wah-ree Swah-hah]

사하스라라 임

[사—하스—라—라 임]

Sahasrara Im

[Sah-has-rah-rah Eem]

일반적인 만뜨라

옴 부르 옴 부봐하 옴 스와하

옴 마하 옴 자나하 옴 따빠하 옴 사띠얌

옴 땃 사뷔뚜르 봐렌얌

바르고 데봐시야 디마히

디요 요나하 쁘라쬬다얏

[옴 부르 옴 부―봐―하 옴 스와―하

옴 마―하 옴 자―나―하 옴 따―빠―하 옴 삿―띠얌

옴 땃 사―뷔―뚜르 봐―렌―얌

바르―고 데―봐시―야 디―마―히

디―요 요―나―하 쁘라―쪼―다―얏]

Om Bhur Om Bhuvaha Om Swaha

OM Maha Om Janaha Om Tapaha Om Satyam

Om Tat Savitur Varenyam

Bhargo Devasya Dhimahi

Dhiyo Yonaha Prachodayat

[Om Bhoor Om Bhoo―vah―hah Om Swah―hah

Om Mah―hah Om Jah―nah―hah Om Tah―pah―hah Om Saht―yahm

Om Taht Sah―vee―toor Vah―rehn―yahm

Bhahr―goh Deh―vahs―yah Dee―mah―hee

Dhee―yoh Yoh―nah―hah Prah―choh―dah―yaht]

옴 나모 나라야나야

[옴 나―모 나―라―야―나―야]

Om Namo Narayanaya

[Om Nah―moh Nah―rah―yah―nah―yah]

32

노력하고 발전하는 동안, 우리는 어디에 설 수 있는가?

  1. 순환의 법칙 위에 서라. 태양의 흑점이든 계절이든 우리는 모든 것에서 순환을 발견한다. 우리는 결국 상승 후에는 하강이 따를 것을 알고 있다. 주식시장에서의 상승세는 언제까지나 계속될 수는 없다. 《역경》은 풍년 기에 아끼고 절약하면 기근 기에 살아남는 데 도움이 된다고 말한다.

  우리 삶에서도 거대한 우주의 영적 순환들이 있다. 만약 우리가 이상 적인 삶을 살면, 환생의 고리에서 해방될 뿐 아니라 미래의 좋은 까르마 가 보장된다.

  2. 신의 계속적인 개입을 아는 지식 위에 서라. 수천 년 동안 세상이 균형을 잃으면 도움이 왔다는 것을 우리는 알 수 있다. 그런 일은 수없이 많이 일어났으며 앞으로도 그러할 것이다. 기독교에서는 예수가 "우리의 죄 를 위해 돌아가셨다."고 배운다. 만약 그것이 사실이라면, 이는 예수가 장구한 세월 동안 수많은 사람에 의해 만들어진 부정적인 까르마를 상 쇄했음을 의미한다. 붓다는 우리가 세상에서 우리의 사고방식과 행동방

식에 무엇이 잘못되었는지를 알아차리도록 돕기 위해 왔다. 비슈누 화신들은 특정한 문제들을 풀기 위하여 왔다. 쉬바에 헌신하는 위대한 사람들은 신의 은총을 위한 통로 역할을 했을 뿐만 아니라, 가르침과 저술, 그리고 개인적인 본보기라는 굉장한 유산을 남겼다.

3. 믿음 위에 서라. 이 말은 일들이 어쨌든 더 나아질 것이라는 공허한 희망을 의미하는 것이 아니다. 여기에서 말하는 믿음이란, 신이 인간사에 확실하고 분명하게 개입하고 있다는 것을, 그리고 신이 태초에 세운 계획을 이루고 있으며, 신성한 존재들이 변치 않는 헌신과 무한한 인내로 이 계획을 완성하기 위해 애쓰고 있다는 것을 확신하는 것이다. 당신이 그 계획의 일부분이라는 믿음 위에 서라. 만약 신의 계획을 이루기 위해 일하는 신성한 존재들이 있다면, 그들은 어딘가에서 왔을 것이다. 오늘날 다양한 출처로부터 얻은 대부분의 정보는 몇몇 마스터들이 한때 인간이었다가 초월한 뒤 봉사의 길에 합류할 것을 선택했음을 암시한다. 이는 우리, 즉 당신과 나 또한 그러한 경지에 이를 수 있음을 의미한다. 그렇게 하겠다고 선택하는 한, 우리는 지금 그 계획의 일부이며, 앞으로도 그 일부가 될 것이다. 그 관점을 믿을 만한 충분한 근거가 있다. 이런 종류의 믿음은 자연스럽게 어떤 종류의 봉사에 나아가게 한다.

4. 봉사 위에 서라. 당신의 가족 안에 있는 신을 섬겨라. 직장에서, 가정에서 인류 안에 있는 신을 섬겨라. 당신이 하는 모든 일이 인류의 유익을 위해 쓰이도록 기도하는 데 헌신함으로써, 겉보기에는 세속적인 사업을 하면서도 신을 섬기고 있다고 느껴라. 중요한 일을 한다고 생각되는 조직을 통하여 봉사하라. 우리가 이렇게 할 수 있다면, 변화하기 어려워 보이는 분야의 일자리들에서도 결국은 그런 상황들에 필요한 변화를 가

져오게 될 것이다.

5. 진실한 길, 선한 길이라고 느껴지는 것 위에 서라. 인도에서 고따마라는 이름의 청년은 마침내 거리에서 보게 된 누추한 모습과 젊은 자신의 호화로움을 비교했다. 자신의 진실 위에 서서, 그는 자신의 지위와 부를 포기했고, 힌두교 신비가들의 길을 따르고자 하였다. 그들과 함께 생활하면서 그는 영적 가르침들에 대한 오해와 부패를 목격하게 되었다. 그래서 그는 자신의 진실 위에 섰고, 붓다가 되었다. 그는 온 나라와 세상을 변화시켰다.

마하뜨마 간디는 아힘사ahimsa 즉 비폭력과, 사띠야그라하satyagraha 즉 진리에 대한 헌신을 실천하였다. 그는 이러한 이상들 위에 섰으며 온 나라를 변화시켰다. 더욱이 그는 만약 우리가 내면에 설 수 있는 올바른 자리를 발견할 수만 있다면 우리가 어떤 일을 할 수 있는지, 그 가능성의 본보기를 남겼다.

마틴 루터 킹 목사도 역시 비폭력의 방식을 수행했다. 그 역시 나라를 변화시켰다. 오늘날 우리는 그가 내면의 진실 위에 서서 앞으로 나아가기 전의 나라와는 상당히 다른 나라에서 살고 있다.

마더 테레사는 수녀들의 규율을 무시하고 자신의 진실을 따랐으며 그 진실 위에 서서, 가난한 자들 중에서 가장 가난한 자들에게 봉사하고 헌신하였다. 그러면서 그녀는 자신의 본보기를 따르고자 하는 모든 사람들에게 즐겁게 봉사하라고 요구했다. 우울한 얼굴은 허락되지 않았다. 그녀의 업적과 본보기로, 그녀는 세상뿐만 아니라 심지어 로마 가톨릭 교회까지 감화시켰다.

6. 헌신과 사랑 위에 서라. 만약 사랑이 우리 공통적인 여정의 궁극적인

366

목적지라면, 헌신은 그 길을 가게 하는 이동수단이다. 헌신은 가슴의 힘을 불러일으킨다. 적절한 이해와 결합한 헌신은 마음과 가슴을 연결시켜, 상상할 수 없는 놀라운 힘을 준다.

나는 이 책을 "나는 신성한 사랑이다."라고 선언하는 만뜨라로 마무리하고자 한다. 이 만뜨라를 암송하면, 사랑의 에너지가 당신 속으로 분명하게 들어올 것이다.

아함 쁘레마
[아—함 쁘레—마]
Aham Prema
[Ah-hum Preh-mah]

당신의 위대한 여정에서 아무것도 바라지 않기를 기원한다. 당신의 개인적인 영적인 이상을 찾고, 그 모두를 이룰 수 있는 은총이 주어지기를 기원한다. 당신이 "몸을 입고 있는 동안에 깨달아 자유로워질 수 있다."고 하는 고대의 진실을 확인하는 본보기로 빛나기를 기원한다.

짜끄라 꽃잎과 특성의 요약

물라다라MULADHARA

네 장의 꽃잎 봠Vam, 삼Sham, 삼Sham, 삼Sam

브릿띠vritti(특성) 희열의 네 가지 형태: 요가난다Yogananda(요가를 통한 희열), 빠라마난다Paramananda(지고의 희열), 사하자난다Sahajanandaa(자연스러운 희열), 뷔라난다Virananda(뷔라 희열)

원소 흙

씨앗 소리 람Lam

데봐따Devata 데뷔 꾼달리니

샥띠Shakti 빨강, 네 개의 손을 가진 샥띠 다끼니Dakini

신Deties 인드라Indra, 또한 브람마Brahma와 사뷔뜨리Savitri

이 짜끄라에 통달한 사람은 꾼달리니의 원동력과, 그것을 일깨우는 수단을 알기 시작한다. 꾼달리니가 이 짜끄라에서 깨어날 때, 사람은 다르두리 싯디Darduri Siddhi, 즉 땅에서 일어나는 힘을 얻는다. 호흡과 생식액을 통제하게 된다. 많은 까르마가 태워지고 그 사람은 과거, 현재, 미래를 일부 알게 된다. 그리고 사하자 사마디, 즉 자연스러운 상태에 접근할 수 있다.

스와디스따나SWADISTHANA

여섯 장의 꽃잎 밤Bam, 바암Bham, 맘Mam, 얌Yam, 람Ram, 람Lam

브릿띠(특성) 쉽게 믿음, 의심/불신, 변색, 미혹, 잘못된 지식, 무자비함

원소 물

씨앗 소리 밤Vam

데봐따 봐루나

샥띠 라끼니Rakini

신 마하 비슈누Maha Vishnu와 사라스와띠Saraswati

이 짜끄라에 통달한 사람은 물에 대한 두려움을 정복한다. 많은 사이킥 능력들이 나타나며, 직관적인 앎을 갖게 되고, 감각들에 대한 통제력을 갖게 된다. 이런 사람은 아스트랄 존재들에 대한 온전한 지식을 갖게 되며, 욕정, 탐욕, 분노, 질투 그리고 집착과 같은 적들이 사라지게 된다.

마니뿌라MANIPURA

열 장의 꽃잎 담Dam, 담Dham, 남Nam, 땀Tam, 따암Tham, 담Dam, 다암Dham, 나암Naam, 빰Pam, 빠암Pham

브릿띠(특성) 수치, 변덕, 질투, 욕망, 게으름, 슬픔, 지루함, 무시, 혐오─싫증, 두려움, 그리고 이 모든 것에 반대되는 것들

원소 불

씨앗 소리 람Ram

데봐따 아그니Agni

샥띠 라끼니Lakini

신 루드라Rudra와 바드라 깔리Badra Kali

이 짜끄라에 통달한 사람은 모든 질병에서 자유로워지며, 불에 대한 두려움이 없다. 심지어 이글이글 타고 있는 불에 던져지더라도 두려움이 없다. 숨겨진 보물들이 그런 사람에게 나타난다.

흐릿 빠드마Hrit Padma 또는 흐리다얌Hridayam

여덟 장의 꽃잎 여덟 개의 기본 방향

각 꽃잎의 신 인드라Indra, 아그니Agni, 야마Yama, 니루따Niruta, 봐루나Varuna, 봐유Vayu, 꾸베라Kubera, 이샤나Ishana

씨앗 소리 흐림Hrim

샥띠 모든 것. 근본적인 샥띠들과 아뜨만 사이에는 경이롭고 신비한 관계가 존재한다. 그것은 말로 표현할 수 없으며, 있는 그대로 존재한다.

신 아뜨만 또는 참나

헌신자의 신성한 연인the Beloved은 그 사람이 바라는 형상으로 그에게 나타난다. 자아―마음―성격은 영원히 신성해진다. 샥띠의 더 고귀한 신비들이 드러나기 시작한다.

아나하따ANAHATA

열두 장의 꽃잎 깜Kam, 까암Kham, 감Gam, 가암Gham, 맘Mam, 짜암Cham, 잠Jam, 자암Jham, 니얌Nyam, 땀Tam, 따암Tham

브릿띠(특성 희망, 걱정 또는 근심, 노력, '나의 것'이라는 의식, 오만 또는 위선, 권태, 자만, (긍정적인 의미의) 구별, 탐욕, 이중성, 우유부단, 후회

원소 공기

씨앗 소리 얌Yam

데봐따 봐유Vayu

샥띠 까끼니Kakini와 깔라―라뜨리Kala-ratri

신 뜨리―꼬나Tri-Kona 샥띠, 그리고 흐릿 빠드마의 껍질 속에 있는 비슈누Vishnu(또한 히란야가르바Hiranyagarbha)로서의 나라야나. 중심부에는 이슈와라와 까끼니Kakini

샥띠가 있다.

이 짜끄라에 통달한 사람은 바람에 대한 완전한 통제권을 얻는다. 그는 하늘을 날 수 있다. 다른 사람의 몸 속으로 들어갈 수도 있다. 그는 신성한 사랑과 모든 평화로운 성질들을 얻는다.

비슛다VISHUDDHA

열여섯 장의 꽃잎 암Am, 아암Aam, 임Im, 이임Iim, 움Um, 우움Uum, 림Rim, 리임Riim, 엘림Lrim, 엘리임Lriim, 엠Em, 에임Eim, 옴Om, 옴Aum, 암Amm, 아Ah

브릿띠(특성) 여기 일곱 개의 음표가 있는데, 독약과 같은 특성이 뒤따른다. 그 뒤 넥타(암리뜨)와 훔Hum소리가 나타난다.

원소 에테르

씨앗 소리 훔Hum. 그리고 또한 빠뜨Phat, 보샤뜨Vaushat, 봐샤뜨Vashat, 스와다Swadha, 스와하Swaha, 그리고 나마하Namaha와 같은 다른 씨앗 소리들도 보인다.

데봐따 사라스와띠Saraswati

샥띠 샤끼니Shakini

신 아르다 나리슈와라Ardha Narishwara로서의 쉬바

이 짜끄라에 통달한 사람은 불멸의 존재가 되며, 브람마 삶의 마지막에 오는 대소멸의 때에도 사멸하지 않을 것이다. 그는 모든 일에 자동적으로 성공한다. 그는 네 가지 베다 지식을 얻는다.

랄라니LALANI 짜끄라 또는 깔라짜끄라KALACHAKRA

특성을 가진 열두 장의 꽃잎 슈랏다Shraddha(믿음), 산또샤Santosha(만족), 아빠라다 Aparadha(실수), 다마Dama(자제), 마아나Maana(두 명의 가까운 지인 사이의 분노), 스네하 Sneha(애정), 쇼까Shoka(슬픔, 비통함), 께다Kheda(낙담), 슙다따Shuddhata(순수), 아라띠 Arati(분리), 삼브라마Sambhrama(동요), 우름미Urmmi(욕망)

제한하는 성질로서의 시간은 초월된다. 입문을 통해 그는 보디사뜨바Bodhisattva(보살), 또는 봉사 및 해방을 위한 유사한 존재와 함께 다시 태어날 수 있다.

아갸AJNA 짜끄라

두 장의 꽃잎: 함Ham 과 *끄샴*Ksham

원소 신성한 마음

씨앗 소리 옴Om

데봐따 구루 또는 닥쉬나무르띠Dakshinamurti

샥띠 하끼니Hakini

특색 쉬바와 그의 배우자 싯다 깔리Siddha Kali의 형태를 가진 삼각형이 있다. 브람마, 비슈누 그리고 쉬바는 이 삼각형의 모서리에 앉아 있다.

이 짜끄라에 통달한 사람은 전생의 모든 까르마를 파괴한다. 쉬바의 매듭인 루드라 그란띠Rudra Granthi는 꾼달리니에 의해 여기에서 관통된다. 그는 지반묵따, 즉 몸을 입고 사는 동안에 자유롭게 해방된 사람이 된다. 말로는 이 짜끄라에 통달했을 때 오는 좋은 점들을 표현할 수 없다. 그는 8가지 주요 능력과 32가지 부차적인 능력을 획득한다.

마나스MANAS 짜끄라

여섯 장의 꽃잎 (갸나Jnana는 여기에서 참된 지식을 의미한다) 샵다 갸나Shabda Jnana, 스빠르샤 갸나Sparsha Jnana

브릿띠(특성) 듣는 것, 접촉하는 것, 보는 것, 냄새 맡는 것, 맛보는 것, 잠—그리고 이것들 중 일부의 부재.

마음의 더 높은 능력들이 여기에서 얻어진다. 그의 의식은 육체가 필요 없이 어디서나 살 수 있다.

소마SOMA 짜끄라

특성을 가진 열여섯 장의 꽃잎 끄리빠Kripa(자비), 므리두따Mriduta(온화함), 다이리야 Dhairya(인내, 평정), 봐이라기야Vairagya(초연), 드리띠Dhriti(불변성), 삼빠뜨Sampat(영적 풍요), 하시야Hasya(명랑함), 로만짜Romancha(환희, 전율), 뷔나야Vinaya(예의, 겸손), 디야 나Dhyana(명상), 수스띠라따Susthirata(평온, 휴식), 감비리야Gambhirya(진지한 태도), 우디 야마Udyama(진취성, 노력), 악쇼바Akshobha(무감정), 아우다리야Audarya(아량), 에까그라 따Ekagrata(집중). 사하스라라에 이어지는 일시적 상태와 장소.

구루GURU 짜끄라

열두 장의 꽃잎 왕관 짜끄라의 밑에 우산 형태로 있는, 사하스라라 짜끄라의 일부. 위 대한 결정의 장소.

데봐따 구루

사하스라라SAHASRARA 짜끄라

모든 특성을 지닌 천 장의 꽃잎 각각의 꽃잎 안에서 산스끄리뜨 알파벳의 모든 개별 문 자가 발견된다. 우주의 모든 수준들과 층들이 현현한 상태가 아니라 잠재적인 상태 로 여기에 존재한다. 이곳의 이름은 구도자의 길에 따라 다양하다: 쉬바를 따르는 사람들—쉬바 스따나Shiva Sthana, 비슈누를 따르는 사람들 — 빠람마 뿌루샤Parama Purusha, 샥띠를 따르는 사람들Shakta—데비 스따나Devi Sthana, 샹끼야Sankhya 현자 들—쁘라끄리띠 뿌루샤 스따나Prakriti Purusha Sthana. 다른 이름들로는 샥띠 스따나 Shakti Sthana, 빠람마 브람마Parama Brahma, 빠라마 한사Parama Hansa, 빠람마 죠띠 Parama Jyothi, 꿀라 스따나Kula Sthana, 그리고 빠람마 쉬바 아꿀라Parama Shiva Akula 가 있다.

데봐따 빠람마 쉬바 그리고 빠람아뜨마(지고의 영)

샥띠 아디야(첫째) 샥띠

이것은 기술적으로는 짜끄라가 아니다. 이것은 모든 짜끄라 너머의 것이다.

| 용어 풀이 |

가나빠띠 또는 가네샤 Ganapathi or Ganesha 장애물을 없애고, 다양한 영적 힘들과 능력들에게 지시를 전달하는, 단일성의 인격화된 힘.

가나Gana 어떤 맥락에서는 힘을 나타내며, 때로는 인격화되고 이름을 부여받는다. 다른 맥락에서는 집단을 가리킨다.

가루다Garuda 신성한 독수리의 형상을 한, 비슈누의 이동수단.

가야뜨리 만뜨라 Gayatri Mantra 흔히 '베다의 에센스'라고 불리는 만뜨라. 우주적인 영적 빛과 소리에 관한 이 만뜨라는 힌두교도들이나 불교의 일부 종파에 의해 수행된다.

가야뜨리Gayatri 천상으로부터 태양을 통하여 이 땅으로 내려오는 영적 에너지에게 주어진 여성적인 이름. 그것은 영적 빛의 인격화이다. 또한 어떤 만뜨라 조합에 주어진 특정한 리듬 또는 가락.

구나Guna 자연의 성질. 일반적으로는 세 가지를 얘기한다. 비활성의 따모 구나Tamo Guna, 활성의 라조 구나Rajo Guna, 그리고 평온한 상태의 삿뜨바 구나Sattwa Guna. 지상의 원소들은 따모 구나, 인간은 일반적으로 라조 구나, 천인들 즉 데바들은 삿뜨바 구나이다. 어떤 부정적인 힘들 역시 삿뜨바 구나로 이루어진 경우가 있는데, 그러면 그것들을 물리치기가 힘들어진다.

구루Guru 문자 그대로는 '어둠을 없애는 사람'. 여기에서 말하는 어둠이란 무지의 어둠을 뜻한다. 비록 많은 스승들이 진정한 구루는 하나의 인간이 아니라 원리라고 주장하지만, '구루'라는 용어는 주로 진보된 영적 스승을 가리키는 뜻으로 사용된다(우빠구루upaguru 참조). 영적 에너지를 하나 이상의 방법으로 전달할 수 있는 능력을 지닌 깨달은 영적 스승.

그란띠들Granthis 미묘한 몸의 척추를 따라 위치한 3개의 영적 매듭. 꾼달리니 에너지가 천골 중심(스와디스따나 짜끄라) 위에 있는 척추의 중심들로 준비되기도 전에 너무 일찍 들어가는 것을 막아 준다. 영적 이동수단이 준비되기 전에 이 에너지가 척추를 타고 올라가면 육체에 해로운 영향을 미칠 수 있다.

까르마Karma 원인과 결과의 법칙. 반작용을 일으키는 행위나 생각의 총합, 또는 어떤 에너지를 발생시킨 근원으로 같은 에너지를 돌아오게 하는 것. 환생 즉 재탄생은 모든 까르마가 균형을 이루거나 상쇄될 때까지 계속된다. 산찌따 까르마Sanchita Karma는 모든 생애들에서 생겨난 모든 까르마의 총합. 쁘라랍다 까르마Prarabdha Karma는 한 생애를 위한 까르마. 점성학에서 출생 시 탄생 차트로 표현되는, 천체의 영향을 받는 까르마를 포함한다. 아가미 까르마Agami Karma는 이번 생애와 다른 생애들로부터 돌아오는 까르마. 끄리야마나 까르마Kriyamana Karma는 현재 행동으로 인하여 일어나는 즉각적인 결과.

까마Kama 육체적 욕망. 때로는 모든 종류의 욕망을 가리킨다. 힌두의 전설적인 설화에서 까마라는 인물은 큐피드와 비슷하지만, 완전히 현실인 것처럼 보이는 환영을 만들어 내는 광범위한 능력들을 가지고 있다.

까슈야빠Kashyapa 존재들의 여러 지각 있는 종족들의 '아버지'인 현인. 그는 이 칭호를 얻기 위해 여러 종種의 여성들과 짝을 맺었다고 전해진다. 그러한 결합에서 생긴 자손들이 지성적인 존재들의 다양한 종족을 형성했다.

까일라사Kailas 쉬바가 살았다고 하는 히말라야의 산

깔라Kala '시간'을 의미하는 산스끄리뜨.

깔리 유가 Kali Yuga 영적인 겨울. 이 기간은 432,000년 동안 지속된다. 마하바라따 Maha Bharata의 데이터에 기초한 계산에 따르면 이 기간은 시작된 지 5,000년가량 되었다고 한다. 깔리 유가의 시작에 관한 이 계산은 브람민 사제 계급, 샹까라짜리야들, 다른 힌두의 영적 권위자들에 의해 사용된다.

꾼달리니Kundalini 인간의 척추 기반부에 수면을 취하며 뱀처럼 똬리를 틀고 있는 여성 에너지. 육체와 미묘한 몸 안의 모든 활동에 힘을 부여하지만, 그것은 대부분의 사람 안에서는 졸고 있거나 잠들어 있는 것으로 묘사된다. 그것이 깨어나면, 개인에게 새로운 영적 능력들이 나타난다. 마침내 그것은 에너지 힘으로서, 보통은 한 번 이상

의 생애에 걸쳐, 미묘한 몸 속의 척추를 따라 올라가며, 결국 머리 꼭대기에 있는 왕관 짜끄라에 도달한다. 척추를 따라 위치해 있는 각 짜끄라에서, 그것은 에너지를 해방시켜 영적 지식과 능력이 향상되게 한다. 그 에너지가 머리 꼭대기에 이르게 되면, 그는 '쉬바'가 되며 윤회의 필연성으로부터 해방된다. 그러나 그는 인류에게 봉사할 목적으로 환생을 선택할 수 있다. 모든 형태의 샥띠가 여기에서 생겨나는데, 몇 가지 예를 들면 다음과 같다. 끄리야Kriya, 갸나Jnana, 잇짜Iccha, 빠라Para, 그리고 만뜨라 Mantra.

나디Nadi 정맥과 유사한 아스트랄 신경관으로 미묘한 몸 속에 퍼져 있다.

나라야나Narayana 창조주 브람마의 창조를 포함해서, 이 모든 실재하는 것들의 근원의 인격화. 또한 동시에, 흐릿 빠드마Hrit Padma에서 타오르는 세 겹의 불꽃. 이 외관상의 이원론은 우리가 분리된 듯 보이지만 실제로는 결코 신이나 신성과 분리되지 않음을 보여 주기 위함이다.

난디Nandi 쉬바가 타고 다니는 황소.

다르마Dharma 신성한 법칙. 그것은 또한 신성한 질서에 따른 사건들과 사람들의 적절한 진행을 가리킨다.

단완따리Dhanvantari 락슈미가 그랬던 것처럼, 의식의 바다가 휘저어졌을 때 나타난 천상의 치유자. 그는 식물, 보석, 그리고 다른 치료제의 치유 특성을 가르치며, 불멸의 넥타를 나누어 준다.

닷따뜨레야Dattatreya 최초의 삿구루. 아봐두따Avadhuta라고 불리는 존재와 의식의 상태에서 활동한다. 아봐두따 기따의 저자이다.

데바Deva 천인을 가리키는 용어. 또한 인간과는 다소 다른 진화의 길을 걷는, 지각이 있지만 인간은 아닌 존재의 부류를 가리킨다. 간혹, 어떤 진화의 길을 걷던 영혼들이 다른 진화의 길로 이동하는 경우도 있다.

두르가Durga 여성적인 보호 능력을 인격화한 신. 힌두의 여성 삼위일체의 한 존재.

드바이따Dvaita 이원론. 이 철학파는 영혼과 신 사이에는 미묘하지만 중요한 차이점이 있다고 말한다.

뚜리야띠따Turiyatita 의식의 뚜리야 상태 중 하나. 특히 쉬바 수뜨라들에 보인다.

376

뚜리야Turiya 의식의 가장 높은 범주 또는 상태. 다양한 관점을 지닌 대부분의 힌두 경전들은 이 단어와 이 정의에 동의한다.

라마Rama 비슈누의 일곱 번째 아봐따르. 그는 잠재적인 고귀함이 어떻게 실제로 나타날 수 있는지를 보여 주기 위해 왔다. 그는 완벽한 통치자, 남편, 현인, 친구이며 형제이다.

라야 요가 Laya Yoga 지고의 존재 속으로 용해됨으로써 목표를 성취하는 요가. 만뜨라, 쁘라나야마, 또는 그 둘을 통해 수행한다.

라야Laya 용해

락슈마나Lakshmana 라마가 14년 동안 숲속으로 추방되었을 때 그와 함께 여행했던 남동생.

락슈미 딴뜨라 Lakshmi Tantra 락슈미가 나라야나와 그녀의 관계를 설명하고, 우주의 본성과 창조에 대해 가르침을 주는 경전. 그녀는 심오한 가르침을 주며, 그녀의 에너지와 함께 작업할 수 있는 만뜨라들을 제시한다.

로까Loka 존재의 수준 혹은 단계. 빛나는 일곱 개의 상위 로까가 있다고 전해지는데, 그 중 세 개만이 물질의 모습으로 존재한다. 그리고 일곱 개의 어두운 또는 하위 로까가 있다. 영적인 존재들은 빛나는 로카에 거주한다. 반면에 부정적인 영혼들은 하위 로까에 거주한다. 지구는 빛의 상위 영역의 처음 또는 맨 밑이라고 말해진다. 따라서 부정적 영혼들은 대혼란을 일으킬 수 있는 이곳에 들어오려고 끊임없이 시도하고 있다.

리그 베다 Rig Veda 힌두이즘의 네 가지 근본적인 경전 즉 베다의 하나. 우주론과 우주의 창조를 다룬다.

릴라Lila 드라마. 릴라 게임은 우리의 진화와 인생의 '드라마'를 나타내기 위한 게임이다. 어떤 장소들에서는 꽤 높이 진보할 수 있지만, 어떤 잘못이나 흠 때문에 많은 단계를 미끄러져 내려가기도 한다. 오늘날의 '미끄럼틀과 사다리 놀이'(아동용 보드게임)는 이 고대의 게임으로부터 나왔다.

마드바짜리야(마드바) Madvacharya(Madva) 아드봐야 땃뜨와Advaya Tattva 즉 다양성 속의 단일성을 가르쳤던 깨달은 현자. 많은 아드바이따 추종자들은 그가 인간과 신 사이에 차이가 있을 뿐만 아니라 다양한 운명을 가진 영혼들의 부류가 있다고 말했기 때문에 그가 이원론을 따랐다고 말한다. 샹까라짜리야가 그러했듯이 그는 논쟁에서 결코 지지 않았다. 그 둘은 다른 시대에 살았다.

마뜨리까Matrika 산스끄리뜨 알파벳에 주어진 이름. '구속하고 해방하는 자'라고 비전으로 언급되고 있다. 만약 그것의 비밀들을 안다면, 그 문자들의 조합(만뜨라)으로 윤회에서 자유로워질 수 있다. 그 문자들을 모르면 그는 무지에 의해 계속 까르마적으로 속박될 것이다.

마뜨Math 수장 자가드 구루와 그가 고른 자가드 구루의 후계자에 의해 관장되고 있는 지리적 영적 구역.

마르깐데야Markandeya 쉬바에게 탄원하여 환생의 숙명에서 자유로워진 열여섯 살의 현인. 이것은 후에 마하 므리뜌자야 만뜨라Maha Mritunjaya Mantra로 알려지게 되었다. 마르깐데야는 질병과 죽음을 물리치기 위해 이 만뜨라를 수행했던 현자다.

마하Maha 위대한. 또한 높은 깨달음을 얻은 현인들과 성자들이 살고 있다고 하는 비물질적 우주에 있는 영적 단계(마하로까Maha Loka).

만다라Mandala 신성한 디자인.

만뜨라 싯디 Mantra Siddhi 반복을 통해 만뜨라의 힘을 드러냈을 때 얻어지는 힘. 만뜨라 싯디는 보통 하나의 만뜨라를 125,000회를 반복할 때 처음 알아보게 되고, 더 많이 반복할수록 증가한다.

만뜨라Mantra 특정한 결과를 낳는 영적인 문구. 고대의 현인들에 의해 먼저 시험되고 입증되었다. 구두로 전해지고 문자로 기록된 수백만 개의 만뜨라가 있다.

만주슈리Manjushri 지혜와 지식의 보살(보디사뜨바Bodhisattva)로 보통 식별하는 지혜의 검을 들고 있다. 사라스와띠의 띠베뜨 배우자. 문수보살.

말라Mala 힌두의 묵주.

무드라Mudra 신성한 몸짓. 팔, 손 그리고 손가락의 정확한 위치는 만약 숙련자나 영적으로 진보한 사람에 의해 수행되면, 특정한 에너지 효과들을 일으킬 수 있다고 한다.

물활론Hylozoism 창조의 모든 수준에서의 생명을 의미하는 그리스어.

바라따Bharata 인도를 일컫는 산스끄리뜨 단어. 또한 아봐따르 라마가 14년간 숲으로 추방되었을 때 충실한 관리인으로서 아요디야Ayodhya를 다스렸던 라마의 형제이기도 하다.

바이슈나바이뜨Vaishnavite 비슈누를 따르는 사람, 또는 비슈누와 관련된 경전.

바한Vahan 쉬바의 운송수단인 황소. 탈것을 뜻하는 산스끄리뜨.

베다Vedas 요약되지 않고 원래대로 남아 있는 네 가지 기본 경전. 리그베다, 사마베다, 야주르 베다, 그리고 아따르바 베다가 그것이다.

붓다Buddha 고따마 왕자. 비슈누의 아홉 번째 아봐따르. 또한 의식의 상태.

붓디Buddhi 변형된 상태에 있는 마음. 때로는 깨달은 상태를 가리키기도 한다. 은유적으로는, 가네샤-가나빠띠의 두 부인 중 하나.

브람마리쉬Brahmarishi 개인적인 존재이면서도 우주와 하나 됨으로써, 최고의 지식 상태에 이른 현인(리쉬rishi). 수브라만야Subramanya 의식과 유사하다. 이 상태에 이르는 것은 오직 노력과 은총의 결합을 통해서만 가능하다.

브람마Brahma 알려진 우주와 그것의 모든 내용을 대표하는 베다의 인격신. 뿌라나Purana라고 불리는 설화에 기초를 둔 경전들에서는 우주의 창시자로 불리기도 한다.

비슈누Vishnu 보호의 베다 신. 어떤 종교든지 모든 진정한 영적 지도자와 스승들은 비슈누의 에너지를 전한다고 말해진다.

비슈와Vishwa 우주적.

빠드마Padma 산스끄리뜨로 연꽃. 또한 락슈미의 속어 형태로 여자에게 주어지는 이름.

빠라마한사Paramahansa 지고의 백조. 여기서 말하는 백조는 흐릿 빠드마에 있는 참나를 가리키는 또 다른 이름이다. 빠라마한사는 매우 높은 영적 성취를 이룬 사람에게 주어지는 칭호이다. 현대에는 빠라마한사 묵따난다, 빠라마한사 요가난다 그리고 빠라마한사 라마크리슈나가 잘 알려진 예이다.

빠라수라마Parasurama 비슈누의 여섯 번째 아봐따르. 아봐두따, 삿구루인 닷따뜨레야는 그의 아봐따르 임무를 준비하는 과정의 일부로서 위대한 여성의 신비들에 관한 가르침을 주었다.

빠람마 쉬바 Parama Shiva 모든 것을 포함하고 있는 지고의 의식. 모든 의식, 모든 에너지, 모든 것.

빠르바띠Parvati 쉬바의 배우자. 다른 모습으로는 두르가, 깔리 그리고 짜문디 Chanmundi이다.

뿌라나Purana 신화와 설화들이 모두 혼합되어 있는 인도의 선사 시대사. 방대한 양의 영적 정보와 가르침이 현존하는 많은 뿌라나들 안에 담겨 있다.

뿌루샤Purusha 초월적 참나. 인류의 영적인 영혼-마음의 집합, 그리고 그 이상.

뿌자Puja 숭배 의식을 통칭하는 산스끄리뜨 용어.

쁘라나야마Pranayama 과학적인 호흡. 꾼달리니를 활성화시키는 것을 포함하여 다양한 특정 결과를 만들어 내는 호흡 기법들이 있다.

쁘라나Prana 미묘한 몸에 존재하는 생명력. 이 생명력에는 다섯 가지 분류가 있다. 쁘라나Prana—심장 부위에 위치한 이 에너지는 들이쉼과 내쉼을 위해 허파를 움직인다. 아빠나Apana—배꼽 아래에 위치한 이 에너지는 육체의 노폐물과 소비된 에너지를 제거하는 활동과 연관이 있다. 뷔야나Vyana—이 에너지는 몸 전체에 널리 퍼져서 촉각을 일으킨다. 우다나Udana—이 에너지는 목구멍에 집중되어 있으며, 깊은 수면 중이나 고급 요가 수행을 할 때 마음을 몸과 연결시키기도 하고 단절시키기도 한다. 이것은 여행하는 미묘한 몸에 끈을 부착시킨 상태로 목구멍을 닫음으로써 그렇게 한다. 사마나Samana—배꼽 중심에 있는 이 에너지는 음식을 소화시키며 여기에서 생긴 에너지를 미묘한 몸의 모든 부위에 배분하며, 미묘한 몸의 모든 부위에 똑같이 스며든다.

삥갈라Pingala 미묘한 몸 안에 있는 여성적인 에너지 통로. 카두세우스(헤르메스의 지팡이)에 감긴 두 뱀 중의 하나.

사나따나Sanatana 영원한.

사다나Sadhana 규칙적으로 하는 영적 훈련.

사마디Samadhi 신성 속으로 합일되고 몰입된 마음. 여러 유형의 사마디가 있다. 형상의 사마디: 이 사마디에서는 신성한 연인의 형상과 합쳐진다. 무형의 사마디: 이 사마디에서 명상가는 모든 수준의 우주를 이루고 움직이는 위대한 원리들과 하나가 된다.

산스끄리뜨Sanskrit 때때로 데바 언어Deva Lingua 즉 신의 언어라고 불리는 고대의 언어. 수많은 현대 언어가 여기에서 파생되었기 때문에 모어母語로 불리기도 한다.

삿구루Sadguru 에너지와 동일시된 존재 또는 마음과 동일시된 존재 영역의 너머에 있는, 신을 깨달은 스승. 인간의 일상생활과 비슷해 보이는, 깨달은 자의 활동 형태에 확고히 자리 잡은 존재. 삿구루의 임무는 영혼들을 영적 자유로 인도하는 것이다. 삿구루는 일반적인 의미의 까르마가 없다. '요가 요가 삼스까라'라고 불리는 외관상의 까르마는 삿구루가 진정한 본성을 숨기고 일을 하도록 돕기 위해 만들어진다.

샤뜨루그나Shatrugna 아봐따르 라마의 남동생. 다른 형제인 바라따Bharata와 늘 함께 있었다.

샤이비즘Shaivism 일반적으로 우주의 남성적 원리로 알려진 쉬바를 통하여 의식과 그 속성들을 연구한다. 미국에서는 까슈미르 샤이비즘Kashimiri Shaivism이 우주의 기원과 개인의 진화를 지성적으로 탐구하는 방법으로서 인기를 얻었다.

샥띠Shakti 꾼달리니 참조.

샹까라짜리야Shankaracharya 인도에서 스와미(수도자) 체제를 재조직한 깨달은 현인. 그가 살았던 시대에 불교의 압도적인 힘 아래 소멸되어 가던 힌두이즘의 지적 전통과 지식 기반을 되살려냈다.

수브라만야Subramanya 쉬바와 빠르바띠의 아들. 어떤 설화에서는 그가 가네샤보다 먼저 태어났다고 하지만, 다른 설화에서는 가네샤 이후에 태어났다고 한다. 또한 까르띠께야Karttikeya와 스깐다Skanda라고도 불린다. 비전으로 전해 내려오기로는, 수브라만야 의식은 개인으로 동일시되는 동안 도달할 수 있는 최고의 의식 단계이다. 그 다음 단계는 '자기와 타자'가 존재하지 않는 신성한 단계로 몰입되는 것이다. 오직 단일성만이 존재한다.

숙땀Suktam 보통 나라야나 숙땀이나 뿌루샤 숙땀과 같이 특정 신에게 바치는 찬가.

쉬바 수뜨라 Shiva Sutra 바위에 새겨져서 나타났다고 하는 계시서. 그 바위가 있던 장소는 한 현자의 꿈에 계시되었다고 함. 이 경전은 까슈미르 샤이비즘Kashmiri Shaivism의 토대이다.

쉬바Shiva 남자의 모습으로 있는 의식의 인격화. 이런 인격화는 복잡한 개념들을 이해하기 쉽도록 하기 위하여 신화들과 이야기들에서 사용된다.

슈슘나Shushumna 육체와 상호 침투하는 미묘한 몸, 에너지 몸 안에 있는 척추. 미묘한 몸에는 짜끄라들이 있다.

싯다Siddha 싯디들을 성취한 사람. 신성한 탈것, 즉 육체와 미묘한 몸을 완벽하게 하는 길을 가는 사람

싯디Siddhi 외관상 마법적인 영적 능력. 복수형은 siddhis이다.

아가스띠야Agastya 현인 하야그리바Hayagriva의 으뜸가는 제자였으며, 비슈누의 현현의 일부라고 전해지는 위대한 성자. 아가스띠야는 면밀하게 기록을 했기에 현재까지도 많은 가르침이 보존되고 있다.

아까샤Akasha 흙, 물, 불, 공기 다음의 원소로서, 창조의 다섯째 원소인 에테르. (여섯째는 마음이다.)

아까식 레코드Akashic Records 모든 정보, 특히 인간과 사건들에 관한 정보가 저장되어 있는 우주 안의 장소. 그곳에 접근할 수 있는 숙련자는 열람할 수 있다.

아난다Ananda 희열. 또한 인도에서 수도승 체계를 완전하게 재조직했던 최초의 아디 샹까라짜리야에 직접적으로 또는 간접적으로 관련되어 있는, 산야스, 즉 수도자의 서약을 한 수도승들의 이름을 이루는 마지막 단어.

아드바이따Advaita 모든 영혼을 포함한 만물이 똑같은 존재Being라는 비이원론 철학을 가리킴. 이 철학은 영혼과 신 사이에 아무 차이가 없다고 말한다.

아뜨만Atman 흐릿 빠드마Hrit Padma 안에서 타오르는 신성한 불길. 영혼이나 참나를 포함한 많은 이름으로 알려져 있다.

아라띠Arati 문자 그대로는 '빛을 흔듦'이다. 완전한 힌두 의식은 열여섯 가지 모습으로 이루어지는 데 반해, 이것은 다섯 가지 모습으로 행해지는 짧은 의식이다. 기독교의 저녁 기도와 유사하다.

아봐따르Avatar 인간에게 특별히 도움이 되는 과업을 달성하기 위해 이 땅에 내려온, 까르마가 없는 신성한 존재. 여러 유형의 아봐따르들이 있다.

아수라Asura 인간과 같은 모습을 한 악마. 때로는 다이띠야스daityas라고 불린다. 그들은 천인들 즉 데바deva들의 불공대천의 원수이다.

아함까라Ahamkara "나는 있다."라는 의미에서의 자아. 예를 들어, "나는 나 자신을 자각한다. 그러므로 나는 존재한다. 나는 있다."

우빠구루Upaguru 문자 그대로는 '형상이 없는 깨우치는 자'. 어디에나 있는 '형상이 없

는 스승'은 기상천외한 방법으로 나타날 수 있다. 그것은 '당신을 위해 씌어진 것처럼 보이는 잡지 기사' 또는 '벌떡 일어서게 할 만큼 마음을 강타하는, 텔레비전 드라마에서 어느 배우의 말'로 나타날 수 있다. 이는 모든 사람 안에 내재하는 원리인 우빠구루가 어떻게 가르치고 이끄는지를 보여 주는 예이다.

우빠니샤드Upanishads 더 방대하고 더 오래된 경전들의 요약본으로 만들어진 일련의 경전. 원래 경전들은 먼 옛날 야자나무 잎에 씌어졌는데, 그러다 보니 부피가 너무 커져서 후에 요약되었다. 일부 우빠니샤드는 사실 요약본의 요약이다.

유가Yuga 우주의 삶에서의 영적 시대, 또는 시간의 기간. 유가와 마하 유가가 있다. 짧게 요약하자면:

겨울(깔리Kali 유가):	432,000년
봄(뜨레따Treta 유가):	1,296,000년
여름(사띠야Satya 또는 끄리따Krita 유가):	1,728,000년
가을(드와빠라Dwapara 유가):	864,000년
완전한 유가 순환(마하유가Mahayuga):	4,320,000년

1,000번의 순환은 만반따라Manvantara이며 4,320,000,000년이다. 이 시간은 또한 '브람마의 삶에서 낮'이라고도 불린다. 이후에는 '똑같은 길이의 밤'이 뒤따른다. 브람마의 360일 밤낮은 '브람마의 1년'이라 불린다. 그러한 100년이 이 우주의 삶, 즉 마하 깔빠Maha Kalpa를 이루는데, 이 기간은 311,040,000,000,000년이다.

또한 지축이 황도 12궁의 각각에서 2,000년씩을 소비하는 짧은 24,000년 주기가 있다. 우리가 물병자리 시대에 있다고 점성가들이 말할 때 인용하는 것이 바로 이 주기이다.

이다Ida 미묘한 몸 속의 남성적인 흐름. 카두세우스Caduceus(헤르메스의 지팡이)에 감긴 두 뱀 중의 하나.

자가드 구루 Jagad Guru 깨달음을 얻은 세상의 스승. 세계의 위대한 종교들은 어떤 영적 인물들을 중심으로 이루어지는데, 그런 인물들이 자가드 구루의 예이다. 또한 인도의 특정 지역에 폭넓게 영향을 미치는 영적 권위를 지닌 자가드 구루도 있다. 이런 신성한 '구역'을 마뜨Math라고 한다. 자가드 구루들은 샹까라짜리야 계보와 마드바짜리야 계보에 존재한다.

자빠Japa 지속적인 수행이나 생활방식으로 만뜨라를 반복하는 것. 자빠는 소리 내어 할 수도 있고, 낮은 소리로 중얼거릴 수도 있고, 소리 내지 않고 마음속으로 할 수도 있다. 때때로 자빠는 의식적인 노력이 없이도 저절로 이루어질 수 있다. 이를 아자빠Ajapa 자빠라고 한다.

짜끄라Chakra 문자 그대로 산스끄리뜨로는 '바퀴'. 그러나 일반적인 의미는 미묘한 몸에 자리 잡고 있는 여러 영적 중심들을 가리킨다. 비록 미묘한 몸에는 수십 개의 짜끄라가 있지만, 척추를 따라 위치한 여섯 개와 머리 꼭대기에 있는 일곱째 짜끄라가 가장 일반적으로 논의된다.

천리안Clairvoyance 미묘한 것을 볼 수 있는 사이킥 능력. 투청력과 비슷하게, 이 능력을 사용하면 과거, 현재, 미래에 대한 정보를 얻을 수 있다.

크리슈나Krishna 비슈누의 여덟 번째 아봐따르. 5,000년 이전에 태어난 크리슈나는 이 땅에 내려온 신성의 가장 완전한 화신이라고 말해진다. 그는 깔리 유가 즉 영적인 겨울이 시작되었을 때 떠났다.

투청력Clairaudience 미묘한 것을 들을 수 있는 사이킥 능력. 이 능력으로 과거, 현재, 미래에 대한 정보를 얻을 수 있다.

하야그리바Hayagriva 두 명의 유명한 제자들 두었던 현인. 힌두이즘에서는 아가스띠야Agastya, 띠베뜨 불교에서는 아띠샤Atisha가 그의 제자이다. 하야그리바는 딴뜨라라고도 불리는, 샥띠의 비밀들을 전하는 으뜸가는 스승이었다.

| 주석 |

1. Shyam Sundar Goswami. *Laya Yoga*. (Rochester, Vermont: Inner Traditions, 1999)page 38.

2. Shyam Sundar Goswami. *Laya Yoga*. (Rochester, Vermont: Inner Traditions, 1999)page 38.

3. Blavatsky, H.P., *The Secret Doctrine*. 1888, Pasadena, California: Theosophical University Press, 1977

4. Sivananda, Swami. *Lord Shiva and His Worship*. (The Divine Life Society, Yoga Vedanta Forest Academy, U. P., Himalayas, Tenth Edition, 1996) page 18.

5. Shyam Sundar Goswami. *Laya Yoga*. (Rochester, Vermont: Inner Traditions, 1999) page 124.

6. Ganesh Pranama, *Ganesha Gita*, vs.1:21−29; 3:9−11.

7. 남성 삼위일체의 배우자로 구성된 여성 삼위일체도 있다: 비슈누의 락슈미, 브람마의 사라스와띠, 쉬바의 두르가(또는 깔리, 빠르바띠).

8. 영적 스승에게 매우 헌신하는 사람들은 때때로 처음에는 "옴 슈리 구루뵤 나마하"와 같은 구루 만뜨라를 암송하고, 그 후에는 가네샤 만뜨라를 암송한다. 그러나 이것은 규칙이 아니라 예외이다.

9. Singh, Jaideva. *Shiva Sutras*. (Motilal Banarsidass: Delhi and other cities 1979, 1988) Summary of pages 40−47.

10. Keshavadas, Sant. *Lord Ganesha*. (Vishwa Dharma Publications: Oakland, California, 1988) pages 28−29.

11. 이 개념은 P.D. Ouspensky가 쓴 신비주의 고전 *The Fourth Way*에서 많이 다뤄

진다.

12. 물론 띠베뜨 라마들의 경우에서처럼, 중국이 나라를 합병하고 수십만 명의 비구와 비구니들을 학살하기로 결정했을 때는 생존이 이슈가 되었다. 그러나 보통 이것은 수도원들의 경우는 아니다.

13. Rodgers, William. *THINK*, New York: Stein and Day, 1969, pp.249-50.

14. Baba, Meher. *Discourses* Vol Ⅲ. San Francisco: Kinsport Press, Suifism Reoriented, 1973, p. 15.

| 참고 문헌 |

Ashley-Farrnand, Thomas. *The Ancient Science of Sanskrit Mantra and Ceremony Vols I − III*, Pasadena, CA: Saraswati Publications, LLC, 1995, 2001

─────. *Healing Mantras*. New York: Ballantine Wellspring Books, 1999.

─────. *Shakti Mantras*. New York: Ballantine Books, 2003.

─────. *True Stories of Spiritual Power*. Saraswati Publications, LLC: 1995.

Avalon, Arthur pen name Sir John Woodroffe. *Maha nirvana Tantra: The Tantra of Great Liberation*. New York: Dover Publications, Inc, 1972.

Baba, Meher. *Discourses* Vol III. San Francisco: Kinsport Press, Suifism Reoriented, 1973.

Bailey, Alice. *Initiation, Human and Solar*. 4th Edition, New York: Lucis Trust, 1980.

Blavatsky, H.P., *The Secret Doctrine*. 1888, Pasadena, California: Theosophical University Press, 1970.

Board of Scholars. *Mantramahoddadhi*. Delhi, India: Sri Satguru Publications, 1984.

Dalai Lama The. and Jeffery Hopkins. *The Kalachakra Tantra*. Boston, MA: Wisdom Publications, 1985.

Dowson, John. *A Classical Dictionary of Hindu Mythology and Religion*. Calcutta, India: 1982.

Festinger, Leon. *A Theory of Cognitive Dissonance*. Standford, CA: Stanford University Press, 1962.

Goswami, Shyam Sundar. *Laya Yoga*. (Rochester, Vermont: Inner Traditions, 1980.

Grimes, John. *Ganapati-Song of the Self*. Delhi, India: Sri Satguru Publications, 1996.

Gupta, Sanjukta. *Laksmi Tantra*. Leiden, Netherlands: Brill 1972.

Harshananda, Swami. *Hindu Gods and Goddesses*. Mysore, India: Sri Ramakrishna Ashrama, 1982.

Keshavadas, Sant. *Gayatri-The Highest Meditation*. New York: Vantage Press, 1978.

————. *Liberation from Karma and Rebirth*. Virginia Beach, Virginia: Temple of Cosmic Religion, 1970.

————. *Healing Techniques of the Holy East*. Oakland, California: Vishwa Dharma Publications, 1980.

————. *Dattatreya: The First Guru*. Oakland, California: Vishwa Dharma Publications, 1986.

————. *Lord Ganesha*. Oakland, California: Vishwa Dharma Publications, 1988.

Kapture, Bradley. *The Sounds of Silence, Healing Body, Mind and Spirit with Ancient Meditations*. Bloomington, IN: Author House, 2004.

Ouspensky, P.D. *The Foruth Way*. New York: Vintage Books, 1971.

Pargiter, F. Eden, B.A. *The Markandeya Purana*. Delhi, India: The Asiatic Society of Bengal, 1981.

Rodgers, William. *THINK*. New York: Stein and Day, 1969.

Rokeach, Milton. *The Open and Closed Mind*. New York: Basic Books, 1960.

Singh, Jaideva. *Shiva Sutras*. Delhi: Motilal Banarsidass, 1979, 1988.

Sivananda, Swami. *Japa Yoga*. U.P., Himalayas: The Divine Life Society, Yoga Vedanta Forest Academy, 1972.

————. *Kundalini Yoga*. U.P., Himalayas: The Divine Life Society, Yoga Vedanta Forest Academy, Tenth Edition, 1994.

─────. *Lord Siva and His Worship*. U.P., Himalayas: The Divine Life Society, Yoga Vedanta Forest Academy, 제 10판, 1996.

Various. *The Holy Bible*, King James Version or the Jerusalem Bible.

Walker, Benjamin. *The Hindu World: An Encyclopeic Survey of Hinduism*. Vols I & II, New York: Frederick A. Praeger, 1968.

저자에 대해

•

토마스 애슐리-페이랜드
나마데바

토마스 애슐리 페이랜드Thomas Ashley-Farrand(나마데바Namadeva)는 1973년 이후로 만 뜨라에 기초한 영적 수련들을 해 왔으며, 산스끄리뜨 만뜨라 영적 수련에 정통한 전 문가이다.

그는 자가드구루 샹까라짜리야 자옌드라 사라스와띠Jagadguru Shankaracharya Jayendra Saraswati, 자가드구루 샹까라 비자옌드라Vijayendra 사라스와띠, 마드바짜리야 Madvacharya 계보에 있는 뻬죠와르 마뜨Pejowar Math의 자가드 구루, 달라이 라마Dalai Lama, 제16대 걀와 까르마빠Gyalwa Karmapa, 깔루 림포쩨Kalu Rimpoche, 사키야 젯슨 치니 루딩Sakya Jetsun Chiney Luding, 그리고 기독교 신비주의자 레온 롸이트 박사Dr. Leon Wright를 포함한 많은 저명한 영적 스승들로부터 입문과 축복을 받았다. 그의 구 루는 고인이 된 인도 방갈로르의 삿구루 샨뜨 께샤바다스이다. 그는 샨뜨 께샤바다스 의 미망인이자 계보의 지도자인 구루 라마 마따Guru Rama Mata를 따른다.

베딕 사제, 작가, 그리고 국제적 강연자이며 이야기꾼인 애슐리 페이랜드는 인도 뿐 아니라 미국과 캐나다에서도 강연을 하고 있다. 그는 워싱턴 D.C.에 있는 우주 적 종교 사원Temple of Cosmic Religion의 사제였고, 조지 워싱턴 대학과 샤페 칼리지 Chaffee College에서 가르쳤다.

애슐리 페이랜드는 끄리야 요가 전수자이며 아스타라Astara의 회원이다. 그는 사나 따나 다르마 삿상의 회장이다.

390

토마스는 그의 아내인 마갈로Margalo(사띠야바마Satyabhama)와 함께 오리건 주의 포틀랜드 근처에 살다가 2010년에 세상을 떠났다. 그녀는 종종 고대 베다 의식을 그와 함께 행하는 명상가이자 변호사이다.

토마스 애슐리−페이랜드의의 웹사이트는 www.sanskritmantra.com.이다.

짜끄라 만뜨라

초판 1쇄 발행일 2013년 11월 30일

지은이 토마스 애슐리−페이랜드
옮긴이 황정선

펴낸이 황정선
출판등록 2003년 7월 7일 제62호
펴낸곳 슈리 크리슈나다스 아쉬람
주소 경상남도 창원시 북면 신리길 35번길 12−12
대표 전화 (055) 299-1399
팩시밀리 (055) 299-1373

전자우편 krishnadass@hanmail.net
홈페이지 **www.krishnadass.com**

ISBN 978−89−91596−44−3 03270

* 잘못 만들어진 책은 바꾸어 드립니다.